한권으로 끝내는

SW 코딩자격
스크래치 2급

박창수·박희숙·김세호·김석전 공저

光 文 閣
www.kwangmoonkag.co.kr

머리말

　　SW 코딩자격은 디지털 시대의 미래 인재 핵심 역량인 컴퓨팅 사고력을 기반으로 문제해결 능력을 평가하기 위한 자격입니다. 무엇보다도 프로그래밍을 통한 컴퓨팅 사고력을 키우는 것이 중요합니다.

　　미래 인재가 갖춰야 할 역량으로 창의력, 논리력, 문제 해결 능력, 융합 능력이 있으며, 이 능력을 함양하는 적합한 교육이 바로 프로그래밍 교육이라 할 수 있습니다. 이 프로그래밍을 쉽게 배울 수 있는 도구가 바로 스크래치입니다.

　　스크래치는 MIT 미디어랩 연구진에 의해 개발되어 다양한 국가들에서 사용하고 있으며, 다양한 프로젝트를 창조하여 공유하고 있습니다. 스크래치 사이트를 방문해 보면 과학 시뮬레이션, 예술, 음악, 애니메이션을 사용한 동화 등 다양한 프로젝트를 볼 수 있습니다.

　　본 교재는 다년간 프로그래밍 교육을 담당한 교수진들이 현장에서 얻은 다양한 경험을 바탕으로 출제 유형을 분석하여 책에 담고자 노력하였습니다. 프로그래밍을 처음 접하는 초·중등학교 학생과 일반인들이 프로그래밍을 쉽게 학습하도록 예제와 설명 중심으로 집필하였습니다. 또한, 초보 프로그래머가 프로그래밍의 구성에 따라 논리적인 사고를 할 수 있도록 강조하면서 프로그래밍 개념 설명을 하였으며, 프로그래밍의 구조를 순서대로 설명하면서 해당 개념에 대한 스크립트를 따라가면서 완성하는 예제를 수록하였습니다. 따라서 예제를 진행하면 자연스럽게 스크래치 프로그램을 습득할 수 있을 것입니다. 또한, SW 코딩자격 시험 응시를 위해 모의고사를 수록하였습니다.

　　끝으로 이 책이 출간되기까지 협조해 주신 광문각출판사 박정태 회장님과 임직원들께 진심으로 감사드리며, 본 교재로 자격시험을 준비하는 모든 분에게 합격의 영광이 함께하길 기원합니다.

저자 일동

목차

SCRATCH

PART I

SW 코딩자격 시험 소개

SW 코딩자격증 소개

1.1 SW 코딩자격시험 안내

 SW 코딩자격 디지털 시대의 미래 인재 핵심 역량인 컴퓨팅 사고력을 평가하기 위한
자격입니다.

Software Coding and Computing Test

교육부와 과학기술정보통신부의 SW 교육 운영 기조에 부합하는 과정으로 구성되었으며, 국제 IT 자격기관인 ECDL Foundation과 공동 개발하여 국제 평가 표준을 반영합니다.

1 민간자격 등록번호

- 등록번호: 2017 – 2743 SW코딩자격 1급, 2급, 3급
- 자격 종류: 등록 민간자격

- 상기 "1급, 2급, 3급" 자격은 자격기본법 규정에 따라 등록한 민간자격으로, 국가로부터 인정받은 공인 자격이 아닙니다.
- 민간자격 등록 및 공인 제도에 대한 상세 내용은 민간자격정보서비스(www.pqi.or.kr)의 '민간자격 소개' 란을 참고하여 주십시오.

2 자격 특징

1) 전문 자격기관인 한국생산성본부에서 시행하는 자격입니다.
- 산업발전법에 의거하여 설립된 한국생산성본부에서 시행합니다.
- 공정성, 객관성, 신뢰성을 갖춘 공신력 있는 자격 시험입니다.

2) 컴퓨팅 사고력 기반 문제 해결 능력을 평가하기 위한 자격입니다.

- 코딩을 통하여 컴퓨팅 사고력을 신장시킬 수 있도록 과정을 구성하였습니다.
- 단순·반복식 코딩 기술(skill) 평가를 지양하며, 상황 기반(context-based)의 창의적 문제 해결력을 평가합니다.

3) 취득을 위한 자격이 아닌, '활용을 위한 자격'입니다.

- 자격 취득 자체를 위한 것이 아니라, 학습 과정을 통해 학습자가 4차 산업혁명기의 시대 선도적 역량을 키울 수 있도록 하기 위한 자격입니다.
- 이를 위하여 다양한 학습용 교재 및 컨텐츠가 개발되어 있습니다.

③ 응시 자격

제한 없음

④ 시험 과목

자격 종목(과목)	등급	문항 및 시험 방법	시험 시간	S/W Version
SW 코딩자격	1급	컴퓨팅적 사고력과 알고리즘 정보 윤리와 정보 보안 실생활과 IoT IoT코딩	60분	① Entry Offline v1.6.4 ② Scratch 2.0(or 3.0) Offline ①② 중 택1
	2급	컴퓨팅적 사고력과 문제 해결 알고리즘 설계 프로그래밍 언어 이해와 프로그래밍 피지컬 컴퓨팅 이해	45분	
	3급	문제 해결과 알고리즘 설계 기본 프로그래밍	45분	

- S/W Version은 반드시 시험전에 시행처 홈페이지에서 재확인하시기 바랍니다.

⑤ 합격 결정 기준

100점 만점에 70점 이상인 자

6 응시료

구분	접수 과목	응시료
일반 접수	1급	30,000원
	2급	25,000원
	3급	20,000원

- 부가가치세 포함 및 결제 대행 수수료 1,000원 별도 금액
- 부분 과목 취소 불가

7 시험시간

교시	입실 시간	시험 시간	비고
1교시(3급)	08:50까지	09:00~09:45	정기시험 기준
2교시(2급)	10:20까지	10:30~11:15	
3교시(1급)	11:50까지	12:00~13:00	

- 정기시험 기준으로 시험 일정에 따라 변경될 수 있습니다.

8 시험일정

- 기준년도: 2021년
- SW 코딩자격(2, 3급)은 2, 5, 8, 11월 정기시험에 시행됩니다.
- SW 코딩자격(1급)은 5, 11월 정기시험에 시행됩니다.
- 시험 방문접수는 'KPC자격지역센터'에서 가능합니다. 지역센터로 사전 연락 후 내방 바랍니다.(자세한 시험 일

    정 참조: https://license.kpc.or.kr/nasec/qlfint/qlfint/selectSwc.do)

1.2 SW 코딩자격 2급 시험 출제 기준

과목 1 컴퓨팅적 사고력과 문제 해결

세부 항목	성취 기준 및 주요 출제 요소	배점
컴퓨팅 사고력의 이해와 적용	**성취 기준** • 자료와 정보의 개념을 이해하고 표현할 수 있다. • 정보의 유형을 구분하고 활용할 수 있다. • 다양한 유형의 정보를 디지털로 표현할 수 있다. • 컴퓨팅 사고력의 구성 요소를 이해하고 활용할 수 있다.	20점
문제 분석과 구조화	**성취 기준** • 주어진 문제를 이해하고 분석할 수 있다. • 다양한 방법으로 자료를 정리하여 표현할 수 있다. • 선형 구조, 비선형 구조의 개념을 이해하고 구조화할 수 있다.	
컴퓨팅 사고력을 통한 생활 속 문제 해결	**성취 기준** • 주어진 문제를 단순화시킬 수 있다. • 추상화를 이해하고 적용할 수 있다. • 반복되는 일정한 경향 및 규칙을 탐색하여 패턴을 찾아 공식화할 수 있다. • 문제를 해결하기 위한 방법을 순서에 따라 설명할 수 있다. • 다양한 문제 해결 방법을 찾아 적합한 방법을 선택할 수 있다. • 문제 해결 방법의 문제점과 개선 방법에 대해 설명할 수 있다.	

과목 2 알고리즘 설계

세부 항목	성취 기준 및 주요 출제 요소	배점
문제 해결을 위한 알고리즘 작성	**성취 기준** • 알고리즘을 이해할 수 있다. • 알고리즘을 설계할 수 있다. • 알고리즘을 표현할 수 있다. • 알고리즘의 오류를 찾아 수정할 수 있다.	10점
복합적 구조의 알고리즘 설계	**성취 기준** • 알고리즘을 분석할 수 있다. • 알고리즘의 제어 구조를 이해할 수 있다. • 알고리즘의 제어 구조를 복합적으로 표현할 수 있다.	

과목 3 프로그래밍 언어 이해와 프로그래밍

세부 항목	성취 기준 및 주요 출제 요소	배점
프로그래밍 언어 이해	**성취 기준** • 프로그램의 시작과 끝을 알 수 있다. • 프로그래밍 언어의 실행 절차를 설명할 수 있다. • 조건문과 반복문을 이해하고 사용할 수 있다. • 변수와 연산자를 이해하고 사용할 수 있다.	50점
프로그래밍 설계	**성취 기준** • 문제 조건과 요구를 이해할 수 있다. • 효율적인 프로그램 설계를 할 수 있다. • 프로그램 오류를 확인하여 수정할 수 있다. • 복합 구조를 이해하고 프로그래밍할 수 있다.	
블록 프로그래밍	**성취 기준** • 화면 구성과 주요 용어를 알 수 있다. • 순차, 반복 구조를 주어진 상황에 맞게 사용할 수 있다. • 다중 선택, 다중 반복 구조를 사용하여 프로그램을 작성할 수 있다. • 다양한 조건을 고려하여 다른 동작을 하는 프로그램을 만들 수 있다. • 변수와 상수를 이해하고, 이를 이용하여 입출력 프로그램을 작성할 수 있다. • 좌표를 이해하고, 활용하여 프로그램을 작성할 수 있다. • 신호와 복제의 차이를 알고 프로그램을 작성할 수 있다. • 장면 연결을 통해 두 개 이상의 장면을 구성할 수 있다. • 함수를 사용하여 프로그램을 작성할 수 있다. • 리스트를 사용하여 프로그램을 작성할 수 있다.	

과목 4 피지컬 컴퓨팅 이해

세부 항목	성취 기준 및 주요 출제 요소	배점
융합 활동과 피지컬 컴퓨팅	**성취 기준** • 피지컬 컴퓨팅을 이해할 수 있다. • 실생활의 문제를 논리적 모델링을 할 수 있다. • 센서와 로봇을 이용하여 물리적 모델링을 할 수 있다. • 모델링을 기반으로 시뮬레이션할 수 있다.	20점
SW를 이용한 HW 작동 원리 이해	**성취 기준** • 컴퓨터의 구성 요소와 동작 원리를 설명할 수 있다. • 각 센서의 특징을 이해할 수 있다. • 센서별 블록을 이해할 수 있다. • 센서를 기반으로 HW의 상황을 인지할 수 있다. • 블록 결합 결과로 HW의 동작 결과를 예측할 수 있다. • 센싱된 데이터를 기반으로 HW의 움직임을 제어할 수 있다.	

Scratch Offline Editor 소프트웨어 설치 방법

2.1 Scratch Offline Editor 설치하기

❶ 웹사이트 주소 'https: //scratch.mit.edu/'에 접속한다.

❷ 아래 화면 내용이 보이도록 스크롤 바를 맨
아래로 이동한 다음 '다운로드'를 클릭한다.

❸ 다음 화면이 보일 때까지 스크롤 바를 아래쪽
으로 이동한 후 바로 다운로드를 클릭한다.

❹ 다운로드를 위한 작은 팝업창이 열리면 [실행]
버튼을 클릭한다.

❺ 다운로드가 완료된 후 자동으로 아래와 같은 설치 화면이 나타나면 [설치] 버튼을 클릭하여 소프트웨어 설치를 시작한다.

❻ 소프트웨어 설치가 완료된 후 다음과 같은 화면이 나타나면 [마침] 버튼을 클릭하면 스크래치 프로그램이 실행되는 것을 확인할 수 있다.

❼ 스크래치 시작 화면에서 화면 상단의 사용할 언어 선택 아이콘(🌐)을 클릭하여 '한국어'를 클릭한다. (보통은 기본적으로 한국어가 이미 선택되어 있음)

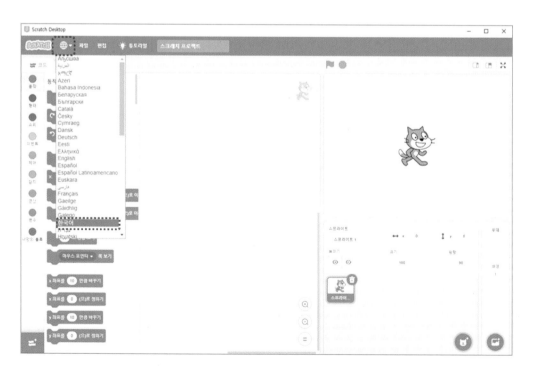

MEMO

SCRATCH

PART II

컴퓨팅 사고를 이용한 문제 해결

자료(Data)의 디지털 표현

　자료(Data)는 집, 학교, 그리고 직장 등에서 관찰이나 측정 등을 통해 취득하는 단순한 사실이나 값들이다. 우리가 취득하는 많은 자료 중에서 다양한 상황에서 접하는 문제들에 합리적인 판단을 하기 위해서 유용한 것과 아닌 것을 구별할 수 있어야 한다. 수집한 자료 중 유용한 것과 아닌 것을 구별하기 위해서는 실생활에 도움이 되도록 분석하고 정리해 두어야 한다. 이렇게 수집한 자료를 실생활에 도움이 되도록 분석하고 정리하여 가치와 의미를 부여한 결과물을 정보(Information)라고 한다. 예를 들어 온도계, 습도계, 그리고 풍속계 등으로 온도, 습도와 풍속 등을 측정한 것은 단순히 자료를 수집한 것이다. 반면에 여러 곳에서 측정하여 수집한 온도, 습도, 그리고 풍속 등을 분석하여 어떤 곳은 비가 내릴 확률이 높으니 우산을 준비하고 침수에 대비하라고 예보하는 것은 정보가 되는 것이다. 정보는 문자, 소리, 그리고 동영상 등 다양한 형태로 표현할 수 있다.

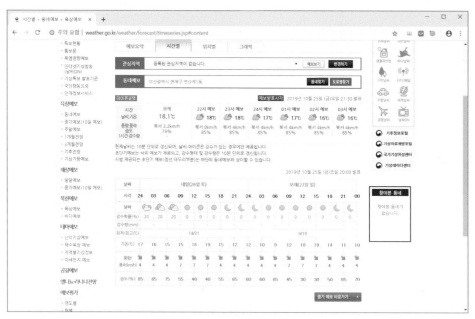

일기예보(기상청 홈페이지 캡처 화면)

1.1 디지털(Digital)과 아날로그(Analog)

우리는 일상생활에서 다양한 자료와 정보들을 접하고 있다. 이런 자료와 정보들의 형태는 아날로그(Analog)와 디지털(Digital)로 구분할 수 있다.

아날로그(Analog)란 시간에 따라 연속적으로 변화하는 것으로 예를 들면 온도, 습도, 소리 등이 있다. 이런 아날로그는 연속적이란 특징 때문에 정확한 값을 읽는 것이 어렵다는 단점이 있다. 디지털(Digital)은 연속적인 값을 구별되는 두 값인 0과 1을 사용하여 불연속적으로 표현한 것이다. 따라서 디지털은 온도, 습도 등의 값을 나타낼 때 정확한 수치로 표시하므로 정확한 값을 읽을 수 있다. 현재 일상생활에서 널리 사용되고 있는 디지털카메라, 스마트폰 등은 아날로그 형태를 디지털 형태로 변환해서 사용한다. 아날로그와 디지털의 차이점을 아래 표에 나타내었다.

표현 신호	신호 형태	특징
디지털(Digital)		디지털은 연속적인 값을 불연속적인 값으로 표현한 것
아날로그(Analog)		아날로그는 연속적인 값을 나타내는 것으로 값을 정확히 읽는 것이 어렵다.

1.2 정보의 디지털 표현

현재 일상생활에서 접하는 수많은 자료와 정보들은 컴퓨터를 사용해서 처리하고 있다. 컴퓨터는 복잡한 전자 회로로 구성된 장치로 모든 정보를 표현하고 처리할 때 전기가 흐르는 상태(HIGH, 1)와 전기가 흐르지 않는 상태(LOW, 0)로만 구분한다. 즉, 0과 1로 표현되는 두 가지 값만 인식해서 모든 정보를 처리한다. 따라서, 우리가 사용하는 문자, 숫자, 그림, 그리고 동영상 등 다양한 아날로그 정보들을 컴퓨터를 이용해서 처리하기 위해서는 0과 1로만 표현되는 2진수를 사용하는 디지털 정보로 변환해야 한다.

1 문자의 디지털 정보화

컴퓨터는 한글, 한자, 영문자, 기호, 그리고 숫자와 같은 문자를 구별하기 위해 미리 약속된 규칙에 따라 2진수로 정해 놓은 문자 코드를 사용한다. 일반적으로 n개의 2진수(n 비트)를 사용하면 총 2^n개의 서로 다른 2

진수 조합을 만들 수 있다. 2진수로 만든 각각의 조합에 일정한 문자를 할당하여 지정한 것을 문자 코드라고 한다. 컴퓨터에서 가장 많이 사용하는 문자 코드는 아스키코드(ASCII code)와 유니코드(Unicode)가 있다.

키보드로 'A'를 입력하면 아스키코드 또는 유니코드를 사용하여 입력한 문자에 해당하는 2진수로 표현하여 입력한 후 출력하기 위해서 아스키코드 또는 유니코드를 사용하여 변환하여 모니터에 'A'를 보여준다.

문자 디지털 표현 과정

아스키코드와 유니코드의 특징을 아래 표에 나타내었다.

코드명	표현 방법	예시
아스키코드(ASCII)	영문 대문자, 소문자, 숫자 0~9, 특수 문자, 제어 문자를 2진수 7개(7 비트)로 표현	'a' → '01100001'
유니코드(Unicode)	한국어를 포함한 전 세계 문자와 특수 문자를 2진수 16개(16 비트)로 표현	'박' → '1011110000010101'

2 그림의 디지털 정보화

모니터는 화면의 가로와 세로를 일정한 간격으로 나누어 격자 형태로 만든 후 각각의 격자에 색상 정보를 기록하여 문자와 그림을 표시한다. 이때, 격자 하나를 화면을 구성하는 최소 단위인 화소 또는 픽셀(Pixel)이라고 한다. 그림을 디지털로 화면에 나타내는 방법으로 많이 사용되는 것은 비트맵(bitmap) 방식과 벡터(vector) 방식이 있습니다. 두 방식의 차이점은 아래 표와 같다.

정보화 방식	특징	예시
비트맵(bitmap) 방식	• 그림을 픽셀(Pixel) 단위로 표현 • 다양한 색조와 질감으로 표현할 수 있음 • 확장자: gif, jpg, png, bmp	
벡터(vector) 방식	• 그림을 수학적 계산을 이용하여 점과 점을 연결하는 선과 모양으로 표현 • 그림을 확대, 축소해도 화질의 변형이 거의 없음 • 확장자: ai, eps, wmf, svg	

비트맵 방식으로 흑백으로 이미지를 표현할 때 각 픽셀의 검은 부분은 2진수 '0', 흰 부분은 2진수 '1'로 나타내어 표현한다. 비트맵 방식의 문자 표현은 아래 그림과 같다.

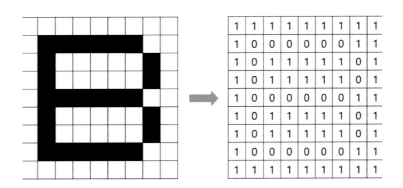

3 그 외 디지털 정보화

문자와 그림을 제외한 디지털 표현은 소리, 동영상 등이 있다. 소리는 물체의 진동으로 인해 공기가 진동하여 파형으로 전달되는 것으로 아날로그 형태이다. 우리가 생활 속에서 듣는 말하는 소리, 자동차 소리, 그리고 동물이 내는 소리 등은 아날로그 형태이므로 편집과 손상 없이 장기간 보관이 어렵다는 단점이 있다. 아날로그 형태인 소리를 디지털 형태로 변환하면 편집이 쉬워지고 장기간 훼손 없이 보관할 수 있다는 장점이 있다. 아날로그 소리를 디지털로 표현하기 위해서는 표본화, 양자화, 그리고 부호화 단계를 거치게 된다. 각 과정의 특징을 아래 표에 나타내었다.

과정	설명
표본화	소리의 아날로그 파형을 일정한 시간 간격으로 나누어 신호 값을 얻는 과정이다. 이때 시간 간격이 좁을수록 원래 소리에 가깝게 변환할 수 있다.
양자화	표본화 과정에서 얻은 신호 값과 가장 가까운 정수로 바꾸는 과정이다.
부호화	양자화 과정에서 얻은 값을 2진수로 나타내어 디지털 정보로 표현하는 과정이다.

동영상은 움직이는 동작 하나하나를 정지된 모습의 사진으로 만들어 연속적으로 보는 것이다. 정지된 사진 한 장을 프레임이라고 하며, 프레임들을 일정한 간격으로 연속적으로 보면 정지된 동작이 연속적으로 움직이는 것처럼 보인다. 자연스러운 동작으로 보이려면 1초에 30프레임 정도가 필요하다. 그리고 동영상은 소리와 움직이는 영상을 함께 표현한다. 동영상은 프리미어 등의 프로그램을 사용하여 편집을 할 수 있다.

수집된 자료의 정보화 및 구조화

2.1 자료의 정보화

우리는 일상생활, 직장, 그리고 학교 등에서 아주 다양한 문제를 접하게 된다. 이런 문제를 효과적으로 해결하기 위해서는 많은 자료를 수집하고 분석하여 정보로 변환하여 관리해야 한다. 자료 수집과 정보 관리에 대해 예를 들어 알아본다.

철수네는 해외여행을 가기로 하였다. 여행을 위한 자료를 수집하는 과정과 수집한 자료의 정보화는 다음과 같이 요약할 수 있다.

1 자료 수집

철수네 가족은 3박 4일의 일정으로 대만 여행을 가기로 하였다. 여행 계획을 세우기 위해 가족들은 모여서 의논을 하였다. 대만에서 찾아갈 명소, 숙소, 이동 수단, 여행 경비 등에 대해 인터넷 여행 블로그, 검색 사이트를 이용하여 알아보고, 도서관에서 여행 관련 책을 통해 자료를 수집했다.

2 정보화

수집한 자료를 기반으로 대만에서 방문할 장소들을 가족과 의논하여 방문할 날짜와 방문할 곳의 위치를 확인하여 문서로 작성하였다. 그리고 여행 일정이 무리하지 않도록 경비와 이동 경로를 고려하여 하루에 근접한 곳으로 세 군데씩 방문하는 것으로 하였으며, 마지막 날은 귀국 시간을 고려하여 한 곳을 방문하는 것으로 결정하였다.

2.2 정보의 구조화

정보의 구조화는 해결할 문제 상황에 따라 정보를 효과적으로 활용하려고 필요한 자료를 확인하고, 정보를 효율적으로 표현할 수 있도록 정보의 내용 요소들을 논리적으로 적절하게 배치하고 정리하는 것을 말한다. 일상생활에서 복잡한 내용을 효율적으로 처리하거나 컴퓨터를 사용해 정보를 효과적으로 표현하려면 정보의 구조화 과정이 필요하다.

철수네 가족은 대만 여행을 위해 자료를 수집하고 정보 분석을 하였다. 이 정보를 구조화한 3박 4일 대만 여행 일정표를 다이어그램으로 나타내면 다음과 같다.

2.3 정보 구조화 형태

우리가 일반적으로 이용하는 정보는 문자, 그림, 소리, 그리고 동영상 등 다양한 형태로 표현이 된다. 다양한 형태로 존재하는 정보를 효과적으로 구조화하기 위해서는 수집한 자료를 목적에 맞게 파악하고 분류 가능한 내용을 따로 정리해야 한다. 그 후 정리된 내용 간의 관계를 체계적으로 표현하면 정보를 구조화할 수 있다. 특히, 자료의 양이 많을 경우는 자료의 특성에 따른 구조화를 하면 자료 처리를 효과적으로 할 수 있으며, 구조화 내에서 정보의 검색, 추가 등을 통해 쉽게 관리할 수 있다. 정보를 구조화하는 형태는 목록형(List), 표형(Table), 계층형(Tree), 다이어그램형(Diagram)의 방법이 있다.

1 목록형(List)

목록형은 나타낼 정보를 일정한 순서로 나열하여 전달하는 형태이다. 목록 형태로 구조화하면 정보를 빠르게 표현할 수 있다는 장점이 있는 반면에 표현하는 내용 요소 간의 관계가 복잡하면 체계적인 관리가 어려워지는 단점이 있다. 목록형의 예를 들면 기차 노선 안내도, 건물 층별 안내도 등이다.

2 표형(Table)

표형은 구조화하여 표현할 정보 중 서로 관련 있는 항목을 가로축, 세로축으로 분해하여 표 형태로 정렬한 것이다. 표 형태로 정보를 구조화하면 정보를 표현하고 관리할 때 편리하게 사용할 수 있다. 표형의 예를 들면 수업시간표, 주소록 등이다.

ID	성명	주소	전화번호
1101	홍길동	서울시 강남구	010-0000-0000
1102	강감찬	서울시 종로구	010-0000-0000
1103	박찬호	부산시 해운대구	010-0000-0000
1104	이대호	부산시 동래구	010-0000-0000
1105	류현진	부산시 금정구	010-0000-0000

3 계층형(Tree)

계층형은 나타내는 정보를 수준별이나 상하 위계로 분류하여 전달하는 구조이다. 즉 한 정보를 중심으로 다른 정보로 갈라져 나가는 구조이다. 계층형으로 정보를 구조화하면 정보의 세부적인 구성요소를 보여주고 편리하게 관리할 수 있다. 계층형의 예를 들면 조직도, 컴퓨터 폴더 구조 등이다.

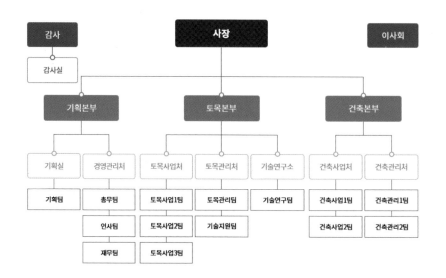

4 다이어그램형(Diagram)

다이어그램형은 나타내는 정보를 도식화하여 그래프, 차트 등으로 표현하거나 정보의 상호관계를 도형을 이용하여 연결하여 표현하는 구조이다. 정보의 특성에 따라 다양한 형태로 표현하는 정보 사이의 관계를 나타낼 수 있다. 다이어그램형 예를 들면 생산 통계, 매출 통계 등이다.

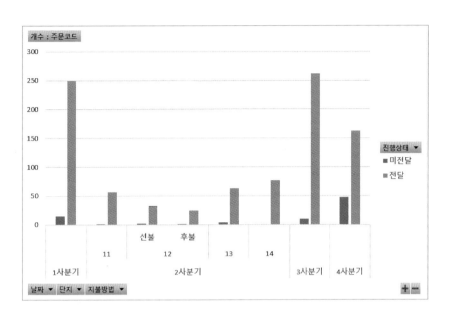

2.4 자료 구조 형태

자료 구조는 자료에 쉽게 접근하고 효율적으로 이용하기 위해 자료를 처리하고 관리하는 방법을 말한다. 컴퓨터를 이용하여 자료를 처리하기 위해서는 자료의 특성에 맞게 구조화하여 저장하게 된다. 자료 구조를 형태에 따라 분류하면 단순 구조, 선형 구조, 비선형 구조, 파일 구조로 구분된다.

1 단순 구조

단순 구조는 컴퓨터 프로그램을 위해 사용하는 기본 자료형이다. 정수, 실수, 문자열 등이 단순 구조에 속한다.

2 선형 구조

선형 구조는 자료들 사이 전후 관계가 '1 : 1' 선형 관계를 이루는 것이다. 따라서 자료들이 일정한 관계로 일렬로 연결된 구조이다. 리스트, 스택, 큐 등이 선형 구조에 속한다.

3 비선형 구조

비선형 구조는 자료들 사이 전후 관계가 '1 : 다' 또는 '다 : 다' 관계를 이루는 것이다. 따라서 자료들이 일정한 순서 없이 연결된 구조이다. 트리, 그래프 등이 비선형 구조에 속한다.

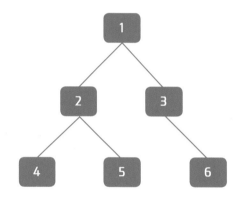

4 파일 구조

파일 구조는 레코드들의 집합인 구조이다. 순차 파일, 색인 파일 등이 파일 구조에 속한다.

CHAPTER 03 컴퓨팅 사고(Computational Thinking, CT)

    컴퓨팅 사고(Computational Thinking)는 우리가 접하는 어려운 문제를 컴퓨터를 이용하여 효과적으로 해결할 수 있도록 문제를 정의하고, 그에 대한 답을 찾아가는 과정을 포함한 사고 과정 전체를 말하는 것이다. 컴퓨팅 사고라는 용어는 세이모어 페퍼트(Seymour Papert) 교수가 처음으로 제시하였으며, 지넷 윙(Jeannette M. Wing) 교수는 컴퓨팅 사고가 단지 컴퓨터과학자들에게만 국한되지 않고 모든 사람에게 필요한 근본적인 기술이 되었다고 제시하였으며, 컴퓨팅 사고의 하위 개념으로 추상화(Abstraction)와 자동화(Automation)를 소개하였다. 컴퓨팅 사고력이 향상되면 문제해결에 컴퓨터를 더 잘 활용할 수 있을 것이다.

3.1 컴퓨팅 사고력의 구성요소

    컴퓨팅 사고력을 연구하는 연구자들에 따르면 다양한 구성요소로 이루어져 있다. 윙 교수는 컴퓨팅 사고력을 크게 추상화와 자동화로 구분하였다. 추상화는 실제 문제를 해결 가능한 형태로 나타내기 위한 사고 과정이고, 자동화는 추상화 과정을 통해 만들어진 해결 모델을 컴퓨터가 이해할 수 있는 프로그래밍 언어로 표현하여 컴퓨터를 통해 수행하는 것이다.

국제교육공학협회(ISTE)와 컴퓨터과학교사회(CSTA)에서는 컴퓨팅 사고력의 세부 요소를 자료 수집, 자료 분석, 자료 표현, 문제 분해, 추상화, 알고리즘과 절차, 자동화, 시뮬레이션, 병렬화의 9가지 요소로 제시하였다.

구성 요소	정의
자료 수집	문제의 이해와 분석을 기반으로 문제해결을 위한 적절한 자료 모으기
자료 분석	수집한 자료의 의미를 이해하고, 패턴을 찾으며 분석하기
자료 표현	자료를 적절한 차트, 그래프, 글, 그림 등으로 나타내기
문제 분해	문제를 해결 가능한 작은 수준의 문제로 나누기
추상화	문제해결을 위해 반드시 필요한 핵심 요소를 파악하고 복잡함을 단순화하기
알고리즘과 절차화	문제를 해결하거나 어떤 결과를 이루기 위해 순서적 단계로 나타내기
자동화	컴퓨터 시스템이 수행할 수 있는 형태로 해결책 나타내기
시뮬레이션	복잡하고 어려운 문제를 해결하기 위해 하나의 절차를 표현하거나 모델화하기
병렬화	목표를 달성하기 위한 작업을 동시에 수행하도록 자원 구성하기

컴퓨터 사고력의 구성요소(출처: ISTE, CSTA)

구글은 컴퓨터 사고력의 구성요소에 분해, 패턴 인식을 추가하여 좀 더 구체적으로 제시하였다.

3.2 컴퓨팅 사고력을 활용한 문제해결

컴퓨팅 사고력의 구성요소 중 문제해결에 많이 적용되는 요소에 대해서 자세히 살펴보겠다.

1 추상화

추상화는 어떤 문제를 만났을 때 문제해결을 위해 필요한 핵심 요소를 확인하고 불필요한 요소를 제거하여 해결 가능한 형태로 표현하는 것이다. 예를 들어 서울의 지하철 노선을 생각해 보겠다. 10개 이상의 노선을 불필요한 점은 제거하고 역 사이의 순서와 환승역 중심으로 나타낸 후 각 노선을 색깔로 구별하여 역 이름만 표시하도록 단순화해서 나타낸다. 그러면 사람들은 한눈에 자기가 가고 싶은 지점과 노선을 구별할 수 있다.

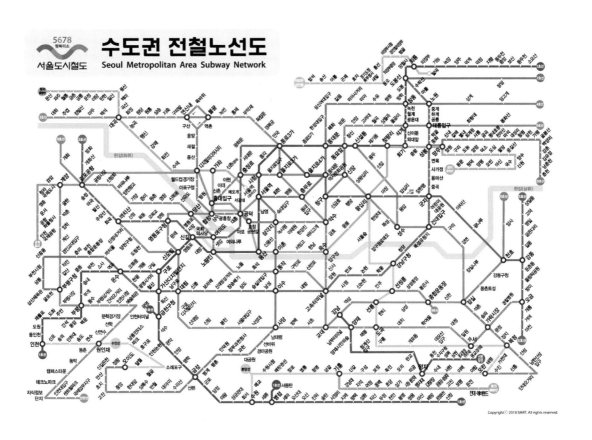

2 분해와 패턴 인식

컴퓨팅 사고를 이용하여 문제를 해결하기 위해서는 먼저 문제를 정확하게 분석하여 작은 단위로 분해하고, 문제의 핵심 요소를 파악하여 추상화한다. 다음으로 알고리즘 설계를 하여 문제해결 방법을 단계적으로 구현하고 프로그래밍을 한다. 구글이 추가로 제시한 구성요소는 다음과 같다.

구성 요소	정의
분해(Decomposition)	문제 해결이 가능하도록 작은 단위로 분해하기
패턴 인식(Patten recognition)	분해된 자료에서 일정한 규칙, 패턴을 찾아 모델화하거나 숨어 있는 것 예측하기
패턴 추상화(Patten abstraction)	패턴에서 원리와 법칙을 단순화하여 기호화하기
알고리즘 설계(Algorithms)	현재 문제와 유사한 문제를 풀기 위해 의사 코드를 사용하여 문제 해결 방법을 단계적으로 구현하기

SCRATCH

PART III

알고리즘 설계

알고리즘 이란?

1.1 알고리즘(Algorithm)의 이해

알고리즘이란 주어진 어떤 문제를 논리적으로 해결하기 위한 절차, 방법 등을 자연어 언어, 문자, 순서도(용도가 정해진 도형을 이용하여 그림으로 표현), 가상 코드(프로그래밍 언어와 비슷한 형태이지만 실제 실행은 안 됨), 각종 프로그래밍 언어 등을 이용하여 표현한 것을 말한다.

우리는 일상생활의 다양한 분야에서 어떤 일을 처리하거나 문제를 해결할 때 알고리즘을 활용하게 된다. 생활 속에서 알고리즘을 활용하는 예는 다음과 같은 것들이 있다.

- 곱셈과 나눗셈을 하는 방법, 최대공약수와 최소공배수를 구하는 방법, 소수를 구하는 방법 등 기초적인 수학 연산
- 장기, 바둑과 같은 게임을 잘 할 수 있도록 알파고 같은 인공지능처럼 생각하는 방법론
- 지하철을 이용해 이동할 때 최단 거리로 이동하기 위한 환승역을 결정하는 방법 등

1.2 알고리즘이 가져야 할 조건

모든 알고리즘은 다음과 같은 7가지의 조건을 만족해야만 한다.

❶ 입력: 0개 이상(경우에 따라 입력 데이터가 없을 수도 있음)의 데이터가 외부에서 입력되어야 한다.

❷ 출력: 반드시 외부로 출력 결과가 있어야 한다.

❸ 명백성(명확성): 각 명령은 명확해야 한다.

❹ 유한성: 유한 번의 명령을 모두 수행하면 반드시 종료되어야 한다.

❺ 효과성: 모든 명령은 명백하고 컴퓨터상에 실행 가능한 것이어야 한다.

❻ 일반성: 유사한 유형의 문제에 모두 적용할 수 있어야 한다.

❼ 정확성: 문제를 정확하게 해결해야 한다.

CHAPTER 02 알고리즘의 표현법

2.1 순서도

가장 대표적이고 일반적으로 사용되는 알고리즘을 표현하는 방법은 순서도이다. 순서도를 작성할 때는 국제표준화기구(ISO : International Standard Organization)에서 그 용도가 정의된 도형 기호들을 사용하여 의미에 맞게 작성하여야 한다. 다음의 표는 순서도에 사용되는 기호들이다.

순서도 기호	사용되는 의미
	시작과 종료를 표시하는 기호
	변수의 초기화 및 준비사항을 표시하는 기호
	데이터 입력과 출력을 표시하는 기호
	비교 판단을 위한 조건문을 표시하는 기호로 조건문의 판단 결과는 참/거짓(true/false)로 결정됨.
	여러 가지 연산, 데이터 이동 등의 처리를 표시하는 기호
	순서도에서 처리 흐름을 나타내는 흐름선 기호
	반복문(Loop: 루프)를 나타내는 기호
	문서(종이)로 출력하는 것을 나타내는 기호

알고리즘의 종류는 명령어 실행을 진행하는 순서에 따라 몇 가지 종류로 구분된다. 가장 대표적인 것은 순차 구조 알고리즘, 선택 구조 알고리즘, 반복 구조 알고리즘 등이 있다.

1 순차 구조 알고리즘

명령문의 실행 순서가 중간에 바뀌지 않고 정의된 순서대로만 실행되는 구조를 가진 알고리즘이다.

예제 두 개의 숫자 20과 30을 더한 결과를
구하라.

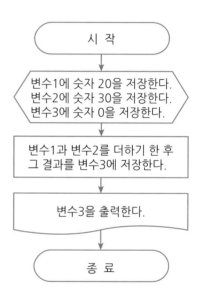

Tip 참조

변수란? 프로그램 명령문을 작성할 때 어떤 값을 저장하기 위한 기억장소 이름을 말한다. 위의 순서
도 그림에서 변수1, 변수2, 변수3은 모두 각각 변수에 해당한다.

▨2 선택 구조 알고리즘

비교 조건문을 사용하여 조건을 비교하여 판단한 결과가 '참(true)/예'일 때와 '거짓(false)/아니오'일 때 서로 다른 명령문을 실행하는 알고리즘이다.

예제 은석이는 비가 오지 않으면 운동장에서 친구들과 축구를 하기로 약속하였고, 만약 비가 오면 친구들에게 약속을 취소하는 톡을 보내기로 하였다.

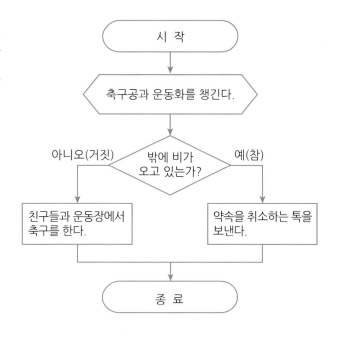

▨3 반복 구조 알고리즘

정해진 횟수만큼 또는 주어진 조건이 참이 될 때까지 명령문을 반복해서 실행하는 알고리즘이다.

예제 장미는 지금부터 오후 2시까지 피아노 연습을 하기로 엄마와 약속했다.

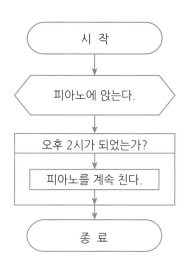

SCRATCH

PART IV

피지컬 컴퓨팅

01 피지컬 컴퓨팅 이란?

1.1 지식 · 정보사회 인재

2015년 교육부는 교육과정을 개정 발표하였는데 그 내용 중 21세기 지식·정보사회 관련 내용을 요약하면, 인재는 정보와 정보처리기술을 올바르게 활용해야 하며, 새로운 지식과 정보, 기술을 창의적으로 생성하고 협력적으로 문제를 해결하는 능력을 갖추어야 한다고 하였다. 즉 인문학적 소양과 상상력에 컴퓨팅 사고력을 갖춘 융합형 인재 양성을 하는 것을 교육의 기본 방향으로 설정한 것이다. 그에 따라 정보 교과의 성격을 "지식·정보사회를 올바르게 이해하고 정보사회의 구성원으로서 정보윤리의식, 정보보호능력, 정보기술활용능력 등 정보문화소양을 갖추고 컴퓨터과학의 기본 개념과 원리를 바탕으로 실생활 및 다양한 학문 분야에서 문제를 창의적으로 해결하는 컴퓨팅 사고력 및 네트워크 기반 환경의 다양한 공동체에서 협력적으로 문제해결을 키우는 교과"로 정의하였다. 그리고 21세기 지식·정보사회 인재 양성을 위해 중학교 교육과정에 정보 교과를 필수로 지정하였다.

더 나아가 중학교 정보 교과의 교육과정 중 컴퓨팅 시스템에서 컴퓨터 시스템의 동작과 원리에 관한 내용과 더불어 피지컬 컴퓨팅을 핵심 개념으로 추가하였다. 아래 표는 중학교 정보 교과 교육과정의 내용 체계 중 일부이다.

영역	핵심 개념	일반화된 지식	내용 요소	기능
컴퓨팅 시스템	컴퓨팅 시스템의 동작 원리	다양한 하드웨어와 소프트웨어가 유기적으로 결합된 컴퓨팅 시스템은 외부로부터 자료를 입력받아 효율적으로 처리하여 출력한다.	• 컴퓨팅 기기의 구성과 동작 원리	분석하기 설계하기 프로그래밍하기 구현하기 협력하기
	피지컬 컴퓨팅	마이크로컨트롤러와 다양한 입·출력 장치로 피지컬 컴퓨팅 시스템을 구성하고 프로그래밍을 통해 제어한다.	• 센서 기반 프로그램 구현	

중학교 정보 교육과정 중 컴퓨팅 시스템[중학교 교육과정(2018-162호)]

피지컬 컴퓨팅이란 마이크로컨트롤러, 센서 등을 기반으로 컴퓨터 시스템을 구성하고 프로그래밍을 통해 그 시스템을 제어하는 것을 말한다. 센서는 실생활에서 일어나는 여러 가지 상태를 감지하기 위해 사용되며, 제어장치는 센서가 감지한 정보를 입력받아 정보를 처리할 프로그램을 구동하여 마이크로컨트롤러를 통해 처리하고, 처리한 결과를 출력 장치에 전달하는 기능을 수행한다. 출력 장치는 처리결과에 따른 동작을 수행하는데, 다른 용어로 액추에이터라고 한다.

피지털 컴퓨팅의 예를 들면 빛의 세기를 감지하여 등에 불을 켜는 장치가 있으면, 빛의 세기를 감지하는 센서가 입력장치가 되어 감지가 된 빛의 세기를 마이크로컨트롤러로 전달하게 된다. 마이크로컨트롤러는 프로그램을 실행하여 입력받은 빛의 세기를 확인하고 수행할 동작을 결정하여 출력장치로 전달하게 된다. 출력 장치인 등은 전달받은 값에 따라 등을 켜거나 끄게 된다. 대표적인 피지컬 컴퓨팅 모듈는 아두이노, 라즈베리파이 등이 있다. 다음 그림은 아두이노를 사용해서 LED를 구동하는 모습이다.

아두이노 작동 모습

피지컬 컴퓨팅을 위한 하드웨어

피지컬 컴퓨팅을 수행하기 위해서는 다양한 하드웨어 장치가 필요하다. 일상생활에서 여러 상태를 감지하기 위한 입력장치인 센서와 입력장치(센서)가 감지한 신호를 입력받아 프로그램을 이용하여 처리하도록 마이크로컨트롤러로 전달하고, 마이크로컨트롤러가 처리한 결과를 실행하도록 출력 장치(액추에이터)로 전달하는 역할을 하는 제어 장치, 그리고 제어 장치로부터 값을 전달받아 동작을 수행하는 출력 장치인 액추에이터 등이 있다. 이 장에서는 피지컬 컴퓨팅을 위한 다양한 하드웨어 장치를 살펴보겠다.

2.1 제어 장치

제어장치는 입력장치(센서 등)가 감지한 신호를 입력받아 프로그램을 통한 처리를 위해 마이크로컨트롤러로 전달하고, 마이크로컨트롤러가 처리한 결과를 실행하도록 출력장치(액추에이터)로 전달하는 역할을 합니다. 제어장치가 입력받고, 출력하는 신호는 아날로그와 디지털입니다. 따라서 제어장치는 두 신호를 모두 전달하기 위해 아날로그 신호 핀과 디지털 신호 핀을 구분해서 가지고 있습니다. 그리고 이 핀들을 통해 센서와 액추에이터 사이에서 신호를 주고받으며, 프로그램을 사용하여 제어합니다. 교육 실습용으로 많이 사용되는 제어 장치는 아두이노, 라즈베리파이 등이 있습니다.

라즈베리파이

센서(sensor)는 실생활에서 일어나는 많은 물리적 변화를 감지하는 장치이다. 일반적으로 많이 사용하는 것이 온도, 습도, 그리고 빛 등이며, 이것의 양을 기록 가능한 값으로 바꿔서 신호로 전달을 해준다. 사람은 눈, 코, 귀, 접촉을 통해 중요한 정보 또는 변하는 상황을 인식하는 반면에, 컴퓨팅 시스템, 로봇 등은 센서를 통해 주변의 물리적 변화량을 감지하게 된다. 일반적으로 많이 사용되는 센서에 대해서 살펴보겠다.

1 빛 센서

빛 센서는 주변의 밝기를 측정하여 제어 장치에 입력값으로 전달하는 센서이다. 다른 용어로 조도 센서로 부르기도 한다. 빛 센서는 주위의 밝기에 따라 센서 내의 저항값을 조절하여 빛의 양을 측정한다. 주위의 빛의 양이 많아 밝으면 저항값이 감소하고, 빛의 양이 적어 어두우면 저항값이 증가한다. 빛 센서가 활용되는 곳은 다음과 같다.

- 빛의 밝기에 따라 켜지는 거리의 가로등
- 어두워지면 밝기가 자동 조절되는 태블릿

2 온도 센서

온도 센서는 주변의 온도를 측정하여 제어장치에 입력값으로 전달하는 센서이다. 온도 센서는 주위의 온도를 감지한 후 그 값을 전기 형태의 값으로 변환해서 전달한다. 온도 센서로 측정한 값을 우리가 일반적으로 사용하는 섭씨온도로 나타내기 위해서는 프로그램을 통해 변환하여 표현한다. 온도 센서가 활용되는 곳은 다음과 같다.

- 실내 온도를 적정하게 유지하는 에어컨
- 온도에 따라 농작물을 관리하는 스마트팜 시스템

3 거리 센서

거리 센서는 물체와 물체 사이의 거리를 측정하여 제어장치에 입력값으로 전달하는 센서이다. 거리 센서로 많이 사용되는 것은 초음파 센서이다. 초음파 센서는 거리를 측정하고 싶은 곳으로 초음파를 발생시켜 보낸 후, 그곳에 있는 물체에 반사되어 되돌아오는 초음파를 감지하여 거리를 측정한다. 반사되는 초음파를 이

PART IV. 피지컬 컴퓨팅

용하면 시간 지연이 생기는데, 초음파 센서는 시간 지연도 고려하여 측정하고 일반적으로 사용하는 단위로 변환하는 프로그램을 통해 측정값을 표현한다. 초음파 외에 적외선을 이용하여 거리를 측정하는 센서도 있다. 거리 센서가 활용되는 곳은 다음과 같다.

- 사람과 거리를 감지해 자동으로 문을 여는 자동문
- 로봇 청소기에서 장애물 인식
- 자동차 자동 주행 시스템

4 소리 센서

소리는 공기의 진동으로 전달되는 파동으로 우리 귀가 이 진동에 자극을 받아 소리를 듣게 된다. 사람이 들을 수 있는 소리의 진동수를 가청주파수라고 하며, 범위는 20 ~ 20,000Hz이다. 소리 센서의 원리는 공기의 진동을 감지하여 그 값을 전압으로 변환해 제어장치로 전달한다. 제어 장치는 소리 센서로부터 전달되는 값을 프로그램을 사용해 계산하여 일반적인 단위의 값으로 변환해 표시한다. 소리 센서가 활용되는 곳은 다음과 같다.

- 마이크
- 음성 인식

5 슬라이더

슬라이더는 일정한 값 범위에서 슬라이더를 이동시켜 값을 조정하여 제어 장치에 전달하는 센서이다. 슬라이더가 위치하는 곳에 따라 실행을 다르게 설정할 수 있다. 원리는 가변 저항을 이용하는 것으로 한쪽 끝의 값은 '0'이고 반대쪽 끝은 '1023'이다. 슬라이더가 활용되는 곳은 다음과 같다.

- 녹음실 음향 제어 장치
- 오디오 소리 크기 조절장치

6 버튼

버버튼은 컴퓨터 등에서 전원을 켜거나 꺼서 전류를 흐르게 하거나 흐르지 않게 하는 장치이다. 버튼을 눌러 전류가 흐르면 '1', 전류가 흐르지 않으면 '0'으로 정보를 처리하는 디지털 장치이다. 프로그래밍을 통해서 버튼의 사용법을 변경할 수도 있다. 버튼을 활용하는 예는 다음과 같다.

- 전자제품의 전원 버튼
- 거실 전등 스위치

2.3 액추에이터(Actuator)

액추에이터(actuator)는 시스템을 동작시키거나 제어하는데 사용되는 기계적 장치이다. 일반적으로 전기, 작동 유압, 그리고 공기압 등의 가동 에너지원을 기계적인 변위 또는 응력으로 변환하는 장치를 통칭하는 것이다. 컴퓨팅 시스템에 사용되는 것은 전기에너지를 다른 형태로 변환시키는 것이다. 주로 사용되는 것으로 LED, 모터, 그리고 부저 등이 있다.

1 LED

LED(Light Emitting Diode)는 빛을 내는 다이오드로 발광 다이오드라고 한다. LED는 반도체 소자로 만들진 디지털 장치로 프로그램을 통해 빛의 밝기 조절이 가능하며, 특정한 상황에 따라 켜고 끄는 것을 조정할 수 있다. 그리고 다양한 색상의 빛을 내므로 많은 장치에서 동작을 나타내는 신호 표시에 사용되고 있으며, 최근에는 실내조명으로 널리 사용되고 있다.

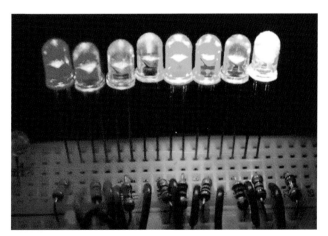

LED(사진 출처: Adafruit)

2 RGB LED

RGB는 빛의 삼원색인 빨강(Red), 초록(Green), 그리고 파랑(Blue)을 뜻합니다. 우리가 보는 모든 색은 빛의 삼원색을 조합하면 표현할 수 있다. RGB LED는 빛의 삼원색을 이용하여 RGB LED 하나로 표현하고 싶은 모든 색을 나타낼 수 있는 장치이다. RGB LED는 4개의 다리를 가지고 있는데, 이 가운데 하나는 5V 전압 또는 GND에 연결하고, 나머지는 센서 보드에 각각 연결하여 삼원색 역할을 한다. 삼원색 역할을 하는 세 핀의 수치를 조정하여 원하는 색을 만들어 낸다. 즉, 프로그램에서 빨강에 0, 초록에 255, 파랑에 0으로 정하라고 하면 RGB LED 색상이 초록이 되는 것이다. 각 색상에 해당하는 값은 검색을 통해 색상표를 찾아 확인하면 된다. LED 광고판, LED를 사용한 설치 예술 등에 활용된다.

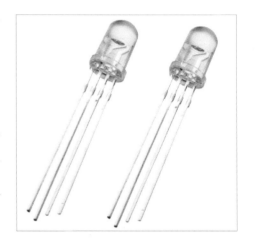

3 부저

부저는 특정 음의 높이에 해당하는 주파수에 맞는 전기 신호를 주면, 주파수에 해당하는 소리를 내는 장치이다. 일반적인 스피커보다는 소리가 작고 단순하므로 경보음이나 알람 소리 등을 낼 때 사용한다. 프로그램으로 부저 소리의 높낮이를 조정할 수 있으며, 간단한 멜로디는 연주도 가능하다. TV 퀴즈 프로그램 부저 소리, 경고음 소리 등에 활용된다.

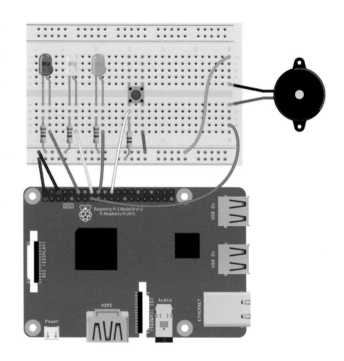

3 모터

　모터의 원래 의미는 원동기로 에너지를 받아 '일'을 하는 기계를 말한다. 따라서 어떤 에너지를 공급받아 기계적인 움직임으로 변환하는 장치는 모터라고 부를 수 있다. 그러나 우리가 일반적으로 말하는 모터는 전동기를 뜻한다. 전류가 흐르는 도체를 자기장 속에서 두면 이 도체는 힘을 받아 회전 운동을 한다. 이 운동을 이용하는 것이 전동기이다. 모터는 가전제품, 일상 생활용품 등에 가장 널리 사용되는 것이다. 프로그램을 이용하여 모터의 회전 속도와 방향을 제어할 수 있다.

　모터 중에서 각도를 조정할 수 있는 모터는 서보 모터이다. 각도를 조정하므로 각도 모터라고도 부른다. 움직이길 원하는 회전각에 맞는 신호를 주도록 프로그램하여 서보 모터를 원하는 각도로 조정할 수 있다. 서보 모터는 로봇 팔, 다리의 관절, 주차장 차단기 등에 사용하고 있다.

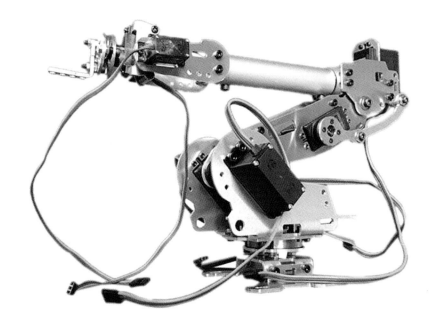

SCRATCH

PART V

스크래치 주요 기능 알아보기

스크래치 화면 구성 요소

스크래치 오프라인 프로그램을 설치한 후 바탕 화면에서 실행 아이콘()을 마우스로 더블클릭하여 실행하면 아래 그림과 같은 화면이 나타난다. 기본 화면 구성은 다음과 같다.

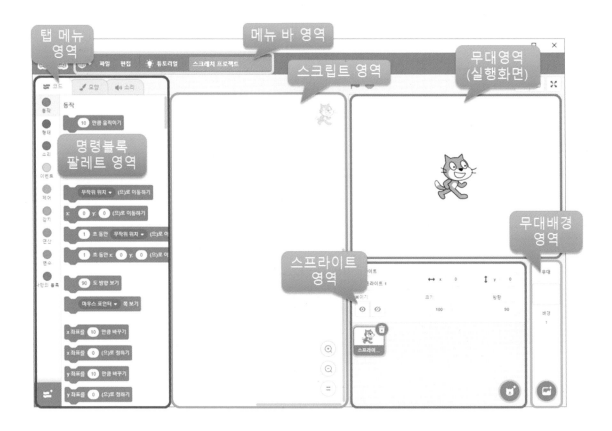

각 영역에 대해서 살펴보도록 하겠다.

메뉴 바 영역 구성 요소들

스크래치 기본 화면의 맨 위에 있는 상단 메뉴의 기능은 다음과 같다.

❶ 스크래치 로고: 스크래치 로고가 표시되며 스크래치 사이트로 이동한다.

❷ 언어 선택: 스크래치 프로그램에 사용할 언어를 선택한다.

❸ 파일: 스크래치 파일을 관리하며 세부 메뉴는 다음과 같다.

Ⓐ 새로 만들기: 새 스크래치 창을 열어 새로운 프로그램을 만든다.

Ⓑ Load from your computer: 컴퓨터에 저장된 스크래치 프로그램을 찾아서 열 때 사용한다.

Ⓒ 컴퓨터에 저장하기: 지금 작업 중인 프로그램을 저장할 때 사용한다.

❹ 편집: 스크립트를 편집할 때 사용한다. 세부 메뉴는 다음과 같다.

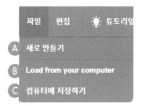

Ⓐ 되돌리기: 실행을 되돌릴 때 사용한다.

Ⓑ 터보 모드 켜기: 스크래치 프로젝트의 실행 속도를 향상시키기 위해 터보 모드를 켤 때 사용한다.

❺ 튜토리얼: 애니메이션, 예술, 음악, 게임, 그리고 이야기들과 관계되는 스크래치 프로그래밍 과정을 예시로 보여주는 동영상 자료(17개)가 제공된다. 이것을 참고하면 쉽게 프로그래밍을 따라 할 수 있다.

❻ 이름 표시 영역: 스크래치 프로젝트의 이름을 직접 입력하거나 파일명을 확인할 수 있는 곳이다.

탭 메뉴 영역 구성 요소들

기본 실행 화면 왼쪽 부분에 3개의 탭 메뉴가 있다. 스프라이트와 무대는 코드, 모양, 그리고 소리를 가지고 있다. 선택한 스프라이트 혹은 무대의 스크립트와 모양, 그리고 소리를 확인하고 수정할 수 있는 곳이다. 각 탭 메뉴의 내용을 자세히 살펴보겠다.

3.1 코드 탭

코드 탭은 프로그램 작성을 위한 블록을 모아 놓은 블록 팔레트와 프로그램을 작성하는 스크립트 영역으로 구성되어 있다. 블록 팔레트에는 블록들을 용도별로 분류한 동작, 형태, 소리, 이벤트, 제어, 감지, 연산, 변수, 나만의 블록으로 이루어진 9개어 카테고리기 있다. 긱 카테고리를 선택하면 오른쪽에 해당 명령어 블록 목록들이 나타난다. 각 카테고리는 색깔별로 구분되어 있어 어느 카테고리인지 쉽게 찾을 수 있다. 명령 블록들은 스크립트를 만드는 기본 항목이며 각각의 명령 블록들이 모여 스크립트를 구성한다. 코드 탭은 가장 중요하고 가장 많이 사용되는 탭일 뿐만 아니라 스크래치 프로그램에서 스프라이트, 무대 배경 등의 모든 동작을 지시하고 제어하기 위해 사용된다.

맨 아래쪽에 있는 ![버튼] 버튼을 누르면 기본 제공되는 명령 블록들 외에 확장 기능을 추가할 수 있다. 확장 기능에서 선택한 항목은 블록 모음에 추가되어 표시된다. 추가할 수 있는 확장 기능은 아래 그림과 같다.

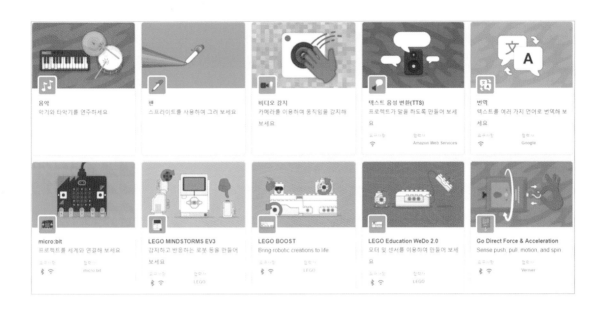

3.2 블록의 종류와 기능들

1 [동작] 카테고리

동작 카테고리에 속한 블록들은 스프라이트의 동작과 관련된 블록이다. 스프라이트를 무대(실행 화면)에서 특정한 위치로 이동시키거나 회전시키는 등 움직임과 관련된 블록들이 있다.

블록	설명
10 만큼 움직이기	스프라이트가 향하는 방향으로 입력한 숫자만큼 움직인다.
방향으로 15 도 회전하기	스프라이트가 입력한 각도만큼 시계 방향으로 회전한다.
방향으로 15 도 회전하기	스프라이트가 입력한 각도만큼 반시계 방향으로 회전한다.

블록	설명
무작위 위치 ▼ (으)로 이동하기	스프라이트가 선택된 위치로 이동한다. ▼을 눌러 이동할 위치를 선택한다. (무작위 위치, 마우스 포인터)
x 0 y: 0 (으)로 이동하기	스프라이트가 무대 좌표에서 입력된 x, y 값 위치로 이동한다.
1 초 동안 무작위 위치 ▼ (으)로 이동하기	스프라이트가 입력한 시간 동안 선택된 위치로 이동한다. ▼을 눌러 이동할 위치를 선택한다. (무작위 위치, 마우스 포인터)
1 초 동안 x: 0 y: 0 (으)로 이동하기	스프라이트가 무대 좌표에서 입력된 x, y 값 위치로 입력한 시간 동안 이동한다.
90 도 방향 보기	스프라이트가 입력한 각도 방향으로 회전한다.
마우스 포인터 ▼ 쪽 보기	스프라이트의 방향을 마우스 포인터 또는 다른 스프라이트 쪽으로 보게 한다. ▼을 눌러 스프라이트가 보는 방향을 선택할 수 있다. 기본 방향은 마우스 포인터이다.
x좌표를 10 만큼 바꾸기	스프라이트의 x 좌표 위치를 입력한 값만큼 변경한다.
x좌표를 0 (으)로 정하기	스프라이트의 x 좌표 위치를 입력한 값으로 설정한다.
y좌표를 10 만큼 바꾸기	스프라이트의 y 좌표 위치를 입력한 값만큼 변경한다.
y좌표를 0 (으)로 정하기	스프라이트의 y 좌표 위치를 입력한 값으로 설정한다.
벽에 닿으면 튕기기	스프라이트가 무대 가장자리에 닿으면 무대 안으로 튕겨 나온다.
회전 방식을 왼쪽-오른쪽 ▼ (으)로 정하기	스프라이트가 무대 가장자리 등에 부딪혀 튕겨 나올 때 회전하는 방법을 지정한다. 방법은 ▼을 눌러 왼쪽-오른쪽, 회전하지 않기, 회전하기 중에서 선택할 수 있다.
x 좌표	스프라이트의 x 좌표 위치이다.
y 좌표	스프라이트의 y 좌표 위치이다.
방향	스프라이트의 방향이다.

2 [형태] 카테고리

형태 카테고리에 속한 블록들은 스프라이트의 모양과 관련된 블록이다. 스프라이트의 보이는 상태, 순서, 그리고 스프라이트에 속한 모양 가운데 어떤 것을 보이게 할지 등과 관련된 블록이다.

블록	설명
안녕! 을(를) 2 초 동안 말하기	스프라이트가 하고 싶은 말인 입력한 내용을 말풍선 형태로 지정한 시간 동안 표시한다.
안녕! 말하기	스프라이트가 하고 싶은 말인 입력한 내용을 말풍선 형태로 표시한다.
음 을(를) 2 초 동안 생각하기	스프라이트의 생각인 입력한 내용을 말풍선 형태로 지정한 시간 동안 표시한다.

(음) 생각하기	스프라이트의 생각인 입력한 내용을 말풍선 형태로 표시한다.
모양을 모양 1 ▼ (으)로 바꾸기	스프라이트의 모양을 원하는 모양으로 선택해서 바꾼다. ▼을 눌러 모양 목록이 표시되면 원하는 모양을 선택한다.
다음 모양으로 바꾸기	스프라이트가 지닌 모양 목록 가운데 다음 모양으로 바꾼다.
배경을 배경 1 ▼ (으)로 바꾸기	배경을 원하는 배경으로 선택해서 바꾼다. ▼을 눌러 배경 목록이 표시되면 원하는 배경을 선택한다.
다음 배경으로 바꾸기	배경 목록 가운데 다음 배경으로 바꾼다.
크기를 10 만큼 바꾸기	스프라이트의 크기를 입력한 값만큼 누적하여 바꾼다.
크기를 100 %로 정하기	스프라이트의 크기를 비율(%)로 지정합니다. 비율은 숫자로 입력하여 설정한다.
색깔 ▼ 효과를 25 만큼 바꾸기	선택한 그래픽 효과를 입력한 값만큼 바꾼다. ▼을 눌러 표시되는 목록에서 그래픽 효과를 선택한다. 선택할 수 있는 효과는 색깔, 어안 렌즈, 소용돌이, 픽셀화, 모자이크, 밝기, 그리고 투명도이다.
색깔 ▼ 효과를 0 (으)로 정하기	선택한 그래픽 효과의 값을 직접 입력해 지정한다. ▼을 눌러 표시되는 목록은 색깔 ▼ 효과를 25 만큼 바꾸기 와 같다.
그래픽 효과 지우기	스프라이트에 설정된 모든 그래픽 효과를 삭제한다.
보이기	스프라이트를 무대에서 보이게 한다.
숨기기	스프라이트를 무대에서 보이지 않게 한다.
맨 앞쪽 ▼ 으로 순서 바꾸기	선택한 스프라이트를 다른 스프라이트의 앞이나 뒤로 이동한다. ▼을 눌러 앞쪽, 뒤쪽이 표시되면 위치를 선택한다.
앞으로 ▼ 1 단계 보내기	여러 개의 스프라이트가 겹쳤을 때 선택한 스프라이트가 다른 스프라이트의 앞이나 뒤로 입력한 값만큼 이동한다. ▼을 눌러 앞으로, 뒤로가 표시되면 위치를 선택한다.
모양 번호 ▼	스프라이트의 현재 모양 번호 또는 이름을 나타낸다. ▼을 눌러 번호, 이름 중에 선택한다.
배경 번호 ▼	무대의 현재 배경 번호 또는 이름을 나타낸다. ▼을 눌러 번호, 이름 중에 선택한다.
크기	스프라이트의 크기를 나타낸다.
배경을 배경 1 ▼ (으)로 바꾸고 기다리기	무대의 배경을 원하는 것으로 선택하여 변경하고, 다음 명령을 기다린다. ▼을 눌러 배경 목록이 표시되면 원하는 것을 선택한다. 이 블록은 무대에서만 사용할 수 있다.

3 [소리] 카테고리

[소리] 카테고리에 속한 블록들은 소리 재생, 전자악기(MIDI: Musical Instrument Digital Interface) 기능과 관련된 블록이다. 전자악기는 타악기(리듬악기)와 가락악기(멜로디악기)로 구분하여 사용할 수 있다. 각 스프라이트는 스크래치에서 제공하는 소리 파일 외에 컴퓨터에 저장된 소리 파일을 소리 목록에 업로드하여 사용할 수도 있다.

블록	설명
야옹 ▼ 재생하기	스프라이트가 가지고 있는 소리 가운데 선택한 소리를 재생한다. ▼을 누르면 스프라이트가 가지고 있는 소리 목록이 표시된다.
야옹 ▼ 끝까지 재생하기	스프라이트가 가지고 있는 소리 가운데 선택한 소리를 끝까지 재생한다. ▼을 누르면 스프라이트가 가지고 있는 소리 목록이 표시된다.
모든 소리 끄기	모든 소리의 재생을 중단한다.
음 높이 ▼ 효과를 10 만큼 바꾸기	목록에서 선택한 효과를 입력한 값만큼 바꾸어서 재생한다. ▼을 누르면 표시되는 목록은 '음 높이'와 '음향 위치 왼쪽/오른쪽'이다.
음 높이 ▼ 효과를 100 로 정하기	목록에서 선택한 효과를 입력한 값으로 지정하여 재생한다. ▼을 누르면 표시되는 목록은 '음 높이'와 '음향 위치 왼쪽/오른쪽'이다.
소리 효과 지우기	모든 소리 효과를 지운다.
음량을 -10 만큼 바꾸기	스프라이트의 소리 음량을 입력한 값만큼 변경한다.
음량을 100 % 로 정하기	스프라이트의 소리 음량을 입력한 값만큼 비율(%)로 설정한다.
음량	음량 값을 나타내는 변수이다.

4 [이벤트] 카테고리

[이벤트] 카테고리에는 이벤트 관리, 방송하기를 보내고 받는 블록들이 포함되어 있다. 스크래치 프로젝트를 실행시키면 처음으로 시작되는 클릭했을 때 블록과 배경이 바뀌었을 때, 방송하기를 받았을 때 등 특정 명령 블록을 실행하기 위한 여러 가지 상황에 대한 블록들이 속해 있다.

블록	설명
클릭했을 때	깃발(시작) 버튼을 눌렀을 때 프로젝트가 실행된다.
스페이스 ▼ 키를 눌렀을 때	키보드에서 지정된 키를 눌렀을 때 명령 블록들이 실행된다. ▼을 누르면 사용할 수 있는 키 목록이 표시된다.

블록	설명
이 스프라이트를 클릭했을 때	해당 스프라이트를 클릭했을 때 명령 블록들이 실행된다.
배경이 배경 1 ▼ (으)로 바뀌었을 때	배경이 지정한 것으로 변경되었을 때 명령 블록들이 실행된다. ▼을 눌러 표시되는 목록에서 배경을 선택할 수 있다.
음량 ▼ > 10 일 때	음량 또는 타이머의 값이 입력한 값보다 클 때 명령 블록들이 실행된다. ▼을 눌러 음량과 타이머 중 선택할 수 있다.
메시지1 ▼ 신호를 받았을 때	지정된 이름의 신호를 받았을 때 명령 블록들이 실행된다. ▼을 누르면 현재 작성되어 있는 메시지 목록이 표시되고, 목록에서 원하는 메시지를 선택할 수 있다.
메시지1 ▼ 신호 보내기	지정된 이름의 신호를 스크래치 프로그램 전체에 보낸다. ▼을 누르면 현재 작성되어 있는 메시지 목록이 표시되고, 목록에서 원하는 메시지를 선택할 수 있다.
메시지1 ▼ 신호 보내고 기다리기	지정된 이름의 신호를 보내고 신호를 받은 명령블록들이 모든 실행을 마칠 때까지 기다린다. ▼을 누르면 현재 작성되어 있는 메시지 목록이 표시되고, 목록에서 원하는 메시지를 선택할 수 있다.

5 [제어] 카테고리

[제어] 카테고리의 블록들은 스크립트의 실행 과정을 제어하는 블록들이다. 따라서 제어블록은 스크립트의 실행을 잠시 중단하게도 하고, 조건의 결과에 따라 스크립트의 실행 과정을 바꾸기도 한다. 그리고 실행 과정을 필요에 따라 지정한 횟수만큼 반복시키는 역할을 한다.

블록	설명
1 초 기다리기	입력한 값의 시간 동안 기다렸다 다음 블록을 실행한다.
10 번 반복하기	이 블록 내부에 있는 블록들을 입력한 값만큼 반복 실행한다.
무한 반복하기	이 블록 내부에 있는 블록들을 무한 반복 실행한다.
만약 (이)라면	입력된 조건이 참이면 이 블록 내부에 있는 블록들이 실행된다.
만약 (이)라면 아니면	입력된 조건이 참이면 '만약 ~(이)라면' 내부에 있는 블록들이 실행되고, 거짓이면 '아니면' 내부에 있는 블록들이 실행된다.
까지 기다리기	입력된 조건이 참이 될 때까지 스크립트의 실행을 기다린다.
까지 반복하기	입력된 조건이 참이 될 때까지 이 블록 내부에 있는 블록들이 반복 실행된다.

블록	설명
멈추기 모두 ▼	선택 사항에 따라 스크립트의 실행을 멈춘다. ▼을 누르면 모두, 이 스크립트, 이 스프라이트에 있는 다른 스크립트 중 선택할 수 있다.
복제되었을 때	어떤 스프라이트가 복제되었을 때 복제된 스프라이트의 동작을 지정한다. 즉 복제본은 이 블록 아래 연결된 블록들을 실행한다.
나 자신 ▼ 복제하기	지정한 스프라이트의 복제본을 만든다. 스프라이트가 자신을 복제할 수도 있고, 자신 외에 다른 스프라이트도 복제할 수 있다. ▼을 눌러 복제할 스프라이트를 선택할 수 있다.
이 복제본 삭제하기	현재 복제본을 삭제합니다. 복제본이 실행을 끝내고 이 블록을 만나면 자신을 삭제합니다.

6 [감지] 카테고리

[감지] 카테고리의 블록들은 참/거짓 상태나 감지된 상태를 판단하는 블록들로 구성되어 있다. 따라서 이 블록들은 단독 명령 블록으로 사용하기보다는 제어 또는 연산 블록들과 조합하여 사용한다.

블록	설명
마우스 포인터 ▼ 에 닿았는가?	스프라이트가 마우스 포인터, 다른 스프라이트, 또는 벽에 닿았는지 감지한다.
색에 닿았는가?	스프라이트가 특정 색에 닿았는지 감지한다.
색이 색에 닿았는가?	스프라이트 안의 지정한 색이 배경이나 다른 스프라이트의 지정한 색에 닿았는지 감지한다.
마우스 포인터 ▼ 까지의 거리	지정한 스프라이트에서 마우스 포인터까지의 거리 또는 다른 스프라이트까지의 거리를 나타낸다.
What's your name? 라고 묻고 기다리기	입력된 내용대로 묻고 답을 할 때까지 기다린다.
대답	What's your name? 라고 묻고 기다리기 블록의 대답을 사용지기 입력했을 때 저장되는 곳이다.
스페이스 ▼ 키를 눌렀는가?	키보드에서 특정한 키가 눌러졌는지 감지할 때 사용한다. ▼을 누르면 선택할 수 있는 키 목록이 표시된다.
마우스를 클릭했는가?	마우스가 클릭되었는지 감지한다.
마우스의 x좌표	마우스 포인터의 x 좌표를 나타낸다.
마우스의 y좌표	마우스 포인터의 y 좌표를 나타낸다.
드래그 모드를 드래그 할 수 있는 ▼ 상태로 정하기	스프라이트를 드래그할 수 있거나 없는 상태로 지정한다. ▼을 눌러 있는, 없는 중에 선택할 수 있다.
음량	마이크로 입력되는 음량을 감지하여 0~100까지 수로 나타낸다.
타이머	스크래치 프로젝트를 시작한 후 경과한 시간을 측정하여 나타낸다.
타이머 초기화	재시작하지 않아도 타이머를 초기 상태로 설정한다.

블록	설명
무대 ▼ 의 backdrop # ▼	무대나 스프라이트의 여러 속성을 나타낸다. 나타내는 속성은 x 좌표, y 좌표, 방향, 모양 번호, 모양 이름, 크기, 음량, 배경 번호, 배경 이름이다. ▼을 눌러 선택할 수 있다.
현재 년 ▼	현재 날짜와 시간을 나타낸다. ▼을 눌러 년, 월, 일, 요일, 시, 분, 초에서 선택할 수 있다. 요일을 나타낼 때 일요일은 1, 토요일은 7로 표시된다.
2000년 이후 현재까지 날짜 수	2000년 1월 1일 이후 현재까지의 날짜 일수를 나타낸다.
사용자 이름	스크래치 사이트에 로그인 한 후, 프로젝트를 사용할 때 사용자의 ID를 나타낸다.

7 [연산] 카테고리

[연산] 카테고리에는 숫자 연산, 관계 연산, 논리 연산, 난수 생성 등 다양한 연산을 수행하는 블록들이 있다. 그리고 문자열 결합, 문자열 길이 계산 등 문자열을 조작하는 기능을 수행하는 블록들도 포함되어 있다. 특히, 자료의 값 형태가 다른 내용들도 결합을 할 수 있다.

블록	설명
◯ + ◯	입력된 두 수를 더한다.
◯ - ◯	첫 번째 입력된 수에서 두 번째 입력된 수를 뺀다.
◯ × ◯	입력된 두 수를 곱한다.
◯ ÷ ◯	첫 번째 입력된 수를 두 번째 입력된 수로 나눈다.
1 부터 10 사이의 난수	입력된 두 수 사이에서 임의의 숫자를 선택해 나타낸다.
◯ > 50	첫 번째 입력된 수가 두 번째 입력된 수보다 큰지 확인한다.
◯ < 50	첫 번째 입력된 수가 두 번째 입력된 수보다 작은지 확인한다.
◯ = 50	첫 번째 입력된 수와 두 번째 입력된 수가 같은지 확인한다.
◇ 그리고 ◇	입력된 두 조건이 모두 참인지 확인한다.
◇ 또는 ◇	입력된 두 조건 중 하나라도 참인지 확인한다.
◇ 이(가) 아니다	입력된 조건이 거짓이면 참을 나타내고, 참이면 거짓을 나타낸다.
apple 와(과) banana 결합하기	입력된 두 내용을 연결하여 하나의 문자열로 나타낸다. 자료 값의 형태가 다른 경우에도 연결할 수 있다.
apple 의 1 번째 글자	입력된 문자열에서 지정한 위치의 문자만 나타낸다.
apple 의 길이	입력된 문자열에서 문자의 개수를 나타낸다.
apple 이(가) a 을(를) 포함하는가?	첫 번째 입력한 문자열에서 두 번째 입력한 문자를 포함하고 있는지 확인한다.

블록	설명
나누기 의 나머지	첫 번째 입력된 수를 두 번째 입력된 수로 나눈 나머지를 구한다.
의 반올림	입력한 수를 반올림하여 나타낸다.
절댓값 ▼ ( )	입력한 수에 대한 여러 가지 함수값을 구한다. ▼을 누르면 선택할 수 있는 함수 목록이 나타낸다.

8 [변수] 카테고리

[변수] 카테고리에는 변수, 리스트와 관련된 블록들이 있다. 변수와 리스트는 변수 만들기 와 리스트 만들기 버튼을 사용한 후 이름을 입력하여 생성하며, 이때 생성된 변수나 리스트와 관련된 블록들이 표시된다. 변수에 들어가는 값으로 숫자와 문자열을 사용할 수 있다. 리스트 블록들을 사용해 목록을 관리할 수 있다.

블록	설명
변수 만들기	이 버튼을 선택하면 변수를 만들 수 있는 창이 표시된다.
나의 변수	변수의 값을 표시한다. 블록 왼쪽에 있는 체크 박스를 체크하면 무대 왼쪽 상단에 표시되어 값을 확인할 수 있다.
나의 변수 ▼ 을(를) 0 로 정하기	지정된 변수의 값을 입력한 값으로 설정한다. ▼을 눌러 변수 이름 변경과 변수 삭제를 할 수 있다.
나의 변수 ▼ 을(를) 1 만큼 바꾸기	지정된 변수의 값을 입력한 값만큼 변경한다.
나의 변수 ▼ 변수 보이기	변수를 무대에 보이도록 설정한다.
나의 변수 ▼ 변수 숨기기	변수를 무대에서 보이지 않도록 설정한다.
리스트 만들기	이 버튼을 선택하면 리스트를 만들 수 있는 창이 표시된다.
나의 리스트	리스트의 값을 표시합니다. 리스트 값은 무대에서 확인할 수 있다.
항목 을(를) 나의 리스트 ▼ 에 추가하기	입력하는 항목을 지정한 리스트 목록 끝에 추가한다. ▼을 눌러 리스트 이름 변경과 리스트 삭제를 할 수 있다.
1 번째 항목을 나의 리스트 ▼ 에서 삭제하기	지정한 리스트의 목록에서 입력한 값 번째에 해당하는 항목을 삭제한다.
나의 리스트 ▼ 의 항목을 모두 삭제하기	지정한 리스트에 있는 모든 항목을 삭제한다.
항목 을(를) 나의 리스트 ▼ 리스트의 1 번째에 넣기	입력하는 항목을 지정한 리스트 목록에 입력한 값 번째에 추가한다.
나의 리스트 ▼ 리스트의 1 번째 항목을 항목 으로 바꾸기	지정한 리스트 목록에서 입력한 값 번째 항목의 내용을 입력하는 내용으로 변경한다.
나의 리스트 ▼ 리스트의 1 번째 항목	지정한 리스트 목록에서 입력한 값 번째 항목의 값을 표시한다.

블록	설명
나의 리스트 ▼ 리스트에서 (항목) 항목의 위치	지정한 리스트 목록에서 입력한 항목이 몇 번째 위치하는지 표시한다.
나의 리스트 ▼ 의 길이	지정한 리스트에 있는 항목의 수를 표시한다.
나의 리스트 ▼ 이(가) (항목) 을(를) 포함하는가?	지정한 리스트에 입력한 내용이 있는지 확인한다. 리스트에 있으면 참, 없으면 거짓으로 값을 표시한다.
나의 리스트 ▼ 리스트 보이기	지정한 리스트를 무대에서 보이게 한다.
나의 리스트 ▼ 리스트 숨기기	지정한 리스트를 무대에서 보이지 않게 한다.

9 [나만의 블록] 카테고리

[나만의 블록] 카테고리는 똑같은 내용을 계속 반복하는 코드를 작성하는 경우 추가 블록을 사용해 쉽게 만들어 사용할 수 있다. 추가 블록을 만들 때 숫자, 문자, 논리값, 그리고 라벨 등의 매개 변수를 사용할 수 있다.

블록	설명
블록 만들기	이 버튼을 눌러 새 추가 블록을 만든다. 선택 사항에서 매개변수와 설명을 추가할 수 있다.
추가블록 (number or text) (boolean) label text	이 형태로 블록이 생성된다. 왼쪽부터 블록의 이름, 블록에서 입력받을 숫자 또는 문자 형태의 매개 변수, 블록에서 입력받을 논리값(조건식) 매개 변수, 블록의 설명입니다. 매개 변수와 설명 삽입은 선택 사항이다.
추가블록	새로 만들어진 추가 블록으로 만들 때 정의한 대로 명령을 수행한다. 매개변수 없이 만들어진 것이다.
추가블록 정의하기	새로 만들어진 추가 블록이 수행할 명령들을 이 블록 아래 추가하여 만든다.

10 [펜]

[펜] 카테고리는 기본 블록 모음에 나타나지 않는다. 확장 기능 추가하기(📷)에서 '펜'을 선택하면 블록 모음에 나타난다. [펜] 카테고리에 속한 블록들은 펜으로 그리기, 도장 찍기 기능과 관련된 블록들이다. 무대에서 색상, 선 굵기 등을 정하여 원하는 대로 그림을 그리는 기능 블록들이 있다.

블록	설명
모두 지우기	화면에 펜으로 그리기 한 것들과 도장 찍기 한 것들을 모두 지운다.
도장찍기	스프라이트 이미지를 도장으로 찍듯이 똑같이 표시한다.
펜 내리기	해당 스프라이트의 펜 그리기 기능을 시작한다.
펜 올리기	해당 스프라이트의 펜 그리기 기능을 멈춘다.
펜 색깔을 ◯ (으)로 정하기	펜의 색을 지정한 색으로 설정한다.
펜 색깔 ▼ 을(를) 10 만큼 바꾸기	펜의 색을 지정하는데 사용된 속성 중 선택한 것을 입력한 값만큼 변경한다. ▼을 눌러 색깔, 채도, 명도, 그리고 투명도 중 선택할 수 있다.
펜 색깔 ▼ 을(를) 50 (으)로 정하기	펜의 색을 지정하는데 사용된 속성 중 선택한 것을 입력한 값으로 지정한다. 선택 항목은 펜 색깔 ▼ 을(를) 10 만큼 바꾸기 와 같다.
펜 굵기를 1 만큼 바꾸기	펜 굵기를 입력한 값만큼 변경한다.
펜 굵기를 1 (으)로 정하기	펜 굵기를 입력한 값으로 지정한다.

3.3 모양 탭

스크래치 프로그램에서 사용하는 모든 스프라이트는 1개 이상의 모양을 가지고 있다. 모양 탭은 현재 선택된 스프라이트의 모양과 색상 수정, 이름 변경 그리고 삭제도 할 수 있다. 그 외 새 스프라이트 추가, 스프라이트가 둘 이상일 경우 스프라이트의 순서 변경 그리고 무대 배경의 색상 변경 등의 다양한 편집 작업을 할 수 있다. 🐱 버튼 위에 마우스 포인터를 두면 메뉴 아이콘이 표시되는데 이 가운데 그리기(✏)를 선택하면 직접 모양을 그려서 새로운 모양을 추가할 수 있다. 모양은 비트맵 또는 벡터 형식으로 저장할 수 있다.

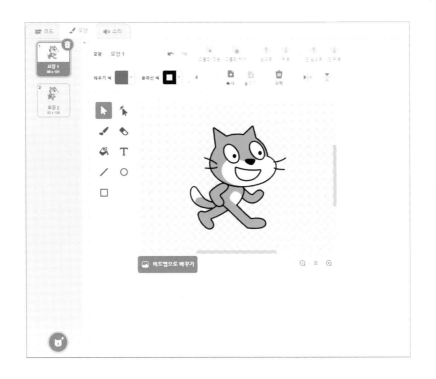

3.4 소리 탭

3.4 소리 탭

스프라이트는 모양뿐만 아니라 소리도 가지고 있다. 소리 탭은 현재 선택된 스프라이트가 가지고 있는 소리를 수정하거나 새로 생성해서 사용할 수 있다. 그리고 메아리 같은 음향 효과도 넣을 수 있다. 그 외 저장소에 저장된 소리 파일 새로 가져오기, 새로운 소리 기록, 소리 파일 업로드하기 및 소리 파일 편집 등과 관련된 기능들 수행한다.

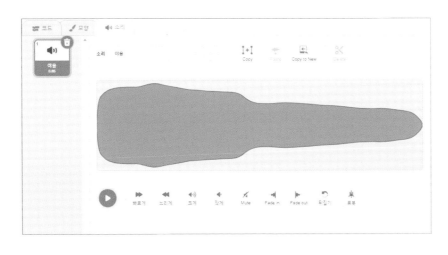

스크립트 영역 구성 요소들

스크래치는 레고를 조립하는 것처럼 특정한 명령으로 이루어진 블록을 조립하여 실행하기를 원하는 프로그래밍을 완성하는 방법을 배우는 교육용 프로그래밍 언어(EPL, Educational Programming Language)이다. 따라서 스크래치를 사용하면 프로그램하기 위해 문법이나 규칙 등을 익히지 않아도 블록을 조립하여 쉽게 프로그램을 할 수 있다는 장점이 있다. 블록들을 조립하여 프로그램을 작성하는 곳이 스크립트 영역이다. 블록을 사용하여 코드를 작성하는 방법을 간단히 살펴보도록 하겠다.

4.1 블록 조립하기

❶ 블록 모음에서 원하는 블록을 마우스로 선택하여 스크립트 영역으로 끌어와 다른 블록 아래에 붙여 조립한다. 연결할 때 각 블록의 요철 모양을 연결해 주면 된다.

스크립트 영역의 오른쪽 아래에 있는 ⊕ 버튼은 블록들의 크기를 확대하고, ⊖ 버튼은 블록들의 크기를 축소하며, = 버튼은 원래 크기로 돌릴 때 사용한다.

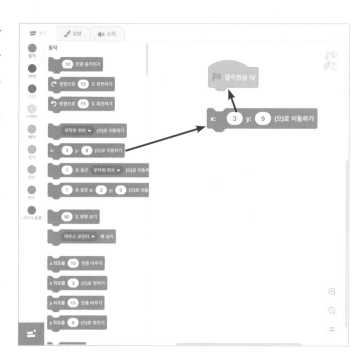

❷ [제어] 카테고리에 있는 블록들 안에는 육각형 모양의 공간이 있다. 이 공간에는 [감지] 카테고리에 있는 육각형 모양의 블록들을 넣을 수 있다. 이것은 주로 참인지 거짓인지 판단하는 블록들을 결합한다.

블록 안에 있는 원 모양에는 원 모양 블록들을 사용하여 결합한다. 원 모양 블록은 변수, 좌푯값, 모양 번호, 그리고 대답 등 다양한 종류의 값을 나타낸다.

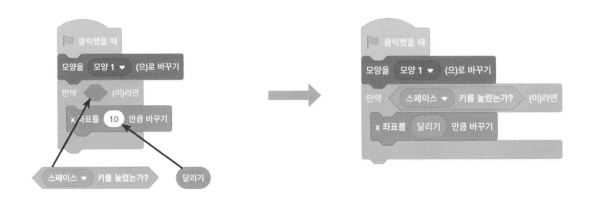

4.2 블록 삭제하기

블록을 조립한 후 삭제할 필요가 있을 때는 두 가지 방법 가운데 선택해서 블록을 삭제하면 된다.

❶ 블록 모음으로 끌어다 놓기

삭제할 블록을 마우스로 선택한 후 그 블록의 카테고리로 끌어다 놓으면 된다.

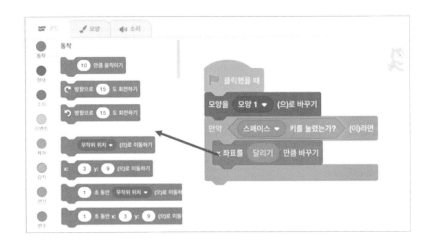

❷ 마우스 오른쪽 버튼을 사용하여 삭제

삭제할 블록 위에 마우스 포인터를 두고 마우스 오른쪽 버튼을 클릭하면 나타나는 단축 메뉴에서 [블록 삭제하기]를 선택하면 된다.

4.3 블록 복사하기

복사할 블록이 있으면 블록 위에 마우스 포인터를 두고 마우스 오른쪽 버튼을 눌러 나타나는 단축 메뉴에서 [복사]를 선택한다. 그러면 똑같은 블록이 복사되어 나타난다. 이 상태에서 스크립트 영역의 붙여넣을 곳에 마우스 포인터를 두고 왼쪽 버튼을 누르면 블록이 표시된다.

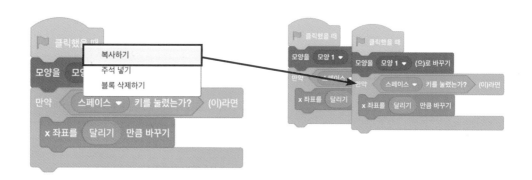

복사 기능은 현재 프로그램하고 있는 스프라이트 내의 스크립트 영역뿐만 아니라 다른 스프라이트에도 붙여 넣을 수 있다.

스크립트 영역 내에 마우스 포인터를 두고 오른쪽 버튼을 클릭하면
나타나는 단축 메뉴 중에서 세 가지에 대해서 살펴보겠다.

①	되돌리기
	재시도
②	블록 정리하기
③	주석 넣기
	블록 3개 삭제하기

❶ 되돌리기: 실행을 되돌릴 때 사용한다. 예를 들면 블록을 삭제한 후
취소시킬 때 사용한다.

❷ 블록 정리하기: 이 메뉴를 선택하면 스크립트 영역에 흩어져 있는 블록들이 줄을 맞춰 정리된다.

❸ 주석 넣기: 이 메뉴를 사용하면 작성한 코드에 대한 설명을 추가할 수 있다. 코드가 복잡해지면 코드의
기능을 바로 알아보기가 어렵다. 이때 설명을 기록하면 나중에 참조하여 코드의 기능을 빨리 이해할 수
있다. 주석은 스크립트 영역의 바탕과 특정 블록을 선택하여 추가할 수 있다.

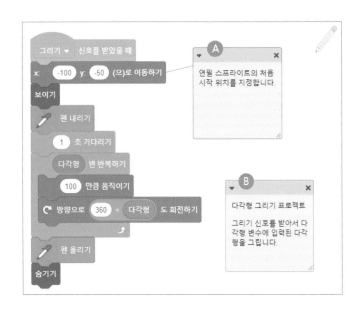

Ⓐ 스크립트 영역 바탕에 댓글 추가하기: 스크립트 영역 안의 어느 곳이던 마우스 포인터를 두고 오른쪽
버튼을 클릭하고 [댓글 추가하기]를 선택하면 댓글을 추가할 수 있는 창이 나타난다. 이곳에 작성하는
코드에 대한 설명을 추가할 수 있다. 이 설명은 작성하는 프로그램을 소개하거나 전체 동작과 관계되
는 설명 등을 추가하기에 적합하다.

Ⓑ 블록 선택하여 댓글 추가하기: 설명을 추가할 블록을 선택하고 마우스 오른쪽 버튼을 클릭하여 [댓글
추가하기] 메뉴를 사용하면 댓글 추가하는 창이 블록과 연결되어 나타난다. 이곳에 그 블록과 관련된
설명을 추가하면 된다. 특정 블록이나 그것과 연결된 코드들에 대한 설명을 추가하고 싶을 때 사용하
기에 적합하다.

무대(실행 화면)의 구성 요소들

무대(실행 화면)는 스프라이트들이 프로그램 코드 명령에 따라 실행되는 내용을 보여주는 창이다. 화면 크기는 가로 480픽셀, 세로 360픽셀이며, 화면 구성은 다음 그림과 같다.

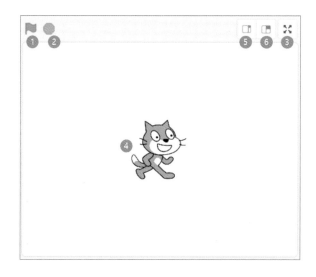

❶ 프로젝트 실행(🚩): 이 아이콘을 누르면 스크립트 내용을 실행한다. 실행은 [클릭했을 때] 블록으로 시작되는 스크립트 명령어에 대해서만 실행된다.

❷ 실행 중지(🔴): 이 아이콘을 누르면 실행 중인 스크립트가 중지된다. 스크래치는 정지시키지 않고 실행 중인 상태에서도 코드를 수정할 수 있어 반영되는 내용을 바로 확인할 수 있다.

❸ 전체 화면(✖): 이 아이콘을 누르면 무대(실행 화면)가 전체 화면으로 표시된다. 무대를 원래 크기로 하려면 축소 화면(✖) 아이콘을 클릭하면 된다.

❹ 스프라이트(Sprite): 스크래치에서 움직일 수 있는 특정 대상을 말하는 것으로 작성된 스크립트에 의해 움직이고 소리도 내며 실행된다. 소프트웨어 개발에 나타나는 스프라이트는 사람, 동물 외에도 나무, 의자, 기계, 시스템 부품 등 현실 세계에 존재하는 모든 사물이 될 수 있다. 스크래치를 실행하면 기본 스프라이트는 Cat1으로 설정되어 있다.

❺ 무대(실행 화면) 크기 조절(❏): 무대(실행 화면)의 크기를 가장 작게 하는 버튼이다.

❻ 무대(실행 화면) 크기 조절(❏): 무대(실행 화면)의 크기를 기본 크기로 해주는 버튼이다. 스크래치를 실행하면 무대(실행 화면)의 크기는 항상 기본 크기이다.

CHAPTER 06

스프라이트와 무대 영역의 구성 요소들

스크래치 프로젝트에서 사용할 스프라이트와 무대를 선택하고 변경할 수 있는 곳이다. 영역이 좌, 우로 구분되어 있는데 왼쪽이 스프라이트를 선택, 변경하는 곳이고, 오른쪽이 무대를 선택, 변경하는 곳이다. 이 영역에서 스프라이트의 이름도 변경할 수 있으며, 크기와 무대에서 위치도 확인할 수 있다. 프로그램을 작성할 때는 반드시 동작을 원하는 무대와 스프라이트를 선택하고 작성해야 한다.

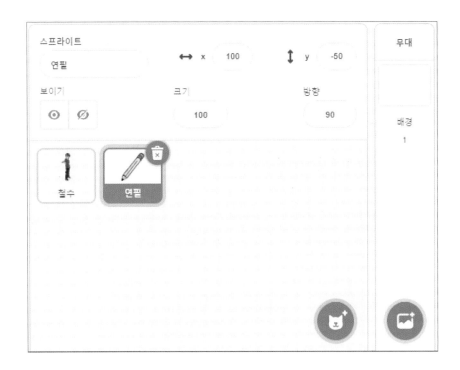

스프라이트는 작성된 코드를 실행하는 그림만을 의미하는 것이 아니라 그림 개체 하나가 가지고 있는 스크립트(코드)와 소리(음원)까지 포함하여 말하는 것이다. 스프라이트 영역 아래 오른쪽에 있는 스프라이트 고르기(🐱) 버튼에 마우스 포인터를 두면 새 스프라이트를 추가하는 등 스프라이트 편집과 관련된 메뉴들이 표시된다. 스프라이트와 관련된 메뉴와 기능들에 대해서 살펴보도록 하겠다.

1 스프라이트 영역 메뉴

1) 스프라이트 고르기(스프라이트 고르기 Q)

이 메뉴를 선택하면 스크래치에서 기본적으로 제공하는 스프라이트들이 모여 있는 곳인 스프라이트 고르기 창이 표시된다, 여기에서 스프라이트로 사용할 그림을 가져와 새로운 스프라이트로 사용한다.

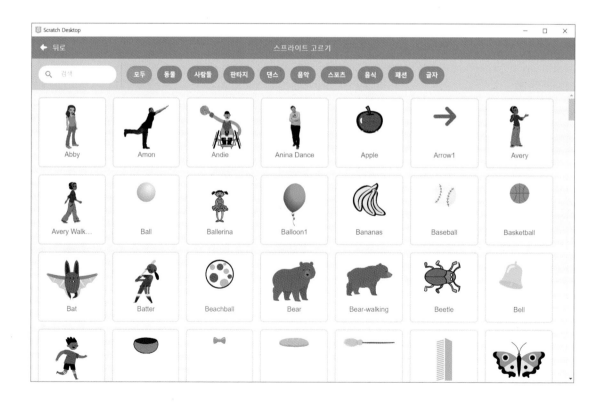

기본 제공되는 스프라이트들은 주제별, 종류별 등으로 그림이 분류되어 있다. 분류 목록은 10개이고, 첫 화면은 목록별 분류 중 [모두]가 선택된 상태에서 나타난다. 사용하고 싶은 그림이 있는 분류를 선택하여 표시되는 그림들에서 새 스프라이트로 사용할 그림 위에 마우스 포인터를 두고 왼쪽 버튼을 클릭하면 스프라이트가 새롭게 추가된다.

2) 그리기(그리기 | ✏)

이 메뉴는 스프라이트로 사용할 그림을 새로 그려서 사용한다. 이 메뉴를 선택하면 스프라이트 영역에 그림이 없는 새로운 스프라이트가 추가되고, 탭 메뉴에서 [모양] 탭이 자동으로 선택되면서 그림을 그릴 수 있는 화면이 된다. 화면에 그림을 그리면 비어 있는 '모양1'에 그린 그림이 표시되고 스프라이트 영역의 스프라이트에도 표시된다.

3) 서프라이즈(서프라이즈 | ✦)

이 메뉴는 프로그램을 작성하는 사용자가 스크래치에서 제공하는 기본 스프라이트나 사용자가 가지고 있는 그림 등에서 직접 선택하여 스프라이트로 사용하는 것이 아니라, 스크래치 프로그램이 기본 제공 하는 스프라이트에서 무작위로 선택하여 나타내는 것이다. 이 메뉴를 선택하면 무작위로 선택된 그림이 스프라이트로 표시된다.

4) 스프라이트 업로드하기(스프라이트 업로드하기 ⬆)

이 메뉴는 컴퓨터 내에 있는 이미지 파일 가져와 새로운 스프라이트로 사용할 수 있게 해준다. 스프라이트로 사용할 이미지 파일을 업로드하는 과정을 살펴보겠다.

❶ [스프라이트 업로드하기](⬆) 아이콘을 누르면 스프라이트로 사용할 이미지 파일을 찾기 위한 탐색창이 표시된다. 탐색창에서 이미지가 있는 폴더를 선택하여 열고 스프라이트로 사용할 이미지를 선택한 후 [열기] 버튼을 누른다.

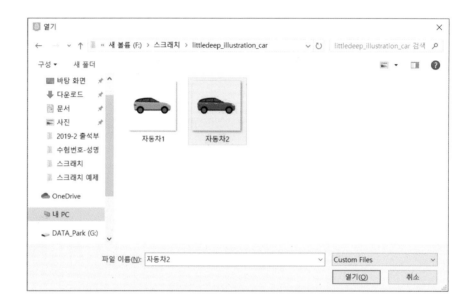

❷ 선택한 이미지 파일이 업로드되어 새 스프라이트로 추가된 것을 스프라이트 영역에서 확인할 수 있다.

2 스프라이트 정보 수정하기

스프라이트 영역에서 현재 사용할 스프라이트를 선택하면 위쪽에 선택된 스프라이트의 정보가 표시된다. 여기에 표시되는 스프라이트 관련 내용과 수정하는 방법을 살펴보겠다.

❶ 스프라이트 이름이 표시되는 곳이다. 이곳에 마우스를 클릭하여 이름을 변경할 수 있다.

❷ 무대에서 스프라이트의 위치를 x 좌표와 y 좌푯값으로 표시해 준다.

❸ 스프라이트를 무대(실행 화면)에서 보이게 할 것인지 아닌지를 선택하는 것이다. 왼쪽 아이콘을 눌러 파란색으로 활성화시키면(⊙) 스프라이트가 보이고, 오른쪽 아이콘을 눌러 파란색으로 활성화시키면(⊘) 스프라이트가 숨겨져 보이지 않게 된다.

❹ 스프라이트의 크기가 표시되는 곳이다. 마우스로 클릭하여 크기를 변경할 수 있다. 기본 크기는 '100'이다.

❺ 스프라이트의 방향을 표시하는 것으로 기본 방향은 90°로 설정되어 있다.

3 그 외 기능

스프라이트 위에 마우스 포인터를 두고 마우스 오른쪽 버튼을 클릭하면 단축 메뉴가 나타난다. 단축 메뉴의 내용을 살펴보겠다.

❶ 복사: 선택한 스프라이트와 같은 것을 하나 더 만든다.

❷ 내보내기: 선택한 스프라이트를 다운로드해 저장한다. 이때 스프라이트의 스크립트, 모양, 그리고 소리를 포함해서 저장한다.

❸ 삭제: 선택한 스프라이트를 삭제한다. 삭제는 스프라이트 오른쪽 위에 있는 버튼(🗑)을 눌러도 된다.

스프라이트를 복사하거나 삭제하는 경우 그림만 복사 또는 삭제하는 것이 아니라 스크립트(코드)와 소리(음원)도 같이 복사 또는 삭제하게 된다. 따라서 스프라이트가 가진 코드는 없애지 않고 그림만 화면에서 보이지 않게 하려면 [숨기기] 메뉴를 사용해야 한다.

스프라이트가 작성된 코드 동작을 수행하는 무대 배경과 관련된 작업을 수행하는 데 필요한 기능들을 포함하는 영역이다. 기본 무대 배경은 흰색으로 되어 있으며, 새로운 배경을 추가하려면 무대 영역 아래쪽에 있는 배경 고르기( ) 아이콘을 선택하면 배경 고르기 창이 표시된다. 여기서 배경으로 사용할 그림을 선택하면 새로운 배경으로 추가된다.

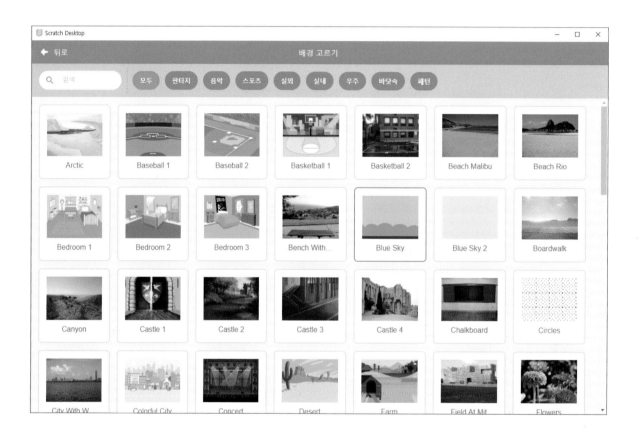

배경 고르기 아이콘 위에 마우스를 가져가면 메뉴가 표시된다. 표시되는 메뉴는 스프라이트 고르기와 동일하므로 스프라이트 영역 설명을 참조하기 바란다.

모양과 소리 다루기

7.1 모양 다루기

스프라이트는 하나 이상의 모양을 가지고 있다. 스프라이트가 가지고 있는 모양을 확인하려면 블록 모음 영역의 탭 메뉴에서 모양 탭을 선택하면 된다. 스프라이트를 선택하고 모양 탭을 누르면 아래 왼쪽 그림과 같이 표시된다. 모양 탭에서 왼쪽 영역은 사용할 수 있는 모양이 표시되는 곳이고, 오른쪽 영역은 현재 모양을 수정하거나 새로운 모양을 그릴 수 있는 그림판이다. 모양을 새로 추가하기 위해서는 왼쪽 아래에 있는 모양 고르기(🐱) 버튼에 마우스를 두면 표시되는 메뉴를 사용하면 된다. 모양을 추가하는 메뉴에 대해서 살펴보겠다. 새로운 모양을 추가하는 메뉴 가운데 네 가지는 새 스프라이트를 추가하는 과정과 같으니 새 스프라이트 추가 과정을 참고하면 된다.

1 모양 고르기(🔍 모양 고르기)

이 메뉴를 선택하면 스크래치가 기본 제공하는 모양들이 모여 있는 곳인 모양 고르기 창이 표시된다. 여기에서 사용할 모양을 선택하면 현재 사용할 수 있는 모양에 새로 추가되어 모양으로 사용할 수 있다.

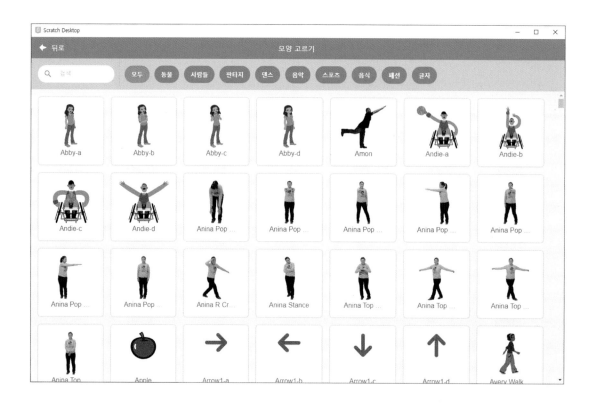

2 그리기(🖌 그리기)

그림판을 사용해 그림을 새로 그려서 모양에 추가할 수 있다. 다음 절에서 그림을 그려 새로운 모양을 추가하는 법을 자세히 살펴보겠다.

3 서프라이즈(✳ 서프라이즈)

스크래치 프로그램이 기본 제공하는 모양 중에서 무작위로 선택하여 새 모양으로 추가하는 것이다. 이 메뉴를 선택하면 무작위로 선택된 모양이 새 모양으로 표시된다.

4 모양 업로드하기(⬆ 모양 업로드하기)

컴퓨터 내에 있는 이미지 파일 가져와 새로운 모양으로 사용할 수 있게 해준다. 모양으로 사용할 이미지 파일을 업로드하는 과정은 스프라이트로 사용할 이미지 파일을 업로드하는 과정과 같다.

5 카메라(카메라)

컴퓨터와 연결된 카메라로 촬영하여 저장한 이미지 파일을 새 모양으로 추가한다. 이 메뉴를 선택하면 아래 그림과 같이 사진 찍기 창이 표시된다. 만약 카메라가 연결되어 있다면 촬영을 하여 저장한 후 새 모양으로 추가하여 사용할 수 있다.

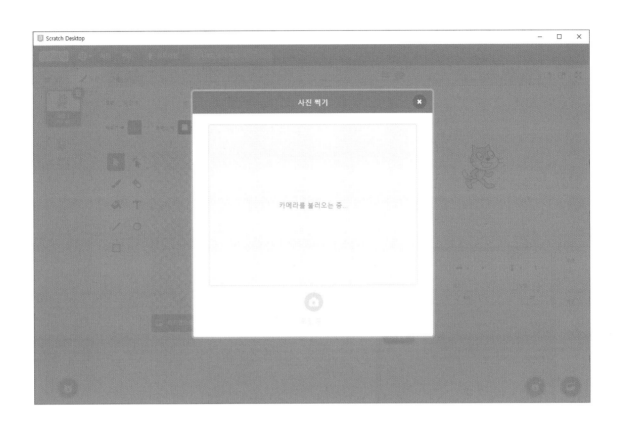

Tip 참조

스프라이트 고르기와 모양 고르기 비교하기

스프라이트 고르기에 있는 그림을 선택하면 그 그림 안에 있는 여러 개의 모양도 한 번에 가져와 사용하게 된다. 반면에 모양 고르기에 있는 그림은 한 개씩만 해당 스프라이트의 모양 목록으로 가져오게 된다. 예를 들어 스프라이트 고르기에서 분홍색 화살표를 찾으면 하나만 보인다. 그러나 모양 저장소에는 Arrow1-a, Arrow2-b, Arrow3-c, 그리고 Arrow4-d의 네 개를 볼 수 있다. 따라서 스프라이트 고르기에서 그림을 가져오면 그 그림이 가지고 있는 모양 전부를 포함해서 스프라이트 영역에 추가하고, 모양 고르기에서는 여러 개의 모양 가운데 하나만 선택해서 추가할 수 있다. 블록 모음에서 [모양] 탭을 선택하면 추가된 스프라이트가 가진 모양을 모두 확인할 수 있다. 선택한 스프라이트는 모양을 어느 것으로 선택하느냐에 따라 그림을 바꿔서 보여준다.

7.2 새 모양 그리기

블록 모음에서 모양 탭을 선택하면 표시되는 그림판을 사용하면 직접 그림을 그려서 모양으로 사용할 수 있다. 그림은 벡터 모드와 비트맵 모드로 그릴 수 있는데 기본은 벡터 모드이다. 모양 고르기 버튼(🐻)에 마우스를 두고 [그리기](✏️ 그리기)를 선택하면 모양이 표시되는 왼쪽 영역에 그림이 없는 새로운 모양이 표시되고 이름은 자동으로 지정된다. 그림판에 있는 메뉴를 먼저 살펴보자.

❶ 모양의 이름을 직접 입력할 수 있
는 곳이다. 이름은 항상 자동으로
지정되는데 여기에 직접 입력하여
모양의 이름을 바꿀 수 있다.

❷ 그림판에서 실행한 내용을 취소하
거나 재실행하는 메뉴이다. 왼쪽이
실행 취소, 오른쪽이 재실행이다.

❸ 그림에서 선택한 둘 이상의 개체에
그룹화를 적용하거나 해제할 때
사용하는 메뉴이다.

❹ 그림을 그리면 먼저 그린 것이 나
중에 그린 것보다 뒤에 위치되도
록 순서가 지정된다. 그림에서 선

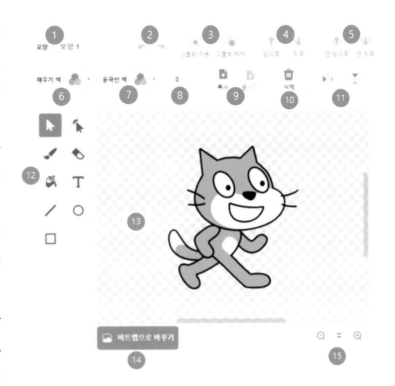

택한 개체의 순서를 앞으로 이동하거나 뒤로 이동할 때 사용하는 메뉴이다.

❺ 그림에서 선택한 개체의 순서를 맨 앞으로 이동하거나 맨 뒤로 이동할 때 사용하는 메뉴이다.

❻ 그림에서 선택한 개체에 색상을 지정하는 메뉴이다. 색상을 지정할 개체를 선택한 후 메뉴를 선택하여 색
상, 채도, 그리고 명도 값을 입력하여 색상을 지정한다.

❼ 그림에서 선택한 개체의 테두리 색상을 지정하는 메뉴이다. 개체를 선택한 후 메뉴를 선택하여 색상, 채
도, 그리고 명도 값을 입력하여 색상을 지정한다.

❽ 그림에서 선택한 개체의 테두리 두께를 지정하는 메뉴이다. 개체를 선택한 후 직접 값을 입력하여 테두리
두께를 지정한다.

❾ 그림을 그릴 때 특정 개체를 복사하여 붙일 때 사용하는 메뉴이다.

❿ 그림에서 특정 개체를 삭제할 때 사용한다. 삭제할 개체를 선택하고 이 메뉴를 마우스로 누르면 삭제
된다.

⓫ 그림을 좌우와 상하로 뒤집을 때 사용한다. 왼쪽이 좌우 뒤집기이고 오른쪽이 상하 뒤집기이다.

⓬ 그림을 그리기 위해 사용하는 도구들이다. 벡터 모드와 비트맵 모드에서 사용하는 도구로 구분이 된다.

⓭ 그림을 직접 그리는 영역이다.

⓮ 벡터 모드와 비트맵 모드를 전환하는 버튼이다.

⓯ 그림을 축소 또는 확대할 때 사용하는 버튼이다.

PART V. 스크래치 주요 기능 알아보기

1 벡터 모드의 그리기 도구

벡터 모드는 그림을 그릴 때 점과 점 사이를 이을 때 수학적 연산을 통해 선을 그린다. 벡터 모드로 그린 그림은 확대를 했을 때 그림의 선명도가 나빠지지 않는다. 벡터 모드에서 사용하는 도구들에 대해서 살펴보겠다.

❶ 선택: 그림에서 일정 부분을 선택할 때 사용한다.

❷ 형태 고치기: 그림에서 테두리나 선의 특정 지점의 위치를 변경하여 모양을 변형할 때 사용한다.

❸ 붓: 붓으로 그리듯 자유롭게 선을 그릴 때 사용한다.

❹ 지우개: 그림을 그린 후 지울 때 사용한다.

❺ 채우기 색: 그림을 그린 후 특정 부분에 색을 칠할 때 사용한다.

❻ 텍스트: 문자를 입력할 때 사용한다.

❼ 선: 직선을 그릴 때 사용한다.

❽ 원: 원 모양을 그릴 때 사용하며, [shift] 키를 누른 상태에서 그리면 정원을 그릴 수 있다.

❾ 직사각형: 사각형을 그릴 때 사용하며, [shift] 키를 누른 상태에서 그리면 정사각형을 그릴 수 있다.

2 비트맵 모드의 그리기 도구

비트맵 모드는 그림을 픽셀 단위로 표현하는 방식이다. 비트맵 모드의 그림은 확대하면 선명하지 않게 되는 단점이 있다. 그리기 도구의 각 기능에 대해 살펴보겠다.

❶ 붓: 붓으로 선을 그리듯 자유롭게 선을 그릴 때 사용한다.

❷ 선: 직선을 그릴 때 사용한다.

❸ 원: 원 모양을 그릴 때 사용하며, [shift] 키를 누른 상태에서 그리면 정원을 그릴 수 있다.

❹ 직사각형: 사각형을 그릴 때 사용하며, [shift] 키를 누른 상태에서 그리면 정사각형을 그릴 수 있다.

❺ 텍스트: 문자를 입력할 때 사용한다.

❻ 채우기 색: 그림의 특정 부분에 색을 칠할 때 사용한다.

❼ 지우개: 그림을 지울 때 사용한다.

❽ 선택하기: 그림에서 일정 부분을 선택할 때 사용한다.

벡터 모드로 아래 그림과 같은 웃는 얼굴 모양을 그려서 새 모양으로 추가하여 사용할 수 있도록 해보자.

❶ [모양] 탭을 선택한 후 [그리기](✏ 그리기)를 선택한다. 모양이 표시되는 아래에 새롭게 추가된 모양이 표시되고 오른쪽에 그림을 그릴 수 있는 빈 화면이 표시된다.

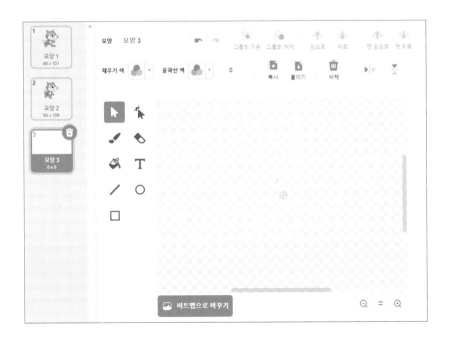

❷ 그리기 모드의 기본값은 벡터 모드이므로 모드 변경 없이 그림을 그리면 된다. 만약 비트맵 모드로 그림을 그리고 싶으면 [비트맵으로 바꾸기] 버튼을 누르면 된다. 그리기 화면의 왼쪽에 있는 도구들에서 [원]을 선택한 후 채우기 색에서 색상 17, 채도 90, 명도 100으로 지정한다. 그리고 윤곽선 색에서 없음으로 지정한다. 없음을 지정하는 것은 메뉴 아래쪽에 있는 [/] 버튼이다.

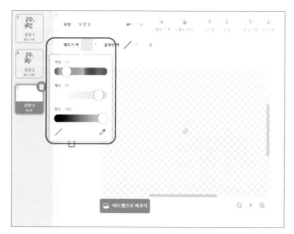 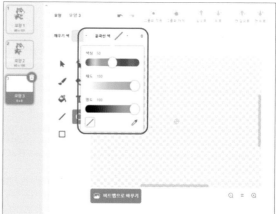

❸ 화면에서 [Shift] 키를 누른 상태에서 마우스 왼쪽 버튼을 누르고 드래그하면 지정한 색상의 정원이 그려진다. 그림이 그려지면 자동으로 선택이 된다.

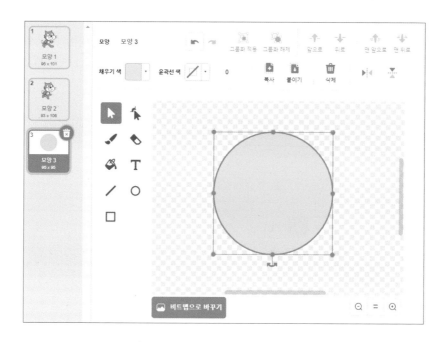

원형을 그리고 나면 변과 꼭짓점에 점이 표시됩니다. 이 점 위에 마우스 포인터를 두고 드래그하여 크기를 조절할 수 있다. 그림 아래쪽에 회전 핸들도 표시된다. 이 핸들을 이용하여 그림을 회전시킬 수 있다. 그림을 그린 후 다른 도구나 화면의 다른 곳을 마우스로 클릭하면 선택된 것이 해제된다.

❹ [선] 도구를 선택한 후 윤곽선 색이 검정인지 확인한다. 그리고 윤곽선의 두께에 '10'을 입력한다. 눈을 그리기 위해 [shift] 키를 누른 상태에서 직선을 그린다. [형태 고치기] 도구를 선택하고 직선의 중앙 부분을 클릭하여 조절점을 만든다. 위쪽 메뉴에서 [굽은 모양]을 선택한다. 중앙 조절점에 마우스 포인터를 위치시키고 왼쪽 버튼을 누른 상태에서 위쪽으로 드래그하여 웃는 눈 모양을 만든다. 중앙 조절점을 마우스로 선택하면 조절점 좌우에도 점이 표시된다. 이 점에 마우스를 위치시키고 좌우로 드래그하면 곡선이 구부러지는 정도를 조절할 수 있다.

❺ [선택] 도구를 선택하고 그려진 눈을 선택한 후 위쪽 메뉴에서 먼저 [복사]를 선택하고, 다음으로 [붙이기] 를 선택하면 검은색 눈 모습이 하나가 더 복사되어 나타난다. 눈 모습이 복사되어 표시되면 마우스를 누른 상태로 새로 복사된 눈의 위치를 조정한다.

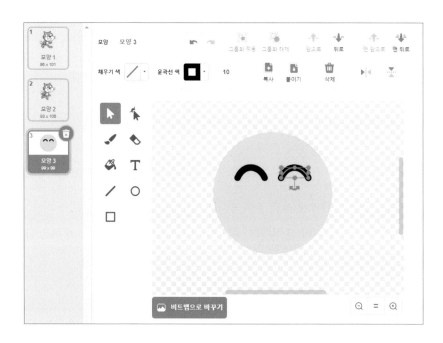

❻ [원] 도구를 선택한 후 채우기 색에서 명도를 '0'으로 지정하여 검정으로 합니다. 그리고 윤곽선 색은 '없음'으로 지정한다. 원형 안에서 마우스로 드래그하여 코를 그립니다. 눈을 그리는 방법을 사용하여 입을 그린다.

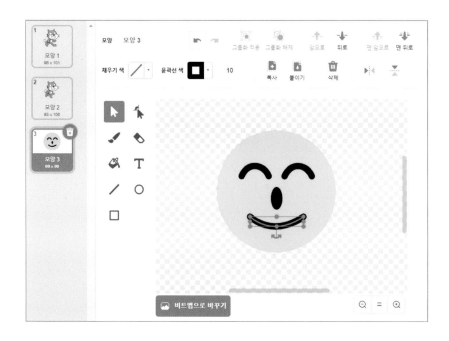

❼ 입의 색상을 변경해 보겠다. [선택] 도구를 선택하고 입을 선택한다. 위쪽 윤곽선 색 메뉴에서 색상 0, 채도 100, 명도 100을 지정하면 입이 빨강색으로 변경된다.

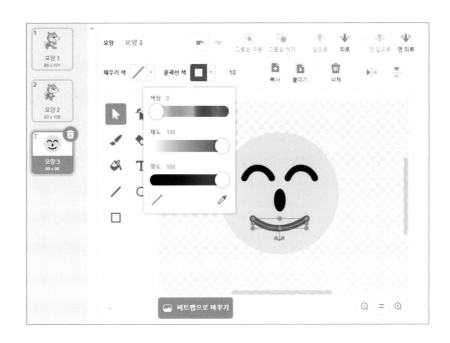

❽ 코의 색상을 변경해 보겠다. [채우기 색] 도구를 선택한다. 위쪽 채우기 색 메뉴에서 색상 70, 채도 100, 명도 70으로 지정한다. 그리고 마우스를 코로 가져가 왼쪽 버튼을 누르면 코의 색상이 변경된다. [채우기 색] 도구는 면의 색상을 바꿀 때 사용한다.

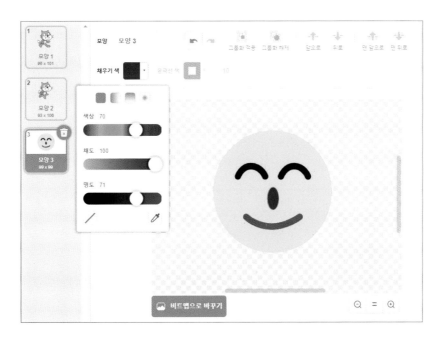

Chapter 07. 모양과 소리 다루기 83

❾ 모양 이름이 표시되는 곳에 마우스로 클릭한 후 '웃는 얼굴'이라고 이름을 입력한다. 모양 목록에서 '모양3'으로 자동 입력되었던 이름이 변경된 것을 확인할 수 있다.

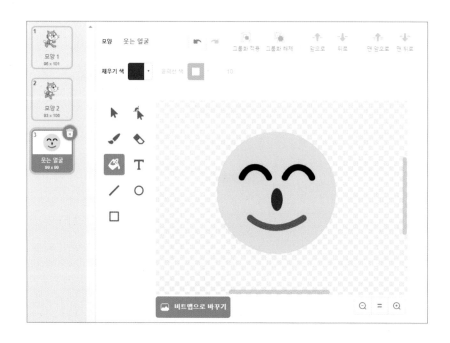

Tip 참조

무대에 새로운 배경 추가하는 법

스프라이트 영역 오른쪽에 있는 무대 영역의 아래쪽에 있는 배경 고르기( ) 버튼을 선택하면 [배경 고르기] 화면이 표시된다. 여기에서 배경으로 사용할 그림을 선택하면 새로운 배경으로 추가된다. 배경 고르기 버튼에 마우스를 위치시키면 [배경 고르기( )], [그리기( )], [서프라이즈( )], 그리고 [배경 업로드하기( )] 메뉴가 표시된다. 이 가운데 하나를 선택하여 새로운 배경을 추가할 수 있다. 추가하는 방법은 스프라이트 새로 추가하기와 같다.

1 소리 추가하기

소리를 재생하고 싶은 스프라이트를 선택하고 블록 모음의 [소리] 탭을 선택하면 소리를 수정하거나 새로 생성해서 추가할 수 있다. [소리] 탭의 왼쪽 소리 목록에 현재 선택한 스프라이트가 가지고 있는 소리가 표시된다. 오른쪽 영역은 소리를 편집할 수 있는 편집기이다. 왼쪽 영역의 아래쪽에 소리 고르기(🔊) 버튼이 있다. 이 버튼 위에 마우스를 위치시키면 소리 고르기(🔍), 녹음하기(🎤), 서프라이즈(✴), 그리고 소리 업로드하기(⬆) 메뉴가 나타난다. 이 가운데 하나를 선택해서 새로 소리를 추가할 수 있다. 각 메뉴에 대해서 살펴보겠다.

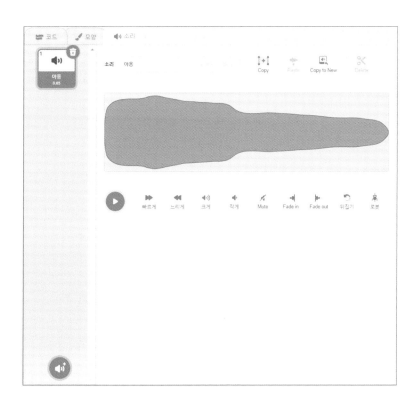

1) 소리 고르기(🔍 [소리 고르기])

이 메뉴를 선택하면 소리 고르기 화면이 표시된다. 소리도 유형별로 분류가 되어 있다. 추가하기를 원하는 소리를 선택하면 화면이 소리 탭으로 바뀌면서 소리 목록에 선택한 소리가 추가되어 있는 것을 확인할 수 있다.

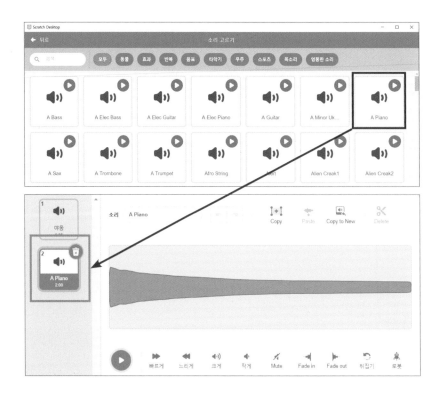

2) 녹음하기(🎤 녹음하기)

이 메뉴를 사용하면 목소리나 효과음 등을 녹음하여 소리로 사용할 수 있다. "반갑습니다."라는 인사말을 녹음하여 새로운 소리로 추가해 보겠다.

❶ [녹음하기]를 누르면 소리 녹음하기 창이 표시된다. 이 창에서 '녹음하기' 버튼을 누르면 소리 녹음이 시작된다.

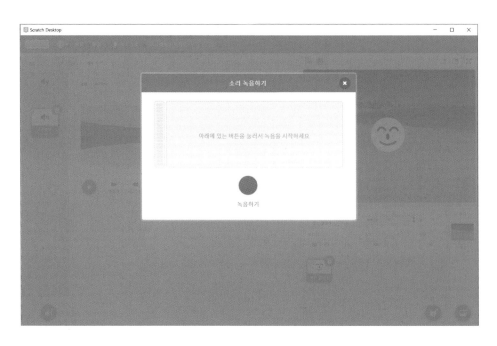

❷ '녹음하기' 버튼을 누르고 "반갑습니다."라고 말한다. 화면에 소리가 녹음되는 상태가 시각적으로 표시된다.

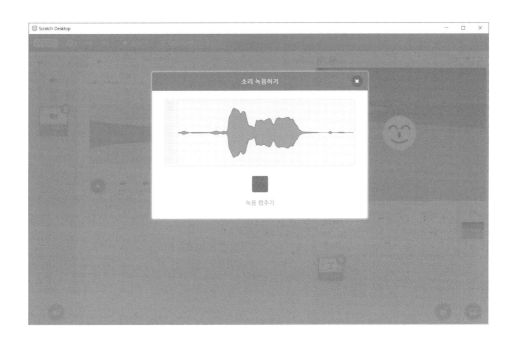

❸ 녹음이 끝났으면 '녹음 멈추기' 버튼을 누르면 녹음이 종료된다. 아래 그림과 같이 '재생'과 '저장' 버튼이 표시된다. '재생' 버튼을 누르면 방금 녹음한 소리를 재생할 수 있으며, 녹음한 소리를 저장하기 위해서는 '저장' 버튼을 누르면 된다.

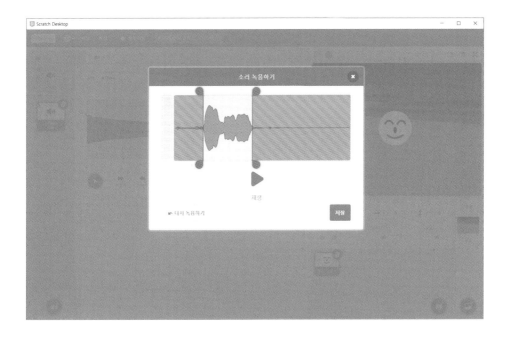

❹ 녹음을 마친 후 '저장' 버튼을 누르면 소리 탭 화면으로 바뀌고 소리 목록에 새로 녹음한 소리가 표시된다. 소리의 이름은 자동으로 입력된다. 이름을 변경하려면 소리 편집기 상단에 이름을 입력하는 곳에 마우스를 클릭하고 새 이름 '반가움'이라고 입력한다. 왼쪽 소리 목록에 변경된 이름이 표시된다.

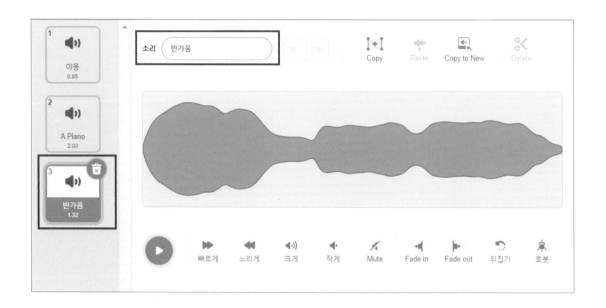

3) 서프라이즈(✦ 서프라이즈)

스크래치 프로그램이 기본 제공하는 소리들 중에서 무작위로 선택하여 새 소리로 추가하는 것이다. 이 메뉴를 선택하면 무작위로 선택된 소리가 새 소리로 표시된다.

4) 소리 업로드하기(⬆ 소리 업로드하기)

이 메뉴를 사용하면 컴퓨터에 저장된 소리를 새 소리로 추가해서 사용할 수 있다. 추가하는 과정을 살펴보겠다.

❶ [소리 업로드하기]를 선택하면 추가할 소리 파일을 선택하기 위한 탐색기 창이 표시된다. 탐색기에서 업로드할 소리 파일이 있는 폴더를 찾아 열어준 후 폴더 안에서 업로드할 소리 파일을 선택하고 [열기] 버튼을 선택한다.

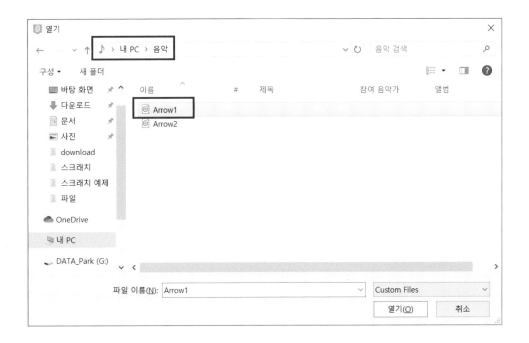

❷ 소리 목록에 업로드한 파일이 새롭게 추가된 것을 확인할 수 있다.

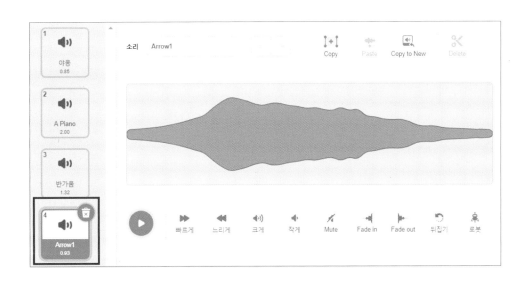

2 소리 재생하기

새로 저장한 소리를 재생하려면 [코드] 탭을 선택한 후 [소리] 카테고리를 선택한다. 그리고 블록 모음에
서 `야옹 ▼ 재생하기` 또는 `야옹 ▼ 끝까지 재생하기` 블록을 사용하여 소리 목록에 있는 소리를 선택해 재생한다. 소
리를 재생하기 위한 블록에 새로 저장한 이름이 표시되지 않으면 소리 이름 오른쪽에 있는 ▼ 버튼을
눌러 나타나는 소리 이름에서 새로 저장된 소리의 이름을 선택하면 된다.

PART V. 스크래치 주요 기능
알아보기

③ 소리 편집기

소리 편집기는 소리 목록에 있는 소리들을 수정하거나 녹음 등으로 새로 추가한 소리를 편집할 수 편집 기이다. 편집기에서 시각적으로 표시되는 소리 화면에서 편집할 부분을 마우스로 드래그하여 선택하고, 편집기에서 제공하는 메뉴를 사용해서 편집한다. 소리 편집기에 있는 메뉴의 기능들을 살펴보겠다.

❶ 이름 영역: 소리의 이름이 표시되는 곳이다. 이름을 변경하고 싶으면 이곳을 블록으로 지정하고 새 이름을 입력하면 된다.

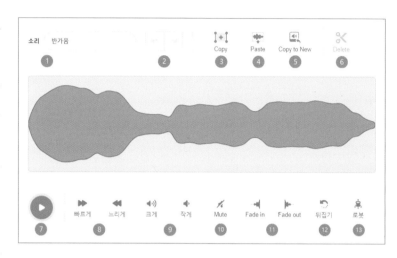

❷ 되돌리기/재시도: 되돌리기는 소리 편집 작업 중 방금 실행한 작업을 취소하고 이전의 작업 상태로 되돌릴 때 사용한다. 재시도는 되돌리기 기능을 사용해서 취소한 작업을 다시 실행하여 수행할 때 사용한다.

❸ 복사: 선택한 영역을 복사할 때 사용한다.

❹ 붙이기: 복사하기 한 소리를 다른 곳에 붙여 넣을 때 사용한다.

❺ Copy to New: 현재 편집 중인 소리를 복사하여 하나 더 생성할 때 사용한다.

❻ 삭제: 선택한 영역의 소리를 삭제할 때 사용한다.

❼ 재생: 현재 편집 중인 소리의 전체 또는 선택 부분을 재생할 때 사용한다.

❽ 빠르게/느리게: 소리 전체 또는 선택 부분의 재생 속도를 빠르게, 느리게 할 때 사용한다.

❾ 크게/작게: 재생되는 소리의 음량을 크게, 작게 할 때 사용한다.

❿ Mute: 재생되는 소리의 음량을 꺼서 완전히 들리지 않게 할 때 사용한다.

⓫ Fade In/Fade Out: Fade In은 소리가 재생되는 시작 지점의 소리를 작게 한 다음 점점 소리가 커져 원래 소리 크기까지 커지게 하는 효과이다. Fade Out은 소리가 재생되는 시작 지점은 원래 소리 크기를 가지고 끝으로 가면서 소리가 작아져서 재생이 끝나는 지점에서 소리가 완전히 들리지 않게 해주는 효과이다.

⓬ 뒤집기: 재생되는 소리를 역방향으로 바꿀 때 사용한다.

⓭ 로봇: 소리를 컴퓨터로 무작위로 생성할 때 사용한다.

CHAPTER 08

추가 기능 알아보기

[코드] 탭 블록 모음의 [이벤트] 카테고리에 있는 `메시지1 ▾ 신호 보내기` 블록은 '메시지1'이 기본적으로 있어 신호 보내기를 수행한다. 이 블록에 사용자가 새 메시지를 만들어 추가하여 신호 보내기를 할 수 있다. 새 메시지를 추가하는 방법을 알아보겠다.

❶ `메시지1 ▾ 신호 보내기` 블록의 '메시지1' 오른쪽에 있는 ▾ 버튼을 눌러 나타나는 메뉴에서 '새 메시지'를 선택한다.

❷ 새로운 메시지를 추가할 수 있는 창이 표시된다. 새로운 메시지 이름을 입력하고 [확인] 버튼을 선택한다.

❸ 새로 입력해 넣은 이름이 적용된 '신호 보내기' 블록이 된다.

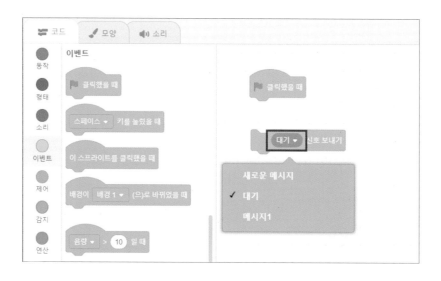

❹ 다른 신호 보내기 메시지로 정하여 신호 보내기를 하고 싶으면, 두 번째 단계에서 실행한 방법으로 새 메시지를 작성한 후, 새로 작성한 메시지를 선택해 신호 보내기를 할 수 있다.

▣ 예제(예제파일: PART5\예제01완성.sb3)

다음과 같이 동작하는 예제를 통해 신호 보내기 블록의 사용법을 알아보겠다.

① 예제 프로그램이 실행되면 왼쪽 끝에 자동차, 오른쪽에 벽과 경비원이 있다.

② 스페이스 키를 눌렀을 때 자동차가 오른쪽으로 벽에 닿을 때까지 이동한다.

③ 자동차가 벽에 닿으면 '대기' 신호를 보내고, 3초 동안 '통과 부탁합니다.'라고 말한다.

④ 오른쪽에 있는 경비원이 '대기' 신호를 받으면, 5초 동안 '대기하시오!'라고 말한다.

예제에 사용된 스프라이트와 블록은 다음과 같습니다.

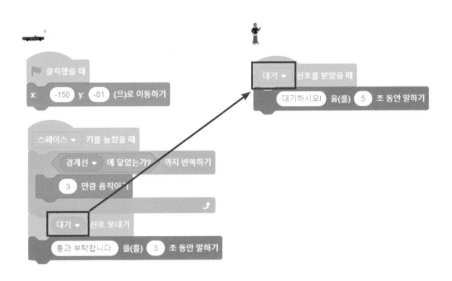

실행 화면은 아래와 같다.

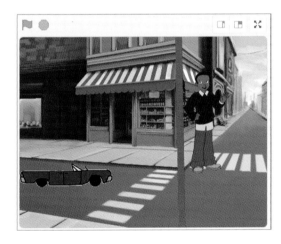 

신호 보내기 기능은 프로그램이 실행 중일 때 하나의 스프라이트가 특정한 상황에 대한 신호 보내기 메시지를 보내고 다른 스프라이트들이 그 메시지에 따라 명령 블록들의 실행을 시작하게 할 때 사용한다. 신호 보내기에서 보내는 메시지들은 '새 메시지' 메뉴로 메시지를 추가하여 여러 이름의 신호 보내기를 각각 만들어 사용할 수 있다. 그리고 신호 보내기는 한 스프라이트가 보내지만 받는 스프라이트는 여러 개가 될 수 있다.

PART V. 스크래치 주요 기능 알아보기

신호 보내기에 대해 더 알아보기

[메시지1 ▼ 신호 보내기] 명령 블록과 [메시지1 ▼ 신호 보내고 기다리기] 명령 블록의 차이점은 [메시지1 ▼ 신호 보내기] 명령블록은 신호를 보내고 바로 자신 아래에 연결된 블록이 있다면 이어서 그 블록들을 실행하고, [메시지1 ▼ 신호 보내고 기다리기] 명령 블록은 신호를 보내고 신호를 받은 다른 스프라이트가 수행해야 할 명령블록을 다 실행한 후 [메시지1 ▼ 신호 보내고 기다리기] 명령 블록 아래에 연결된 명령 블록들을 실행하는 것이다.

8.2 변수 추가하기

[코드] 탭 블록 모음의 [데이터] 카테고리에서 새로운 변수들을 만들어 추가할 수 있다. 새 변수를 추가하는 방법에 대해 살펴보겠다.

❶ [코드] 탭 블록 모음의 [변수] 카테고리를 선택하면 위쪽에 [변수 만들기] 버튼이 있다. 이 버튼을 선택하면 새로운 변수를 만들기 위한 새로운 변수 창이 표시된다.

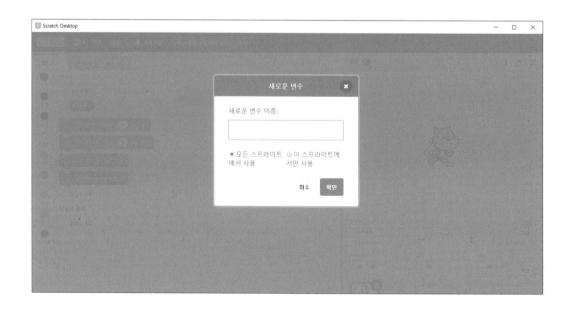

❷ 새로운 변수 창에서 변수 이름을 입력한 후 [확인] 버튼을 누른다.

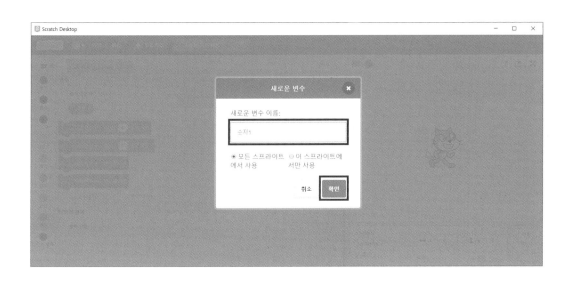

❸ 새로 추가된 변수와 관련된 명령 블록들이 표시되는 것을 확인할 수 있다.

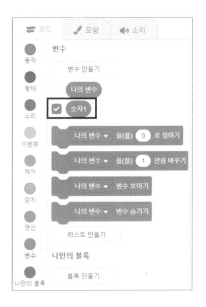

■ 예제(예제파일: PART5\예제02완성.sb3)

두 수를 입력받아 곱셈을 수행하는 예제를 보며, 변수를 사용하는 법을 살펴보겠다. 펭귄 스프라이트가
입력받은 두 수의 곱셈을 수행하여 저장하고, 결과를 말하는 예제이다. 수행하는 동작은 다음과 같다.

❶ 예제 프로그램이 실행되면 무대 중앙에 펭귄 스프라이트가 위치하고 모든 변수는 '0'으로 초기화되어 있다.
❷ 숫자1을 '5', 숫자2를 '7'로 정한다.

❸ 곱셈을 수행하고 결과를 숫자3에 저장한다.

❹ '결과는 35입니다.'라고 말한다.

예제에 사용된 블록들은 다음과 같다.

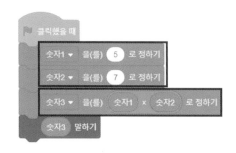

실행 화면은 다음과 같다.

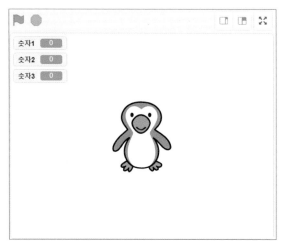
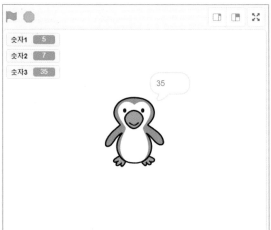

Tip 참조

변수와 연관 있는 주요 블록에 대해 더 알아보기

프로그램이 시작될 때 변수가 가지는 값을 지정하는 것을 변수 초기화라고 한다. 변수 초기화를 위해 사용하는 명령블록은 나의 변수 ▼ 을(를) 0 로 정하기 명령블록이다. 프로그램이 진행되는 동안 특정 상황에서 변수가 지닌 값이 증가 또는 감소하도록 규칙을 지정할 때 나의 변수 ▼ 을(를) 1 만큼 바꾸기 명령블록을 사용한다.

변수가 일정한 값이 되면 원하는 명령이 실행되도록 하려면 변수가 지닌 값을 확인할 수 있는 클릭수 명령블록을 사용하면 된다.

'모든 스프라이트에서 사용'과 '이 스프라이트에서만 사용' 옵션 알아보기

[새로운 변수] 창의 아래쪽에 '모든 스프라이트에서 사용'과 '이 스프라이트에서만 사용'이라는 옵션이 있다. 기본으로 설정된 값은 '모든 스프라이트에서 사용'이다. 기본값의 의미는 새로 만드는 변수를 프로그램에 있는 모든 스프라이트에서 사용하겠다는 의미이다. '이 스프라이트에서만 사용'은 현재 선택한 스프라이트에서만 변수를 사용하겠다는 의미이다. 즉 프로그램에 여러 개의 스프라이트가 있을 때 각 스프라이트에 변수를 다르게 사용할 때 지정한다.

8.3 리스트 추가하기

[코드] 탭의 [변수] 카테고리에 있는 기능을 사용하여 새로운 리스트를 만들어 추가할 수 있다. 새 리스트를 추가하는 방법에 대해 살펴보겠다.

➊ [코드] 탭의 블록 모음에서 [변수] 카테고리를 선택하고 리스트 만들기 버튼을 선택한다. 새 리스트를 만들기 위한 새로운 리스트 창이 표시된다.

➋ 새로운 리스트 창에서 리스트 이름을 입력하고 [확인] 버튼을 선택한다.

❸ 새로 추가된 리스트와 관련된 명령 블록들이 표시되는 것을 확인할 수 있다.

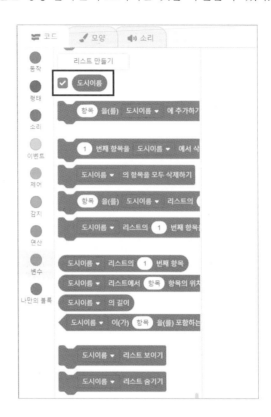

■ 예제(예제파일: PART5\예제03완성.sb3)

리스트를 만든 후 도시 이름을 입력해서 리스트에 저장하고, 리스트에서 삭제하는 예제를 가지고 리스트 사용법을 살펴보겠다. 이 예제의 수행 과정은 다음과 같다.

❶ 예제 프로그램이 실행되면 무대에 삽입과 삭제 버튼이 있고, 비어 있는 리스트가 만들어져 있다.

❷ 'Insert' 버튼을 누르면 영희 스프라이트가 '도시 이름을 입력하세요.'라고 말하면 도시 이름을 입력하면 리스트에 저장된다.

❸ 'Delete' 버튼을 누르면 영희 스프라이트가 삭제할 도시 이름을 말하고 삭제한다. 만약 삭제할 도시가 없다면 '삭제할 도시가 없습니다.'라고 3초 동안 말한다.

예제에 사용된 블록들은 다음과 같다.

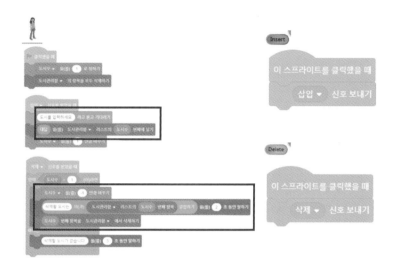

실행 화면은 다음과 같다.

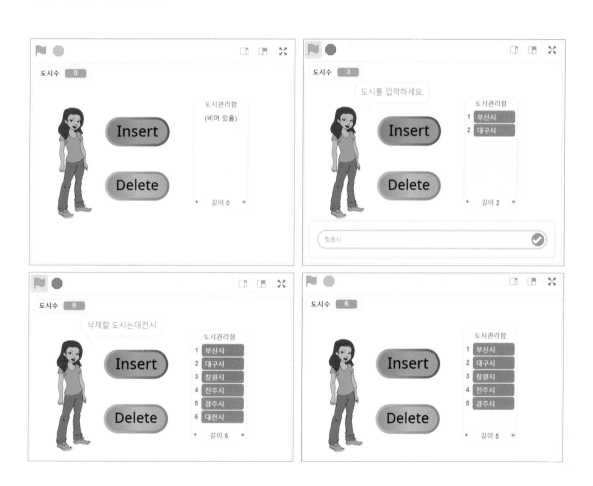

리스트는 순서를 가지므로 순서를 지정하여 값을 바꾸거나 삭제할 수 있다. 그리고 리스트 항목의 수를 알 수도 있고, 리스트 내에 어떤 내용이 포함되어 있는지 참/거짓으로 확인할 수 있다.

스크래치를 사용하여 프로그램할 때 사용자가 필요로 하는 기능을 수행하는 블록이 없을 수 있다. 이런 경우 필요한 블록을 직접 만들 수 있도록 해주는 기능이 나만의 블록이다. [코드] 탭의 [나만의 블록] 카테고리에서 [블록 만들기] 버튼을 사용하여 프로그램에 필요한 새로운 블록을 만들어 추가할 수 있다. 예제를 통해 추가 블록을 새로 만들어 사용하는 방법에 대해 살펴보겠다.

▣ **예제(예제파일: PART5\예제04완성.sb3)**

펭귄이 한 변의 길이를 일정한 값으로 가지고 그 값만큼 움직여서 삼각형을 그리는 프로그램을 작성한다. 삼각형을 사용자 정의 블록으로 정의하여 그리도록 작성하고 키보드의 a 키를 누르면 한 변의 길이를 70, b 키를 누르면 100, c 키를 누르면 130으로 하여 삼각형을 그리도록 한다. 또한, 그리는 위치를 이동하면서 삼각형을 그리도록 한다.

❶ [나만의 블록] 카테고리를 선택하고 블록 모음에서 [블록 만들기] 버튼을 누르면 새 블록을 만들기 위한 블록 만들기 창이 표시된다.

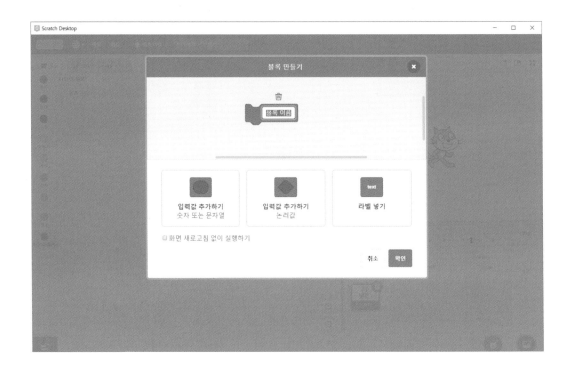

나만의 블록을 만들 때 선택 항목

입력값 추가하기(숫자 또는 문자열)는 새로 만든 블록을 사용할 때 입력받을 숫자 또는 문자열 형태의 입력값

을 추가하는 것이다. 즉 매개변수를 만드는 것이다.

입력값 추가하기(논리값)는 새로 만든 블록을 사용할 때 입력받을 논리값을 추가하는 것이다.

라벨 넣기는 새로 만든 블록의 설명을 추가하는 것이다.

❷ 블록 만들기 창에서 위쪽 블록 모양 내에 표시된 '블록 이름' 위치에 새로 만들 블록의 이름으로 '삼각
형'이라고 입력한다. 삼각형의 한 변의 길이를 지정하기 위한 매개변수를 만들기 위해 아래쪽 세 개의
선택 사항 중 '입력값 추가하기(숫자 또는 문자열)'을 선택하면 블록 모양에 'number or text'라고 표시된
다. 여기에 '한 변'을 입력하고 [확인] 버튼을 누른다.

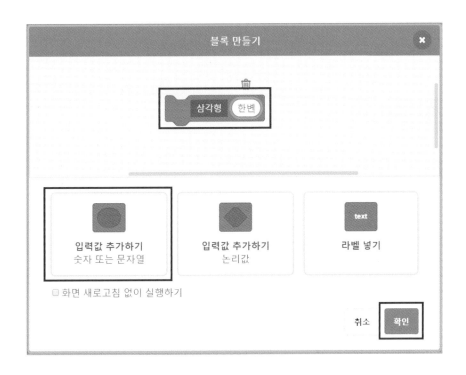

❸ [나만의 블록] 카테고리에 삼각형● 블록이 새로 생긴 것을 확인할 수 있다. 이 블록의 이름 오른쪽 비
어 있는 영역이 매개 변숫값이 입력되는 곳으로, 블록을 사용할 때 길이를 직접 입력하고 사용하면 된
다. 코드를 작성하는 영역에 삼각형 블록의 실행 명령을 정의하고 명령 블록들을 연결해 코드를 작성할
수 있는 삼각형 한변 정의하기 블록이 만들어진다. 이 블록 내에 있는 한변 블록이 매개 변수이다.

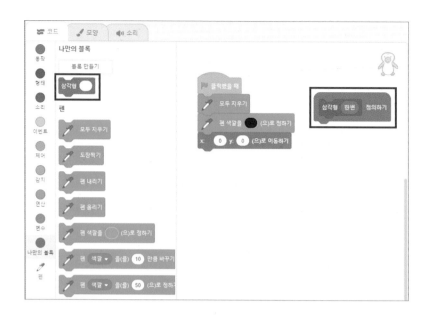

❹ 키보드의 'a' 키를 눌렀을 때 삼각형을 그리기 시작하도록 지정하기 위해 [이벤트] 카테고리를 선택하고
블록 모음에서 <kbd>스페이스 ▾ 키를 눌렀을 때</kbd> 블록을 가져온 후 '스페이스' 오른쪽에 있는 <kbd>▾</kbd> 버튼을 눌러 나타나
는 항목에서 'a'를 선택한다. [나만의 블록] 카테고리를 선택하고 블록 모음에서 <kbd>삼각형 ◯</kbd> 블록을 가져와
오른쪽 비어 있는 영역에 처음 그릴 삼각형의 한 변의 길이인 '70'으로 직접 입력하여 변경하고
<kbd>a ▾ 키를 눌렀을 때</kbd> 블록 아래 연결한다.

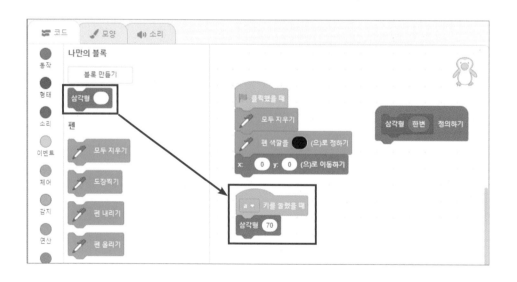

❺ 키보드의 'b' 키가 눌러졌다는 것을 확인하기 위해 [이벤트] 카테고리를 선택하고 블록 모음에서
<kbd>스페이스 ▾ 키를 눌렀을 때</kbd> 블록을 가져와 '스페이스'를 'b'로 지정한다. 그리고 삼각형을 그릴 위치를 이동하기
위해 [동작] 카테고리를 선택하고 블록 모음에서 <kbd>x: 0 y: 0 (으)로 이동하기</kbd> 블록을 가져와 'x 좌표 100', 'y 좌

표 100'으로 직접 입력하여 변경한 후 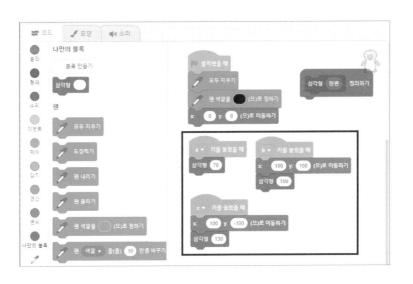 블록 아래 연결합니다. 한 변의 길이를 지정하기 위해 [나만의 블록] 카테고리를 선택하고 블록 모음에서 삼각형 블록을 가져와 x 100 y 100 (으)로 이동하기 명령 블록 아래 연결하고 빈 영역에 '100'을 직접 입력한다. 키보드의 'c' 키를 눌렀을 때 이동할 위치와 그릴 삼각형의 한 변 길이를 지정하기 위해 앞과 같은 방법으로 작성한다. 'x 좌표 100', 'y 좌표 −100' 으로 하고 한 변의 길이는 '130'으로 한다.

❻ 그리기 준비를 하기 위해 [펜] 카테고리를 선택하고 블록 모음에서 펜 내리기 블록을 가져와 삼각형 한변 정의하기 블록 아래 연결한다. 그리고 삼각형은 한 변의 길이를 세 번 반복해서 그려야 하므로 [제어] 카테고리를 선택하고 블록 모음에서 10 번 반복하기 명령블록을 가져와 '10'을 '3'으로 직접 입력해 변경한 후 펜 내리기 블록 아래 연결한다.

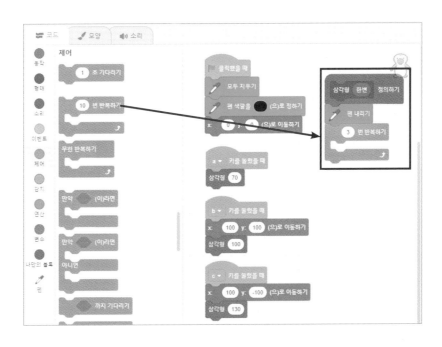

❼ 한 변 그리기를 세 번 반복하기 위해 [동작] 카테고리를 선택하고 블록 모음에서 [10 만큼 움직이기] 명령 블록을 가져온 후 '10' 위치에 [삼각형 한변 정의하기] 블록 내에 있는 매개 변수 [한변] 블록을 가져와서 삽입하여 작성한 [한변 만큼 움직이기] 블록을 [3 번 반복하기] 명령블록 내에 그림과 같이 연결한다.

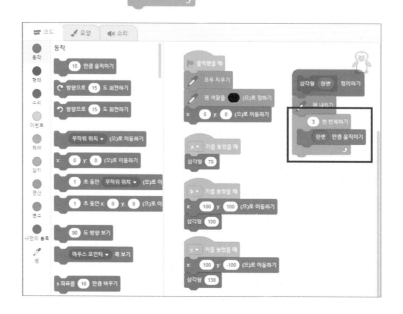

❽ 삼각형이 되기 위해서는 한 변을 그린 후 120도 회전을 하고 다음 변을 그려야 한다. 회전하기 위해 [동작] 카테고리를 선택하고 블록 모음에서 [방향으로 15 도 회전하기] 명령블록을 가져와 '15'를 '120'으로 직접 입력해 변경하고 그림과 같이 연결한다. 그리고 회전한 후 다음 변을 그리기 시작할 때까지 시간 지연을 주기 위해 [제어] 카테고리를 선택하고 블록 모음에서 [1 초 기다리기] 블록을 가져와 '1'을 '0.2'로 직접 입력해 변경하고 그림과 같이 연결한다.

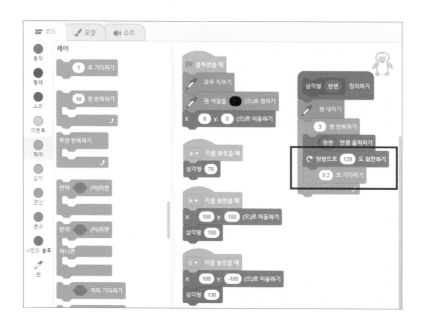

❾ 도형 그리기를 완료하기 위해 [펜] 카테고리를 선택하고 블록 모음에서 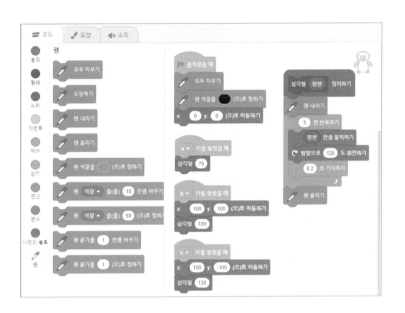 블록을 가져와 끝에 연결한다.

❿ 🏳 버튼을 눌러 삼각형이 그려지는지 확인한다.

이 예제에서 삼각형의 한 변 길이를 입력하는 명령을 세 번 실행했다. 이처럼 실행할 내용이 같은 명령을 여러 개 작성해야 할 상황일 때 똑같은 블록을 여러 번 반복해서 별도로 조합하지 않고 나만의 블록 기능을 사용하면 간편하게 작업할 수 있다.

SCRATCH

PART VI

핵심 출제문제
유형 익히기

순차 구조 출제 유형

순차 구조는 프로그램 문장의 기본 실행 방법으로 문장이 작성된 순서대로 실행되는 구조이다. 즉 명령블록들이 위에서 아래쪽으로 순차적으로 실행되는 구조이다. 예제를 통해 순차 구조에 대해서 살펴보겠다.

1.1 순차 구조 예제

마법사가 양쪽으로 방향을 바꿔가며 순차적으로 움직이는 프로그램을 작성해 보자.

▣ 실행 조건

- 🚩 버튼을 클릭하면 마법사가 0.5초 대기한 후, x 좌표 0, y 좌표 0에 위치한다.
- 90도 방향을 바꾸고 10만큼씩 움직인다.
- 벽에 닿으면 방향을 반대로 바꾸고, 모양을 변경하여 움직인다.

1.2 순차 구조 예제 풀이

단계 01 스크래치를 실행하고 [파일]-[Load from your computer]를 선택하여 [열기] 대화창이 표시되면 'PART6' 폴더에서 '예제01.sb3' 파일을 선택한다.

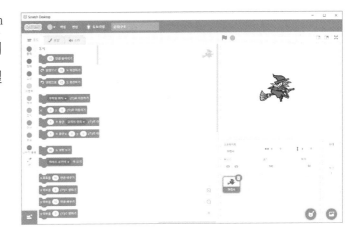

단계 02 파일이 열리면 '마법사' 스프라이트를 선택한 후 [이벤트] 카테고리를 선택한다. 블록 모음에서 █클릭했을 때█ 블록을 마우스로 선택한 후 드래그하여 스크립트 영역으로 이동시킨다.

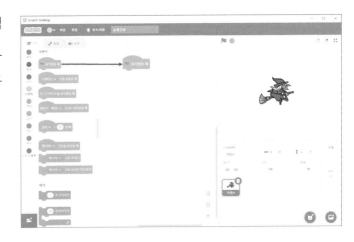

단계 03 [제어] 카테고리를 선택하고 블록 모음에서 █1 초 기다리기█ 블록을 가져와 '1'을 '0.5'로 직접 입력해 변경한다. █클릭했을 때█ 블록 아래 연결한다.

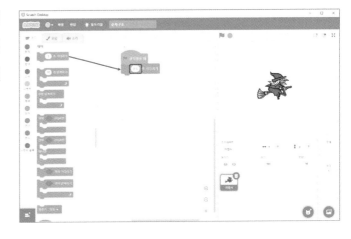

[동작] 카테고리를 선택하고 블록 모음에서 x 0 y 0 (으)로 이동하기 블록을 가져와 앞 단계에서 가져온 블록 아래에 연결하고 x 좌표와 y 좌표는 '0'으로 그대로 둔다.

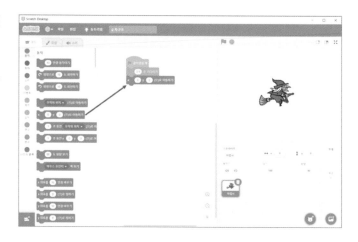

[동작] 카테고리를 선택하고 블록 모음에서 90 도 방향 보기 블록을 가져와 앞 단계에서 작성한 블록 아래 연결한다.

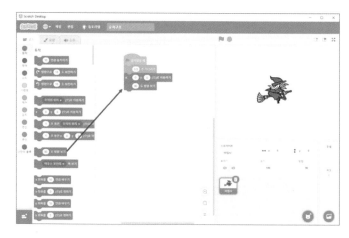

[동작] 카테고리를 선택하고 블록 모음에서 10 만큼 움직이기 블록을 스크립트 영역으로 가져와 '10'을 '100'으로 직접 입력해 변경한다.

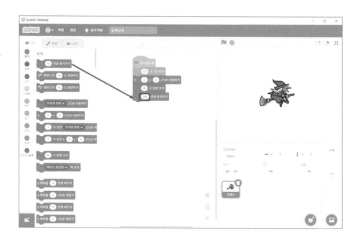

단계 07 [제어] 카테고리를 선택하고 블록 모음에서 `1 초 기다리기` 블록을 가져와 '1'을 '0.5'로 변경한 후 앞 단계에서 작성한 블록 아래 연결한다.

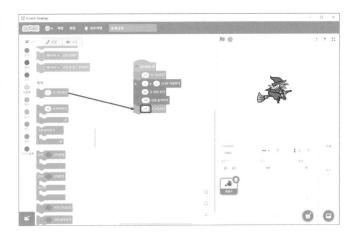

단계 08 [형태] 카테고리를 선택하고 블록 모음에서 `다음 모양으로 바꾸기` 블록을 가져와 앞 단계에서 작성한 블록 아래 연결한다. 이 블록을 연결하면 마법사가 자연스럽게 움직이게 된다.

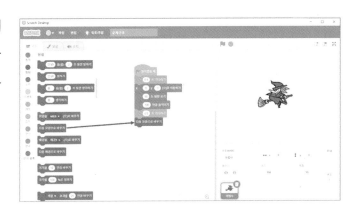

단계 09 5단계에서 8단계까지 내용을 참조하여 마법사가 다른 방향으로 움직이도록 스크립트를 작성한다. [동작] 카테고리를 선택하고 블록 모음에서 `10 만큼 움직이기` 블록을 지금까지 작성한 블록들 아래 연결한 후 '10'을 '100'으로 변경한다. [제어] 카테고리를 선택하고 블록 모음에서 `1 초 기다리기` 블록을 가져와 '1'을 '0.5'로 변경한 후 앞 단계에서 작성한 블록 아

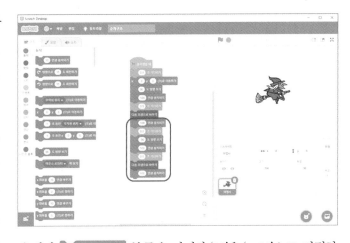

래 연결한다. [동작] 카테고리를 선택하고 블록 모음에서 `90 도 방향 보기` 블록을 가져와 '90'을 '–90'으로 변경하여 방향을 변경하도록 하고, 앞 단계에서 작성한 블록 아래 연결한 후 `10 만큼 움직이기` 블록을 지금까지 작성한 블록들 아래 연결하고 '10'을 '100'으로 변경한다. [제어] 카테고리를 선택하고 블록 모음에서 `1 초 기다리기` 블록을 가져와 '1'을 '0.5'로 변경한 후 앞 단계에서 작성한 블록 아래 연결한다. [형태] 카테고리를 선택하고 블록 모음에서 `다음 모양으로 바꾸기` 블록을 가져와 앞 단계에서 작성한 블록 아래 연결하여 마법사가 자연스럽게 움직이게 한다. [동작] 카테고리를 선택하고 블록 모음에서 `10 만큼 움직이기` 블록을 지금까지 작성한 블록들 아래 연결한 후 '10'을 '100'으로 변경한다.

CHAPTER 02 반복 구조 출제 유형

반복 구조는 프로그램 내에서 특정 문장을 여러 번 반복해서 수행하는 구조이다. 반복은 정해진 횟수만큼, 무한히, 그리고 조건이 참이거나 거짓일 때까지 수행하는 방법이 있다. 반복 구조를 사용하면 순차 구조보다 효율적으로 프로그램을 수행할 수 있다. 예제를 통해 반복 구조에 대해서 살펴보겠다.

2.1 정해진 횟수 반복 구조 예제

그리고 싶은 다각형의 변의 수를 입력받아 입력된 변의 수에 해당하는 다각형을 그리는 프로그램을 작성해 보자.

▣ 실행 조건

- 🚩 버튼을 클릭하면 철수는 "그리고 싶은 다각형은 몇 각형입니까?(3~10각형)"라고 묻고 대답을 기다린다.
- 대답이 입력되면 철수는 연필에 대답을 신호 보내고 화면에서 숨겨진다.
- 연필은 신호를 받으면 x 좌표 −100, y 좌표 100 위치로 이동하고 다각형을 그린다.
- 다각형을 완성한 후 연필은 화면에서 숨겨진다.

단계 01 스크래치를 실행하고 [파일]-[Load from your computer]를 선택하여 [열기] 대화창이 표시되면 'PART6' 폴더에서 '예제02.sb3' 파일을 선택하고 [열기] 버튼을 선택한다.

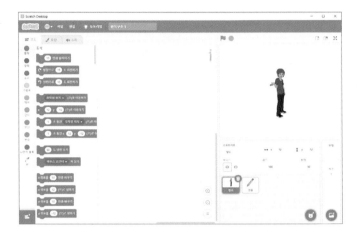

단계 02 파일이 열리면 '철수' 스프라이트를 선택한 후 [이벤트] 카테고리를 선택한다. 블록 모음에서 클릭했을 때 블록을 마우스로 선택한 후 드래그하여 스크립트 영역으로 이동시킨다.

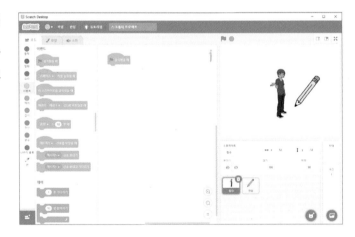

단계 03 [펜] 카테고리를 선택하고 블록 모음에서 모두 지우기 블록을 가져와 클릭했을 때 블록 아래 연결한다. 그리고 [형태] 카테고리를 선택하고 블록 모음에서 보이기 블록을 가져와 맨 끝 블록 아래에 연결한다. 프로그램을 완성하고 실행했을 때 모두 지우기 블록은 무대를 깨끗하게 정리하고, 보이기 블록은 '철수' 스프라이트를 무대에 보이게 한다.

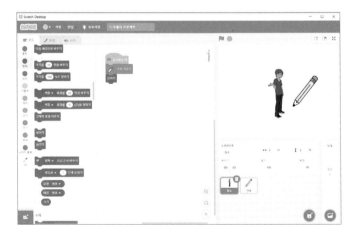

단계 04 [감지] 카테고리에서 `What's your name? 라고 묻고 기다리기` 블록을 스크립트 영역으로 가져온 후 'What's your name?'을 '그리고 싶은 다각형은 몇 각형입니까?(3~10각형)'라고 직접 입력하여 변경한다. 변경한 후 이전 단계에서 가져온 블록 아래에 연결한다. 이 블록은 실행했을 때 그리고 싶은 다각형을 묻고 답을 기다리게 된다.

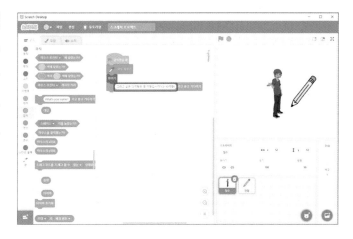

단계 05 그리고 싶은 다각형을 입력받기 위한 변수를 생성한다. [변수] 카테고리를 선택하고 블록 모음에서 `변수 만들기` 버튼을 누르면 새 변수 창이 표시된다. 변수 이름에 '다각형'을 입력하고 [확인] 버튼을 누르면 변수로 사용할 수 있는 블록 모음이 나타난다.

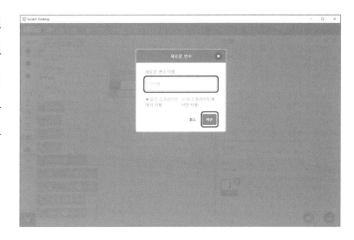

단계 06 [변수] 카테고리를 선택하고 블록 모음에서 `다각형 ▾ 을(를) 0 로 정하기` 명령블록을 스크립트 영역으로 가져와 이전 단계에서 연결한 블록 아래 연결한다.

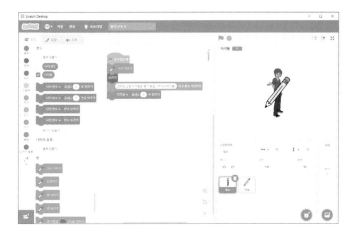

[감지] 카테고리를 선택하고 블록 모음에서 대답 블록을 가져와 다각형 ▼ 을(를) 0 로 정하기 블록 내에 그림과 같이 삽입한다. 이것은 변수에 입력된 값을 대답으로 지정한다.

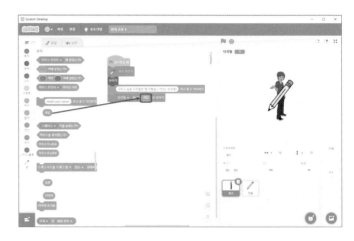

단계 08 [이벤트] 카테고리를 선택하고 블록 모음에서 메시지1 ▼ 신호 보내기 블록을 가져와 '메시지1' 옆에 있는 ▼ 버튼을 눌러 표시되는 메뉴에서 [새로운 메시지]를 선택하면 새 메시지 창이 표시된다. 메시지 이름에 '그리기'를 입력하고 [확인] 버튼을 누른다. 새로 만든 그리기 ▼ 신호 보내기 명령블록을 앞 단계에서 작성한 블록 아래 연결한다.

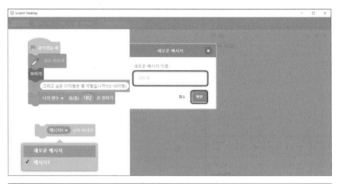

단계 09 [형태] 카테고리를 선택하고 블록 모음에서 숨기기 블록을 가져와 앞 단계에서 작성한 블록 아래 연결한다. 이 블록은 철수를 숨기는 역할을 한다.

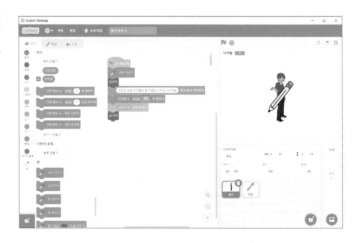

단계 10 입력받은 다각형을 그리는 코드를 작성하기 위해 연필 스프라이트를 선택한다. 그리고 [이벤트] 카테고리를 선택하고 블록 모음에서 `그리기 ▼ 신호를 받았을 때` 블록을 스크립트 영역으로 가져온다. 이 블록은 `그리기 ▼ 신호 보내기` 블록을 만나면 바로 실행되는 블록이다.

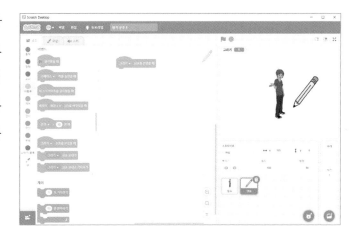

단계 11 [동작] 카테고리를 선택하고 블록 모음에서 `x 0 y 0 (으)로 이동하기` 블록을 가져와 앞 단계에서 작성한 블록 아래 연결한 후 x 좌표 '−100', y 좌표 '100'으로 직접 입력하여 변경한다. 이 좌표는 연필의 시작 위치를 지정하는 것이다. 그리고 [형태] 카테고리를 선택하고 블록 모음에서 `보이기` 블록을 스크립트 영역으로 가져와 무대에서 연필이 보이게 한다.

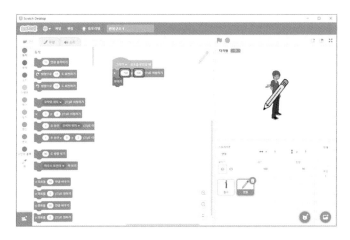

단계 12 [펜] 카테고리를 선택하고 블록 모음에서 `펜 내리기` 블록을 가져와 앞 단계에서 작성한 블록 아래 연결한다. 그리고 [제어] 카테고리를 선택하고 블록 모음에서 `1 초 기다리기` 블록을 스크립트 영역으로 가져와 연결한다. 이것은 연필이 그리기를 준비하는 시간을 '1초'로 지정한다.

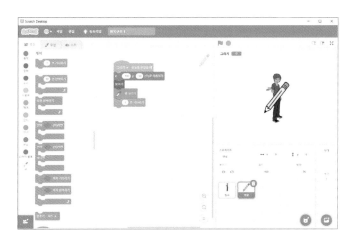

단계 13 [제어] 카테고리를 선택하고 블록 모음에서 (10) 번 반복하기 블록을 스크립트 영역으로 가져와 연결한다. [데이터] 카테고리를 선택하고 블록 모음에서 (다각형) 블록을 가져와 '10'에 그림과 같이 삽입한다. 이것은 입력 받은 다각형 수만큼 그리기를 반복한다.

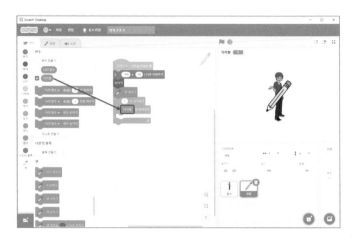

단계 14 [동작] 카테고리를 선택하고 블록 모음에서 (10) 만큼 움직이기 명령블록을 가져와 '10'을 '100'으로 직접 입력하여 변경한다. 그리고 방향으로 (15) 도 회전하기 명령블록을 가져온 후 두 블록을 (다각형) 번 반복하기 명령블록 내부에 그림과 같이 삽입한다. [연산] 카 테고리를 선택하고 블록 모음에서 (　-　) 블록을 가져와 왼쪽에 '360'을 직접 입력하고, 오른쪽은 [데이터] 카테고리를 선택하고 블록 모음에서 (다각형) 블록을 가져와 그림과 같이 삽입한다. 완성한 (360 ÷ 다각형) 블록을 방향으로 (15) 도 회전하기 블록의 '15'에 삽입한다. 이것은 입력 받은 다각형을 그리기 위해 각을 계산한 후 그 각만큼 회전하면서 그리기 동작을 반복한다.

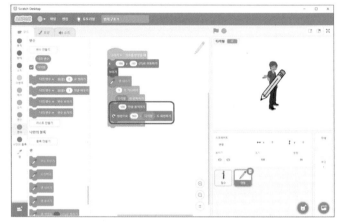

단계 15 [펜] 카테고리를 선택하고 블록 모음에서 펜 올리기 블록을 가져와 앞 단계에서 작성한 블록 아래 연결한다. 그리고 [형태] 카테고리를 선택하고 블록 모음에서 숨기기 블록을 스크립트 영역으로 가져와 연결한다. 이것은 그리기를 종료하고 연필을 숨긴다.

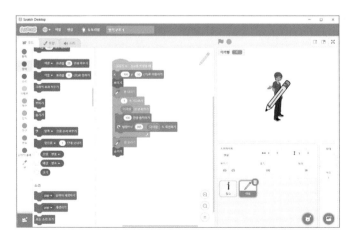

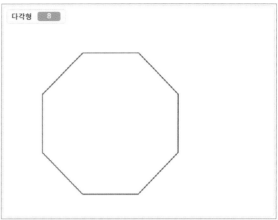

2.3 조건 반복 구조 예제

반복 처리하는 경우 반복 횟수가 정해지지 않았을 때 잘못되면 무한히 반복되는 경우가 발생할 수 있다. 이런 경우를 방지하기 위해 조건을 사용하여 반복 처리를 하게 된다. 즉 '한 수가 다른 수보다 큰가?' 등과 같이 조건을 주고 만족할 때까지 반복하는 것이다. 예제를 통해서 조건을 사용하는 반복 구조에 대해 살펴보겠다.

나비들이 무대에서 무작위로 날아다니고 있다. 마우스를 이용해 날아다니는 나비를 잡는 프로그램을 작성해 보겠다. 잡힌 나비는 사라졌다가 1초 후에 다시 나타나서 무작위로 날아다니도록 한다.

▣ 실행 조건

- 🏳 버튼을 클릭하면 나비1은 x 좌표 −125, y 좌표 −90, 나비2는 x 좌표 125, y 좌표 90에 위치한다.
- 나비1과 나비2는 x 좌표 −200에서 200, y 좌표 −150에서 150 사이를 무작위로 반복해서 이동하는데 벽에 닿으면 튕긴다.
- 나비1과 나비2는 무작위로 움직이다 마우스 포인터에 닿으면 1초 동안 숨겨진다.

2.4 조건 반복 구조 예제 풀이

단계 01 스크래치를 실행하고 [파일]–[Load from your computer]를 선택하여 [열기] 대화창이 표시되면 'PART6' 폴더에서 '예제03.sb3' 파일을 선택하고 [열기] 버튼을 선택한다.

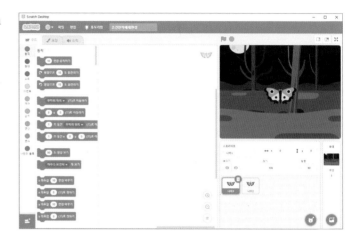

단계 02 파일이 열리면 '나비1' 스프라이트를 선택한 후 [이벤트] 카테고리를 선택한다. 블록 모음에서 ▶ 클릭했을 때 블록을 마우스로 선택한 후 드래그하여 스크립트 영역으로 이동시킨다.

단계 03 [이동] 카테고리를 선택하고 블록 모음에서 x 0 y 0 (으)로 이동하기 블록을 가져와 ▶ 클릭했을 때 블록 아래 연결하고, x 좌표 '–125', y 좌표 '–90'으로 직접 입력하여 변경한다.

단계 04 [제어] 카테고리를 선택하고 블록 모음에서  무한 반복하기 블록을 가져와 이전 단계에서 작

성한 블록 아래 연결한다. [형태] 카테고리를 선택하고 보이기 블록을 가져와 무한 반복하기 블록 내 연결한다. [이동] 카테고리를 선택하고 블록 모음에서 x 0 y 0 (으)로 이동하기 블록을 가져와 무한 반복하기 블록 내 아래 그림과 같이 연결합니다. [연산] 카테고리에서 1 부터 10 사이의 난수 블록을 가져와 '1'을 '-200', '10'을 '200'으로 직접 입력하여 변경한 후 이동하기 블록의 x좌표 위치에 삽입한다. 같은 블록을 하나 더 가져와 '1'을 '-150', '10'을 '150'으로 직접 입력하여 변경한 후 이동하기 블록의 y 좌표 위치에 삽입한다.

단계 05 [제어] 카테고리를 선택하고 블록 모음에서  까지 반복하기 블록을 가져와 무한 반복하기

블록 내 이동하기 블록 아래 연결한다. 이전 단계에서 작성한 블록 아래 연결한다. [감지] 카테고리에서 마우스 포인터 ▾ 에 닿았는가? 블록을 가져와 ~까지 반복하기 블록의 자리에 삽입한다. [이동] 카테고리를 선택하고 블록 모음에서 10 만큼 움직이기 블록과 벽에 닿으면 튕기기 블록을 가져와 까지 반복하기 블록 내 아래 그림과 같이 연결한다. 10 만큼 움직이기 블록의 '10'을 '7'로 직접 입력하여 변경한다.

단계 06 [형태] 카테고리를 선택하고 블록 모음에서 숨기기 명령블록을 가져와 무한 반복하기 블록 내 아래 그림과 같이 연결한다. [제어] 카테고리를 선택하고 1 초 기다리기 블록을 가져와 숨기기 블록 아래 연결한다.

단계 07 나비2 스프라이트를 선택한다. 2단계에서 6단
계까지 작성한 것과 동일하게 코드를 작성한다.
작성한 후 보이기 블록 아래 x 0 y 0 (으)로 이동하기
블록의 x 좌표 '125', y 좌표 '90'으로 직접 입
력하여 변경한다. 그리고 7 만큼 움직이기 블록
의 '7'을 '10'으로 변경한다.

단계 08 버튼을 눌러 프로그램을 실행시키고 나비가 무작위로 움직이고, 마우스에 닿았을 때 사라졌다 다시
나타나는지 확인한다.

조건문 출제 유형

조건문은 프로그램 코드에 입력된 조건에 따라 다른 문장을 수행하는 것이다. 예를 들면 마우스를 눌렀는지 키보드의 Ctrl 키를 눌렀는지에 따라 다른 명령을 실행하게 할 수 있다. 또는 물체에 접촉함에 따라 스프라이트의 움직임을 다르게 하거나 데이터 처리를 하도록 할 수도 있다. 예제를 통해 조건문을 사용하는 방법을 익혀보도록 하겠다.

3.1 조건에 따라 실행되는 예제

조건문을 사용하여 배를 타고 떠나는 프로그램을 작성해 보겠다. 왼쪽과 오른쪽 화살표 키를 사용하여 배가 출발하는 위치를 지정하고 스페이스 키를 누르면 배가 출발한다. 목적지에 도착하면 배가 사라지면서 실행을 멈추게 한다.

▣ 실행 조건

- ⚑ 버튼을 클릭하면 배가 x 좌표 −125, y 좌표 −80에 위치해 보이도록 한다.
- 키보드의 왼쪽 화살표 키를 누르면 배의 x 좌표가 −5만큼씩 움직이도록 한다.
- 키보드의 오른쪽 화살표 키를 누르면 배의 y 좌표가 5만큼씩 움직이도록 한다.
- 배가 한쪽 방향으로 움직이다가 벽에 닿으면 반대쪽으로 5만큼 움직이도록 한다.
- 키보드의 스페이스 키를 누르면 배가 x 좌표, y 좌표를 각 3만큼씩 움직이며 이동하다가 섬에 닿으면 숨기고 모든 동작을 멈춘다.

단계 01 스크래치를 실행하고 [파일]-[Load from your computer]를 선택하여 [열기] 대화창이 표시되면 'PART6' 폴더에서 '예제04.sb3' 파일을 선택하고 [열기] 버튼을 선택한다.

단계 02 파일이 열리면 '배' 스프라이트를 선택한 후 [이벤트] 카테고리를 선택한다. 블록 모음에서 ▣ 클릭했을 때 블록을 마우스로 선택한 후 드래그하여 스크립트 영역으로 이동시킨다.

단계 03 [이동] 카테고리의 블록 모음에서 x ◎ y ◎ (으)로 이동하기 명령블록을 스크립트 영역으로 가져와 x 좌표 '-125', y 좌표 '-80'으로 직접 입력하여 변경하고 클릭했을 때 블록 아래 연결한다. 이것은 배가 처음 보이는 위치이다. [형태] 카테고리를 선택하고 블록 모음에서 보이기 블록을 가져와 앞에서 연결한 블록 아래 연결한다. 배가 지정한 위치에 나타난다.

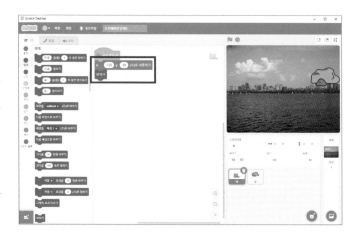

단계 01 [이벤트] 카테고리에서  블록을 스크립트 영역으로 가져와 '스페이스' 옆에 있는 ▽을 눌러 '왼쪽 화살표'로 변경한다. 이 블록은 배의 출발 위치를 지정하기 위해 왼쪽 화살표 키를 눌러 배를 왼쪽으로 이동시키는 역할을 한다. [이동] 카테고리를 선택하고 블록 모음에서 ▣x좌표를 10 만큼 바꾸기 블록을 가져와 '10'을 '-5'로 변경한다. 왼쪽 화살표 키를 한 번 누를 때마다 '-5'씩 이동한다.

단계 05 [제어] 카테고리를 선택하고 블록 모음에서 만약 ◇(이)라면 블록을 스크립트 영역으로 가져온다. 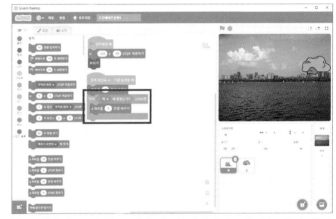 [감지] 카테고리를 선택하고 블록 모음에서 ⟨마우스 포인터 ▼ 에 닿았는가?⟩ 블록을 가져와 '마우스 포인터' 왼쪽에 있는 ▽을 눌러 '벽'으로 변경하고 만약 ~(이)라면 블록의 ⬡ 위치에 삽입한다. [이동] 카테고리를 선택하고 블록 모음에서 ▣x좌표를 10 만큼 바꾸기 블록을 가져와 '10'을 '5'로 변경하고 아래 그림과 같이 연결한다. 이것은 배의 위치를 이동하다가 왼쪽 벽에 닿으면 무대를 벗어나지 못하게 한다.

단계 06 오른쪽 화살표 키를 사용하여 배의 출발 위치를 지정하는 코드를 작성한다. 4단계와 5단계를 참고하여 작성한다. [이벤트] 카테고리를 선택하고 블록 모음에서 스페이스 ▼ 키를 눌렀을 때 블록을 가져와 '스페이스'를 '오른쪽 화살표'로 변경한다. [이동] 카테고리를 선택하고 블록 모음에서 ▣x좌표를 10 만큼 바꾸기 블록을 가져와 '10'을 '5'로 변경하고 앞에서 가져온 블록 아래 연결한다. 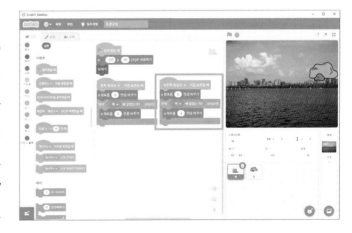 [제어] 카테고리를 선택하고 블록 모음에서 만약 ◇(이)라면 블록을 스크립트 영역으로 가져온다. [감지] 카테고리를 선택하고 블록 모음에서 <마우스 포인터 ▼ 에 닿았는가?> 블록을 가져와 '마우스 포인터'를 '벽'으로 변경하고 만약 ~(이)라면 블록의 ⬡ 위치에 삽입한다. [이동] 카테고리를 선택하고 블록 모음에서 x좌표를 10 만큼 바꾸기 블록을 가져와 '10'을 '-5'로 변경하고 아래 그림과 같이 연결한다.

단계 07 [이벤트] 카테고리를 선택하고 블록 모음에서 스페이스 ▼ 키를 눌렀을 때 블록을 가져온다. [제어] 카테고리를 선택하고 블록 모음에서 무한 반복하기 블록을 가져와 앞에서 가져온 블록 아래 연결한다. [이동] 카테고리를 선택하고 블록 모음에서 x좌표를 10 만큼 바꾸기 블록을 가져와 '10'을 '3'으로 변경하고 무한 반복하기 블록 내 연결하고, y좌표를 10 만큼 바꾸기 블록을 가져와 '10'을 '3'으로 변경하고 아래 그림과 같이 연결한다. 이것은 스페이스 키를 눌러 배를 출발시키고 목적지에 도착할 때까지 이동하게 한다.

단계 08 [제어] 카테고리를 선택하고 블록 모음에서 만약 ⬡ (이)라면 블록을 가져와 무한 반복하기 블록 내 제일 끝에 연결한다. [감지] 카테고리를 선택하고 블록 모음에서 <마우스 포인터 ▼ 에 닿았는가?> 블록을 가져와 '마우스 포인터' 왼쪽에 있는 ▼을 눌러 '섬'으로 변경하고 만약 ~(이)라면 블록의 ⬡ 위치에 삽입한다. [형태] 카테고리를 선택하고 블록 모음에서 숨기기 블록을 가져와 만약 ⬡ (이)라면 블록 안에 연결한다. [제어] 카테고리를 선택하고

블록 모음에서 멈추기 모두 ▼ 블록을 가져와 숨기기 블록 아래 연결한다. 배가 목적지인 섬에 도착했는지 확인하고 도착했으면 실행 멈추게 된다.

▶ 버튼을 클릭하여 프로그래밍을 실행시키고 배가 위치 이동이 되고, 출발하여 목적지에 도착하면 사라지는지 확인한다.

3.3 감지 조건에 따라 실행되는 예제

감지는 프로그램에서 특정 상황을 판단하거나 인지하는 것이다. 감지를 조건으로 하여 특정 상황을 판단 또는 인지함에 따라 여러 문장 가운데 하나를 실행하는 것이다. 예를 들면 스프라이트가 다른 스프라이트와 접촉했거나 다른 사물과 접촉함에 따라 다른 실행을 하는 것이다.

사람과 동물이 이어달리기 경주를 하고 있다. 선수가 바위에 접촉하면 선수를 교체해서 달리도록 감지 조건을 사용한 프로그램을 작성해 본다.

◾ 실행 조건

- ▶ 버튼을 클릭하면 사람의 순서를 맨 뒤쪽으로 변경하고, x 좌표 −212, y 좌표 −16에 위치시키고, 조랑말은 x 좌표 0, y 좌표 −50에 위치하고 모양을 '조랑말'로 바꾼다.
- 키보드의 스페이스 키를 누르면 사람은 모양을 사람2로 바꾸고, 바위에 닿을 때까지 2만큼씩 움직이도록 한다.
- 사람이 바위에 닿으면 '출발하기' 신호를 보내고 멈춘다.

조랑말은 '출발하기' 신호를 받으면 0.2초 기다린 후 결승선에 닿을 때까지 2만큼씩 움직인다.

3.4 감지 조건에 따라 실행되는 예제 풀이

단계 01 스크래치를 실행하고 [파일]-[Load from your computer]를 선택하여 [열기] 대화창이 표시되면 'PART6' 폴더에서 '예제05.sb3' 파일을 선택하고 [열기] 버튼을 선택한다.

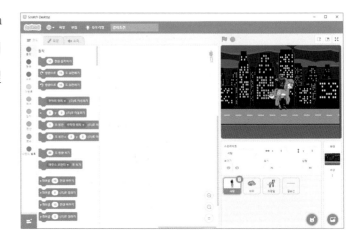

단계 02 파일이 열리면 '사람' 스프라이트를 선택한 후 [이벤트] 카테고리를 선택한다. 블록 모음에서 █클릭했을 때 블록을 마우스로 선택한 후 드래그하여 스크립트 영역으로 이동시킨다.

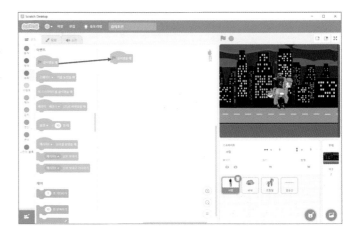

단계 03 [형태] 카테고리의 블록 모음에서 맨 앞쪽▾ 으로 순서 바꾸기 명령블록을 스크립트 영역으로 가져와 그림과 같이 연결한다. 이 블록은 사람 스프라이트를 맨 앞에 나오도록 한다.

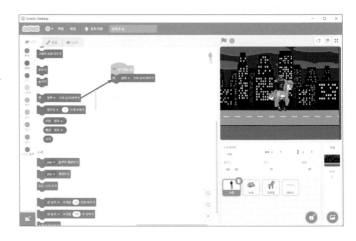

단계 04 [동작] 카테고리에서 `x 0 y 0 (으)로 이동하기` 블록을 스크립트 영역으로 가져와서 맨 끝에 연결하고 x 좌표를 '−212', y 좌표를 '−16'으로 변경하여 달리기를 시작할 위치를 지정해 준다. 이 블록으로 위치를 지정하는 것은 다시 시작할 때 다른 위치로 이동한 스프라이트가 처음 시작 위치에서 달리기를 시작할 수 있게 한다.

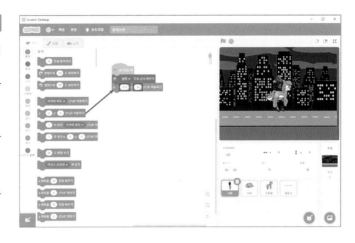

단계 05 [이벤트] 카테고리를 선택하고 블록 모음에서 `스페이스 ▾ 키를 놓었을 때` 블록을 스크립트 영역으로 가져온다. 이 블록은 달리기를 시작하기 위해 사용한다. 즉 '스페이스' 키를 누르면 달리기가 시작된다. [형태] 카테고리의 블록 모음에서 `모양을 사람2 ▾ (으)로 바꾸기` 명령블록을 스크립트 영역으로 가져와 그림과 같이 연결한다. 이 블록은 사람 스프라이트의 모양을 달리는 모양으로 변경한다.

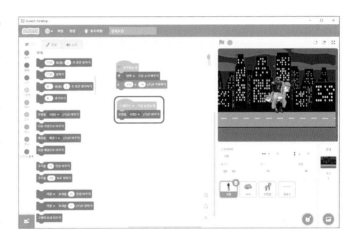

단계 06 [제어] 카테고리의 블록 모음에서 `까지 반복하기` 명령블록을 스크립트 영역으로 가져와 `스페이스 ▾ 키를 놓었을 때` 블록 아래 그림과 같이 연결한다. 이 블록은 사람 스프라이트가 특정 조건을 만족할 때까지 달리기를 반복하게 한다.

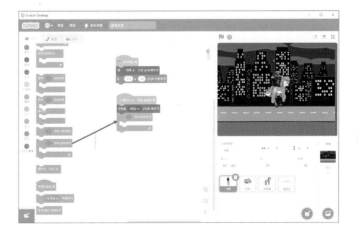

단계 07 [감지] 카테고리를 선택하고 블록 모음에서 [마우스 포인터 ▼ 에 닿았는가?] 블록을 가져와 '마우스 포인터' 옆에 있는 ▼ 버튼을 눌러 '바위'로 변경한 후 [◆ 까지 반복하기] 블록 내에 그림과 같이 삽입한다. [바위 ▼ 에 닿았는가?] 블록이 사람 스프라이트가 바위에 닿았는지 감지한다.

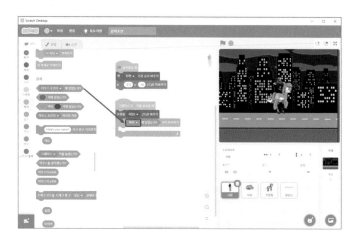

단계 08 [동작] 카테고리의 블록 모음에서 [10 만큼 움직이기] 명령블록을 가져와 앞에서 연결한 블록 아래에 연결하고 '10'을 '2'로 변경한다. 스프라이트가 바위에 접촉할 때까지 달리게 된다.

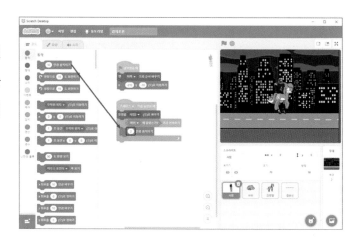

단계 09 [형태] 카테고리의 블록 모음에서 [모양을 사람1 ▼ (으)로 바꾸기] 명령블록을 가져와 앞에서 연결한 블록 아래에 연결한다. 달리기가 끝난 후 스프라이트의 모양을 서 있는 모습으로 바꾸어 준다. [이벤트] 카테고리의 블록 모음에서 [메시지1 ▼ 신호 보내기] 블록을 가져와 '메시지1' 옆에 있는 ▼ 버튼을 눌러 표시되는 메뉴에서 [새로운 메시지]를 선택하면 새 메시지 창이 표시된다.

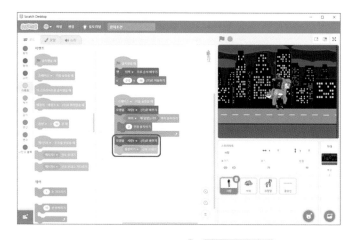

메시지 이름에 '출발하기'를 입력하고 [확인] 버튼을 누른다. 새로 만든 [출발하기 ▼ 신호 보내기] 명령블록을 앞 단계에서 작성한 블록 아래 연결한다. 이 블록은 감지 블록에 의해 사람 스프라이트가 바위에 닿았는지 감지되면 조랑말 스프라이트에게 출발하라는 신호를 보내는 것이다.

단계 10 조랑말 스프라이트를 선택한다. [이벤트] 카테고리를 선택하고 블록 모음에서 [클릭했을 때] 명령블록을 스크립트 영역으로 가져온다. 그리고 조랑말 스프라이트의 첫 위치를 지정하기 위해 [동작] 카테고리를 선택하고 블록 모음에서 [x 0 y 0 (으)로 이동하기] 블록을 스크립트 영역으로 가져와서 [클릭했을 때] 명령블록 아래 연결하고 y 좌표를 '-50'으로 직접 입력하여

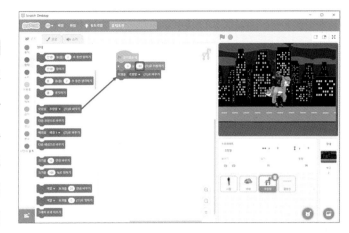

변경한다. 모양을 지정하기 위해 [형태] 카테고리를 선택하고 블록 모음에서 [모양을 조랑말 (으)로 바꾸기] 블록을 스크립트 영역으로 가져와서 맨 끝에 연결한다.

단계 11 [이벤트] 카테고리를 선택하고 블록 모음에서 [출발하기 신호를 받았을 때] 블록을 스크립트 영역으로 가져온다. 이 블록은 사람 스프라이트가 바위에 닿은 것을 감지한 후 보낸 출발 신호를 받아 조랑말 스프라이트가 출발하기 위해 사용한다.

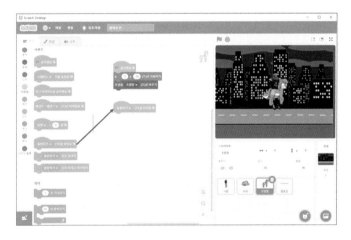

단계 12 [제어] 카테고리를 선택하고 블록 모음에서 [1 초 기다리기] 블록을 스크립트 영역으로 가져온다. 그리고 '1'을 '0.2'로 직접 입력하여 변경한다. 이것은 사람 스프라이트가 바위에 닿은 후 조랑말이 자연스럽게 출발하도록 보이기 위해 시간 차이를 두는 것이다.

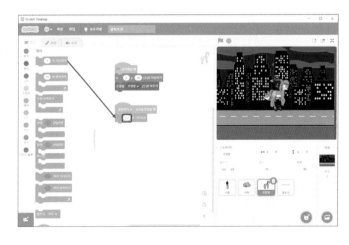

단계 13 조랑말이 결승선에 닿을 때까지 '2'만큼 움직이는 코드를 작성한다. [제어] 카테고리를 선택하고 블록 모음에서 ⬡ 까지 반복하기 블록을 스크립트 영역으로 가져온다. [감지] 카테고리를 선택하고 블록 모음에서 〈마우스 포인터 ▾ 에 닿았는가?〉 블록을 가져와 '마우스 포인터' 옆에 있는 ▾ 버튼을 눌러 '결승선'으로 변경한 후 ⬡ 까지 반복하기 블록 내에 그림과 같이 삽입한다. [동작] 카테고리의 블록 모음에서 10 만큼 움직이기 명령블록을 가져와 ⬡ 까지 반복하기 블록 내에 연결하고 '10'을 '2'로 직접 입력하여 변경한다.

단계 14 깃발 버튼을 클릭하여 프로그래밍을 실행시키고 사람이 바위에 닿을 때까지 달려가고, 그 후 조랑말이 결승선까지 달려가는지 확인한다.

변수, 리스트 그리고 함수 출제 유형

1. 변수

변수는 변하는 자료를 할당받는 공간으로 자료를 담는 그릇으로 이해하면 된다. 변수 이름은 변수를 구별하기 위한 것으로 문자로 이루어진 기호를 사용하며, 변수형은 변수에 할당될 수 있는 자료의 형이 지정된 것으로 예를 들어 정수형 변수에는 정수형 자료, 문자형 변수에는 문자형 자료를 할당해야 한다. 변숫값은 변수에 할당된 자료를 말하며 프로그램 실행 중에 변할 수 있다. 변수는 프로그램에서 사용할 자료에 의미를 부여하여 논리 연산과 산술 연산에 사용한다. 예를 들어 성적을 계산하는 프로그램을 작성한다면 국어, 수학, 영어라는 정수형 변수를 생성하고, 각 변수에 정수형 자료를 할당한 후 논리 또는 산술 연산을 수행한다. 변수를 이용하는 프로그램을 작성해 보자.

1.1 변수를 이용한 프로그램 예제

시험 성적을 변수를 사용해 입력받아 평균을 구한다. 평균이 60점보다 크면 합격, 아니면 불합격을 말하는 프로그램을 작성해 보겠다. 시험 과목은 국어, 수학, 알고리즘으로 한다.

◼ 실행 조건

- 🚩 버튼을 클릭하면 선생님은 첫 번째 과목인 "국어 점수:"라고 묻고 대답을 기다린다.
- 대답을 저장할 '국어'라는 변수를 생성하여 대답으로 지정한다.
- 수학과 알고리즘도 같은 방식으로 묻고 대답을 기다리며, 각 과목의 대답을 지정할 변수를 '수학'과 '알고리즘' 변수를 생성한다.

- 평균을 계산하여 저장할 '평균' 변수를 생성한다.
- 만약 평균이 '60'보다 크면 선생님은 '평균 변수값'과 ' – 합격'을 연결하여 말하고, 아니면 '평균 변수값' 과 ' – 불합격'을 연결하여 말한다.

1.2 변수를 이용한 프로그램 예제 풀이

단계 01 스크래치를 실행하고 [파일] – [Load from your computer]를 선택하여 [열기] 대화창이 표시되면 'PART6' 폴더에서 '예제6.sb3' 파일을 선택하고 [열기] 버튼을 선택한다.

단계 02 파일이 열리면 '선생님' 스프라이트를 선택한 후 [이벤트] 카테고리를 선택한다. 블록 모음에서 [클릭했을 때] 블록을 마우스로 선택한 후 드래그하여 스크립트 영역으로 이동시킨다.

단계 03 시험 성적을 입력받고, 평균을 계산해 저장할 변수를 만든다. [변수] 카테고리를 선택하고 블록 모음에서 `변수 만들기` 버튼을 누르면 [새로운 변수] 창이 표시된다. 창에서 변수 이름에 '국어'를 입력하고 [확인] 버튼을 누르면 변수가 만들어진다. 같은 방법으로 수학, 알고리즘 그리고 평균이라는 변수를 만든다. [변수] 카테고리에 변수 블록과 변수를 사용할 수 있는 블록들이 만들어진다.

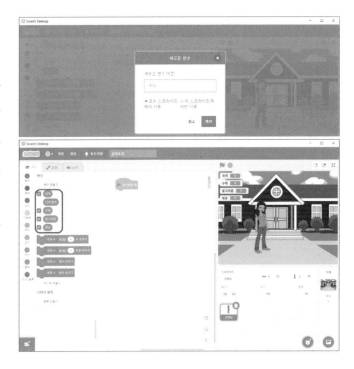

단계 04 [감지] 카테고리를 선택하고 블록 모음에서 `What's your name? 라고 묻고 기다리기` 명령블록을 스크립트 영역으로 가져와 'What's your name?'을 '국어 점수:'로 직접 입력하여 변경한 후 `클릭했을 때` 블록 아래에 그림과 같이 연결한다. 이 단계는 국어 점수를 물어보고 입력을 기다린다.

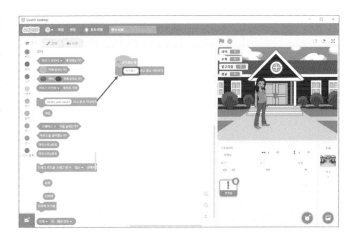

단계 05 [변수] 카테고리를 선택하고 블록 모음에서 `국어 ▼ 을(를) 0 로 정하기` 블록을 스크립트 영역으로 가져와 이전 단계에서 삽입한 블록 아래에 연결한다. 만약 `국어 ▼ 을(를) 0 로 정하기` 블록 내에 '국어'가 표시되어 있지 않으면 옆에 있는 ▼ 버튼을 눌러 표시되는 항목에서 '국어'를 선택한다. [감지] 카테고리를 선택하고 블록 모음에서 `대답` 블록을 가져와 `국어 ▼ 을(를) 0 로 정하기` 블록

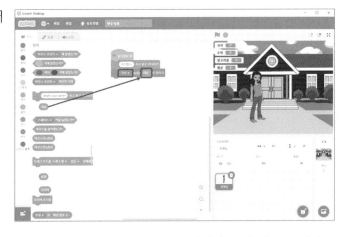

내에 그림과 같이 삽입하고 이전 단계에서 연결한 블록 아래 연결한다. 이 단계는 입력된 국어 점수를 대답으로 지정한다.

PART VI. 핵심 출제문제 유형 익히기

단계 06 04~05단계를 참조하여 수학과 알고리즘 점수를 입력받아 대답으로 지정하도록 코드를 작성한다.

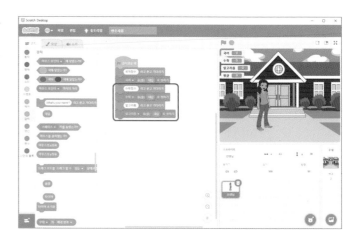

단계 07 [변수] 카테고리를 선택하고 블록 모음에서 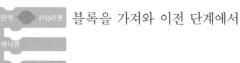 명령블록을 스크립트 영역으로 가져와 '국어' 옆에 있는 ▾ 버튼을 눌러 표시되는 항목에서 '평균'을 선택한다. [연산] 카테고리를 선택하고 블록 모음에서 `◯+◯` 블록을 가져온다. 세 과목 점수를 더해야 하므로 같은 블록을 하나 더 가져와 먼저 가져온 블록의 오른쪽에 삽입한다. [변

수] 카테고리를 선택하고 블록 모음에서 `국어`, `수학`, 그리고 `알고리즘` 블록을 각각 가져와 `◯+◯+◯` 블록에 왼쪽부터 삽입한다. [연산] 카테고리를 선택하고 블록 모음에서 `◯÷◯` 블록을 가져와서 방금 완성한 `국어+수학+알고리즘` 블록을 왼쪽에 삽입한다. 오른쪽에는 평균을 구하는 것이므로 '3'을 직접 입력합니다. 완성된 `국어+수학+알고리즘÷3` 블록을 `평균 ▾ 을(를) 0 로 정하기` 블록 내 '0' 위치에 삽입하여 평균을 구하여 변수에 저장한다. 완성된 `평균 ▾ 을(를) 국어+수학+알고리즘÷3 로 정하기` 블록을 이전 단계에 연결한 블록 아래 연결한다.

단계 08 [제어] 카테고리를 선택하고 블록 모음에서 `만약 ◇ (이)라면 / 아니면` 블록을 가져와 이전 단계에서

연결한 블록 아래에 그림과 같이 연결한다. 이 블록은 평균에 따라 합격과 불합격을 결정하는 데 사용된다.

단계 09 [연산] 카테고리를 선택하고 블록 모음에서

⬡ > 50 블록을 가져온다. [변수] 카테고리

를 선택하고 블록 모음에서 평균 블록을 가져와

⬡ > 50 블록의 왼쪽에 삽입한다. 오른쪽

은 '60'을 직접 입력합니다. 완성된 ⬡ > 50

블록은 평균이 '60'보다 큰지 확인하는 것이다.

평균 > 60 블록을 만약 ⬡ (이)라면 블록 내에

그림과 같이

삽입한다.

단계 10 [형태] 카테고리를 선택하고 블록 모음에서

안녕! 말하기 명령블록을 가져온다. 그리고 [연

산] 카테고리를 선택하고 블록 모음에서

apple 와(과) banana 결합하기 블록을 가져온다. [변

수] 카테고리를 선택하고 블록 모음에서 평균

블록을 가져와 'apple' 위치에 삽입한다.

'banana'에는 '- 합격'이라고 직접 입력한다. 완

성된 평균 와(과) 합격 결합하기 블록을 안녕! 말하기 블

록의 '안녕!' 위치에 삽입한다. 평균 와(과) 합격 결합하기 말하기 명령블록을 만약 ⬡ (이)라면 블록 내에 그림과 같이 연결한

다. 이 단계에서 작성한 내용은 조건을 만족하면 아니면

'점수 – 합격'이라고 말을 하도록 하는 것이다.

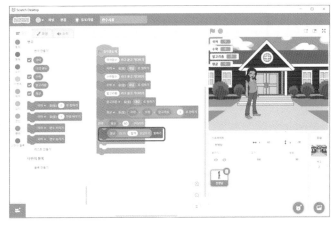

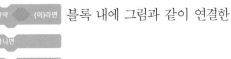

단계 11 10단계를 참조하여 조건을 만족하지 않으

면 '평균 – 불합격'이라고 말하는 블록을 작

성한다. [형태] 카테고리를 선택하고 블록 모

음에서 안녕! 말하기 명령블록을 가져온다. 그

리고 [연산] 카테고리를 선택하고 블록 모음에

서 apple 와(과) banana 결합하기 블록을 가져온다.

[변수] 카테고리를 선택하고 블록 모음에서

평균 블록을 가져와 'apple' 위치에 삽입한다.

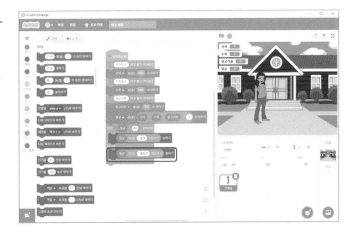

'banana'에는 ' – 불합격'이라고 직접 입력한다. 완성된 [평균 와(과) -불합격 결합하기] 블록을 [안녕! 말하기] 블록의 '안녕!' 위치에 삽입한다. [평균 와(과) -불합격 결합하기 말하기] 명령블록을 [만약 ◆ (이)라면 아니면] 블록 내에 그림과 같이 연결한다.

단계 12 🚩 버튼을 클릭하여 생성된 각 변수에 점수를 입력하고 결과에 따라 스프라이트가 '평균 – 합격' 혹은 '평균 – 불합격'이라고 말하는지 확인한다.

2. 리스트

리스트는 여러 항목을 하나로 묶어서 관리하는 것으로 이름을 지정하고 그 이름 내에서 순번으로 여러 개의 데이터를 저장하는 방식이다. 즉 프로그램에서 사용하는 다수 항목의 데이터들이 순서대로 나열되어 있는 집합체이다.

2.1 리스트를 이용한 프로그램 예제

은행에 10년 동안 일정한 이자율로 예치할 경우 연간 원금과 복리 이자를 계산하는 프로그램을 작성해 보자.

▣ 실행 조건

- ⚑ 버튼을 클릭하면 영희는 '금액 확인' 리스트의 모든 항목을 삭제하고 '원금 :'이라고 묻고 대답을 기다린다.
- 원금을 저장할 변수 '원금'을 만들고 대답으로 지정한다.
- 연이율과 예치 기간도 원금과 같은 방법으로 묻고 대답을 기다린다.
- 현재 금액은 (현재 금액 × (연이율 ÷ 100))으로 계산하고, 리스트에 넣을 때 반올림한다.
- 예치 기간과 비교를 위한 '연차' 변수를 만들고 초깃값 '1'로 정하고, 1만큼씩 증가하도록 한다.
- 영희는 '연차'와 '년 뒤'를 결합하여 1초 동안 말한다.

단계 01 스크래치를 실행하고 [파일]-[Load from your computer]를 선택하여 [열기] 대화창이 표시되면 'PART6' 폴더에서 '예제7.sb3' 파일을 선택하고 [열기] 버튼을 선택한다.

단계 02 파일이 열리면 '영희' 스프라이트를 선택한 후 [이벤트] 카테고리를 선택한다. 블록 모음에서 ▢클릭했을때 블록을 마우스로 선택한 후 드래그하여 스크립트 영역으로 이동시킨다.

단계 03 이자와 원금을 계산하고 저장할 변수를 만든다. [변수] 카테고리를 선택하고 블록 모음에서 변수 만들기 버튼을 누르면 [새로운 변수] 창이 표시된다. 창에서 변수 이름에 '원금'을 입력하고 [확인] 버튼을 누르면 변수가 만들어진다. 같은 방법으로 연이율, 예치 기간, 연차, 그리고 현재 금액이라는 변수를 만든다. [변수] 카테고리에 변수 블록과 변수를 사용할 수 있는 블록들이 생성된다.

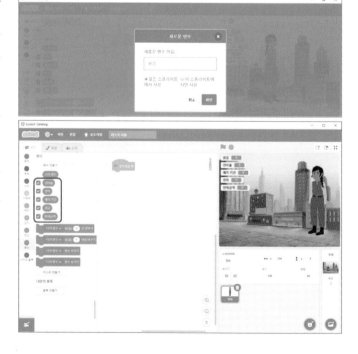

단계 04 연차에 따라 금액의 변화를 확인하기 위한 리스트를 만든다. [변수] 카테고리를 선택하고 블록 모음에서 리스트 만들기 버튼을 누르면 [새로운 리스트] 창이 표시된다. 창에서 리스트 이름에 '금액 확인'을 입력하고 [확인] 버튼을 누르면 리스트가 만들어진다. [변수] 카테고리에 리스트와 리스트를 사용할 수 있는 블록들이 생성된다.

단계 05 [변수] 카테고리를 선택하고 블록 모음에서 `금액 확인 ▾ 의 항목을 모두 삭제하기` 블록을 스크립트 영역으로 가져와 이전 단계에서 삽입한 블록 아래에 연결한다. 이 블록은 초기화를 위해 리스트의 항목 모두를 삭제한다.

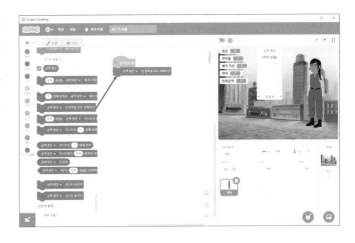

단계 06 [감지] 카테고리를 선택하고 블록 모음에서 `What's your name? 라고 묻고 기다리기` 명령블록을 스크립트 영역으로 가져와 'What's your name?'을 '원금:'으로 직접 입력하여 변경한 후 `금액 확인 ▾ 의 항목을 모두 삭제하기` 블록 아래에 그림과 같이 연결한다. 이 단계는 원금을 물어보고 입력을 기다린다.

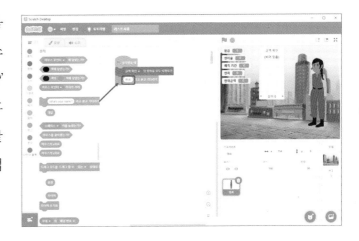

단계 07 [변수] 카테고리를 선택하고 변수 블록 모음에서 `나의 변수 ▼ 을(를) 0 로 정하기` 명령블록을 스크립트 영역으로 가져와 '나의 변수' 옆에 있는 ▼ 버튼을 눌러 표시되는 항목에서 '원금'을 선택한다. [감지] 카테고리를 선택하고 블록 모음에서 `대답` 블록을 가져와 `원금 ▼ 을(를) 0 로 정하기` 블록 내 '0' 위치에 삽입한다. 이것은 변수에 입력된 값을 대답으로 지정한다. 완성된

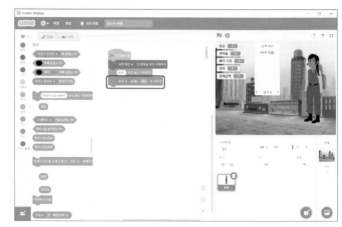

`원금 ▼ 을(를) 대답 로 정하기` 블록을 이전 단계에서 연결한 블록 아래에 연결한다.

단계 08 7단계를 참고하여 이자율과 예치 기간 변수에 대해서도 묻고 대답을 지정하는 블록을 작성하여 연결한다. [감지] 카테고리를 선택하고 블록 모음에서 `What's your name? 라고 묻고 기다리기` 명령블록을 스크립트 영역으로 가져와 'What's your name?'을 '연이율:'로 직접 입력하여 변경한 후 `원금 ▼ 을(를) 대답 로 정하기` 블록 아래에 그림과 같이 연결한다. [변수] 카테고리를 선택하

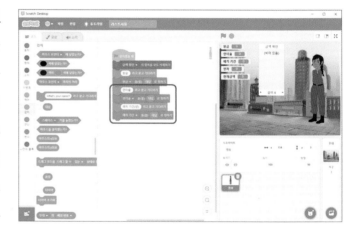

고 변수 블록 모음에서 `나의 변수 ▼ 을(를) 0 로 정하기` 명령블록을 스크립트 영역으로 가져와 '나의 변수' 옆에 있는 ▼ 버튼을 눌러 표시되는 항목에서 '연이율'을 선택한다. [감지] 카테고리를 선택하고 블록 모음에서 `대답` 블록을 가져와 `연이율 ▼ 을(를) 0 로 정하기` 블록 내 '0' 위치에 삽입한다. 완성된 `연이율 ▼ 을(를) 대답 로 정하기` 블록을 이전 단계에서 연결한 블록 아래에 연결한다. 같은 방법으로 `예치 기간(년) 라고 묻고 기다리기` 블록과 `예치 기간 ▼ 을(를) 대답 로 정하기` 블록을 완성하여 연결한다. 이 블록들은 연이율과 예치 기간을 물어보고 입력되는 값을 대답으로 지정한다.

단계 09 [변수] 카테고리를 선택하고 변수 블록 모음에서 `나의 변수 ▼ 을(를) 0 로 정하기` 명령블록을 스크립트 영역으로 가져와 '나의 변수' 옆에 있는 ▼ 버튼을 눌러 표시되는 항목에서 '현재 금액'을 선택한 후 블록 모음에서 `원금` 블록을 가져와 `현재금액 ▼ 을(를) 0 로 정하기` 블록 내 '0' 위치에 삽입한다. 이것은 현재 금액 변수의 초깃값을 원금으로 지정한다. 변수 블록 모음에서

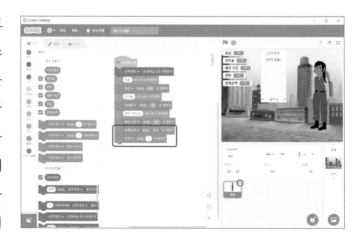

[나의 변수 ▼ 을(를) 0 로 정하기] 명령블록을 스크립트 영역으로 가져와 '나의 변수' 옆에 있는 [▼] 버튼을 눌러 표시되는 항목에서 '연차'를 선택하고 '0'을 '1'로 직접 입력하여 변경한다. 이것은 연차 변수의 초깃값을 '1'로 지정한다. 완성된 두 개의 블록을 그림과 같이 연결한다.

단계 10 연차가 예치 기간보다 클 때까지 현재 금액을 년 단위로 계산을 반복하여 '금액 확인' 리스트에 저장하는 코드를 작성한다.

[제어] 카테고리를 선택하고 블록 모음에서 [까지 반복하기] 명령블록을 가져온다. [연산] 카테고리를 선택하고 블록 모음에서 [◯ > 50] 블록을 가져온다. [변수] 카테고리를 선택하고 블록 모음에서 [연차] 블록을 가져와 왼쪽에 삽입한다. 그리고 [예치 기간] 블록을 가져와 오른쪽 '50' 자리에 삽입한다. 이것은 반복 조건을 지정하는 것이다. 완성된 [연차 > 예치 기간] 블록을 [까지 반복하기] 블록 내에 그림과 같이 삽입한다.

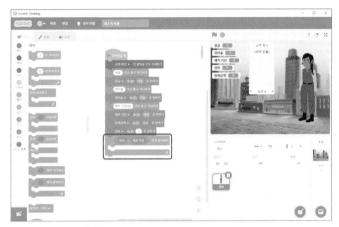

단계 11 [형태] 카테고리를 선택하고 블록 모음에서 [안녕! 을(를) 2 초 동안 말하기] 명령블록을 가져온다. 그리고 [연산] 카테고리를 선택하고 블록 모음에서 [apple 와(과) banana 결합하기] 블록을 가져온다. [변수] 카테고리를 선택하고 블록 모음에서 [연차] 블록을 가져와 'apple' 위치에 삽입한다. 'banana'에는 '년 뒤'라고 직접 입력한다. 완성된 [연차 와(과) 년 뒤 결합하기] 블록을 [안녕! 을(를) 2 초 동안 말하기] 블록의 '안녕!' 위치에 삽입하고 '2'를 '1'로 직접 변경한다. [연차 와(과) 년 뒤 결합하기 을(를) 1 초 동안 말하기] 명령블록을 [까지 반복하기] 블록 내에 그림과 같이 연결한다. 이 블록은 연차와 메시지를 결합하여 기간으로 무대에서 말을 해준다.

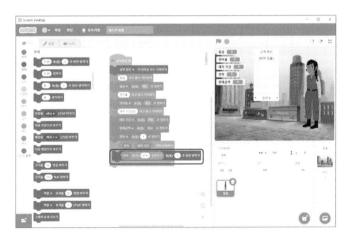

[변수] 카테고리를 선택하고 변수 블록 모음에서 `나의 변수 ▾ 을(를) 1 만큼 바꾸기` 명령블록을 스크립트 영역으로 가져와 '나의 변수' 옆에 있는 ▾ 버튼을 눌러 표시되는 항목에서 '현재 금액'을 선택한다. [연산] 카테고리를 선택하고 블록 모음에서 `( ◯ ／ ◯ )` 블록을 가져온 후 [변수] 카테고리를 선택하고 `연이율` 블록을 가져와 왼쪽에 삽입하고 오른쪽은 '100'을 직접

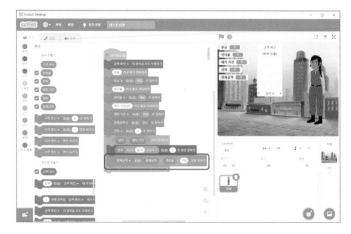

입력한다. 그리고 [연산] 카테고리의 블록 모음에서 `( ◯ × ◯ )` 블록을 가져온 후 [변수] 카테고리를 선택하고 `현재금액` 블록을 가져와서 왼쪽에 삽입하고 오른쪽은 `연이율 / 100` 블록을 삽입한다. 완성된 `현재금액 × 연이율 / 100` 블록을 `나의 변수 ▾ 을(를) 1 만큼 바꾸기` 블록의 '1' 자리에 삽입한다. 완성된 `현재금액 ▾ 을(를) 현재금액 × 연이율 / 100 만큼 바꾸기` 블록을 `까지 반복하기` 블록 내에 그림과 같이 삽입한다. 이것은 '현재금액' 변수에 저장된 값을 복리 계산법인 현재

금액 * (연이율/100)으로 계산을 한다.

[변수] 카테고리를 선택하고 블록 모음에서 `항목 을(를) 금액 확인 ▾ 에 추가하기` 명령블록을 가져온다. 그리고 [연산] 카테고리를 선택하고 블록 모음에서 `◯ 의 반올림` 블록을 가져온다. [변수] 카테고리를 선택하고 블록 모음에서 `현재금액` 블록을 가져와 왼쪽 공간에 삽입한다. 이것은 12단계에서 계산하여 저장한 현재 금액을 반올림하는 기능을 수행한다. 완성된 `현재금액 의 반올림`

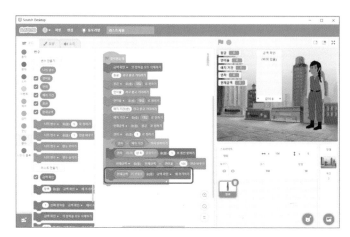

블록을 `항목 을(를) 금액 확인 ▾ 에 추가하기` 블록의 '항목' 위치에 삽입한다. 이것은 12단계에서 계산한 현재 금액을 반올림한 후 '금액 확인' 리스트에 추가한다. `현재금액 의 반올림 을(를) 금액 확인 ▾ 에 추가하기` 명령블록을 `까지 반복하기` 블록 내에 그림과 같이 연결한다.

단계 14 [변수] 카테고리를 선택하고 변수 블록 모음에서 `나의 변수 ▾ 을(를) 1 만큼 바꾸기` 명령블록을 스크립트 영역으로 가져와 '나의 변수' 옆에 있는 ▾ 버튼을 눌러 표시되는 항목에서 '연차'를 선택한다. 이것은 연차를 1씩 증가시킨다. `연차 ▾ 을(를) 1 만큼 바꾸기` 명령블록을 블록내에 그림과 같이 연결한다.

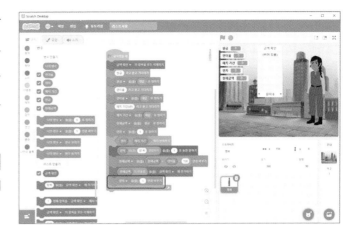

단계 15 🏳 버튼을 클릭하여 생성된 각 변수에 값을 입력하고 결과에 따라 스프라이트가 '연차년 뒤' 라고 말하고 리스트에 현재 금액이 저장되는지 확인한다.

3. 함수

함수는 특정 기능을 수행하는 명령 코드들을 하나로 모아서 사용하는 것이다. 만약 한 프로그램 내에서 같은 작업이 여러 번 필요하면 똑같은 코드를 여러 번 작성해야 해서 비효율적인 코드가 될 수 있다. 이런 경우 함수를 사용하면 필요한 코드를 한 번만 작성하고 필요할 때 함수를 호출해서 사용하면 된다. 함수를 작성해서 하나의 이름으로 정의한 후 함수 이름으로 정의된 블록을 생성하여 필요할 때 가져와서 사용하면 편리하게 코드를 작성할 수 있다.

3.1 함수를 활용한 예제

함수를 이용하여 시어핀스키 삼각형을 그리는 프로그램을 작성해 보자. 시어핀스키 삼각형은 프랙탈(fractal) 구조를 가지는 삼각형이다. 프랙탈은 전체 구조와 동일한 작은 구조의 반복이 계속되는 형태이다. 시어핀스키 삼각형은 전체 삼각형 구조와 동일한 작은 삼각형을 반복해서 그린 삼각형이다. 삼각형을 그리는 과정을 함수로 만들어 함수 내에서 자기 자신을 호출하는 재귀를 이용해 반복해서 삼각형을 그려 완성한다.

▣ 실행 조건

- 🏴 버튼을 클릭하면 무대에 그려진 것을 모두 지우고 연필은 x 좌표 −200, y 좌표 −150에 위치한다.
- 펜 색상은 '파랑'으로 지정하고 90도 방향을 본다.
- '시어핀스키 삼각형' 함수는 매개 변수 '이동'을 가지며, 처음 호출할 때 매개 변숫값은 '300'으로 지정한다.
- '시어핀스키 삼각형' 함수는 다음과 같이 동작한다.

  ❶ '이동'에 저장된 값이 5보다 클 때만 동작한다.

  ❷ '시어핀스키 삼각형' 함수를 '이동 ÷ 2'를 매개 변수로 지정하여 호출한다.

  ❸ 함수에서 복귀하면 '이동'만큼씩 움직이고, 반시계 방향으로 120도 회전한다.

  ❹ ❷, ❸ 동작을 3번 반복한다.

단계 01 스크래치를 실행하고 [파일]−[Load from your computer]를 선택하여 [열기] 대화창이 표시되면 'PART6' 폴더에서 '예제8.sb3' 파일을 선택하고 [열기] 버튼을 선택한다.

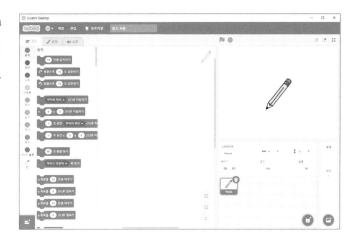

단계 02 파일이 열리면 '연필' 스프라이트를 선택한 후 [이벤트] 카테고리를 선택한다. 블록 모음에서 ▢ 블록을 마우스로 선택한 후 드래그하여 스크립트 영역으로 이동시킨다.

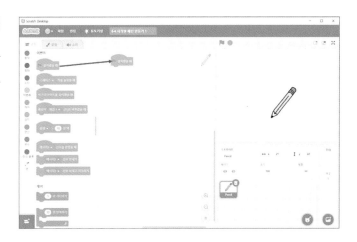

단계 03 [펜] 카테고리를 선택하고 블록 모음에서 ▢ 블록을 스크립트 영역으로 가져와 이전 단계에서 가져온 블록 아래에 연결한다. 이 블록은 무대를 깨끗하게 정리하기 위해 사용한다. [동작] 카테고리를 선택하고 블록 모음에서 x ▢ y ▢ (으)로 이동하기 명령블록을 가져온 후 x 좌표 '−200', y 좌표 '−150'으로 직접 입력하여 변경하고 ▢ 블록 아래에 연결한다. 이 블록은 연필의 초기 위치를 지정한다.

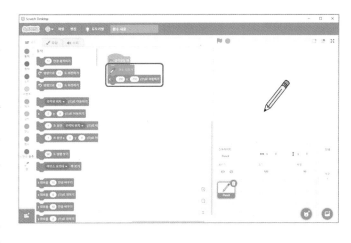

단계 04 시어핀스키 삼각형을 그리기 위해 사용할 함수 블록을 만든다. [나만의 블록] 카테고리를 선택하고 블록 만들기 버튼을 누르면 [블록 만들기] 창이 표시된다. 창에서 블록 이름에 '시어핀스키 삼각형'을 입력하고, [입력값 추가하기] 버튼을 눌러 함수에서 사용할 매개변수를 입력한다. 매개변수 이름은 '이동'으로 한다. [확인] 버튼을 누르면 함수 블록이 만들어진다.

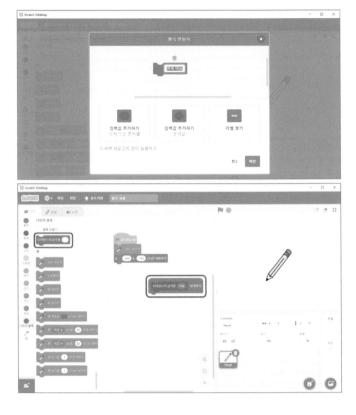

단계 05 함수 블록에서 시어핀스키 삼각형을 그리는 코드를 작성한다. [제어] 카테고리를 선택하고 블록 모음에서 만약 (이)라면 블록을 스크립트 영역으로 가져와 시어핀스키 삼각형 이동 정의하기 블록 아래에 연결한다. [연산] 카테고리를 선택하고 블록 모음에서 ◯ > 50 블록을 스크립트 영역으로 가져와 왼쪽 영역에 함수 매개

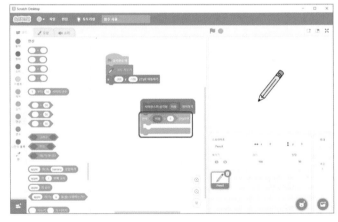

변수 이동 블록을 삽입한다. 매개 변수 블록은 함수 블록에 있는 매개 변수를 마우스로 선택하여 가져온다. 오른쪽 영역은 '5'를 직접 입력하여 변경한다. 이동 > 5 블록을 만약 (이)라면 블록 안에 그림과 같이 삽입한다.

이 블록은 시어핀스키 삼각형 그리기를 종료하는 조건을 설정하는 것이다.

단계 06 [제어] 카테고리를 선택하고 블록 모음에서

10 번 반복하기 명령블록을 스크립트 영역으로

가져와 '10'을 '3'으로 직접 입력하여 변경한 후

만약 이동 > 5 (이)라면 블록 내에 그림과 같이 삽입

한다.

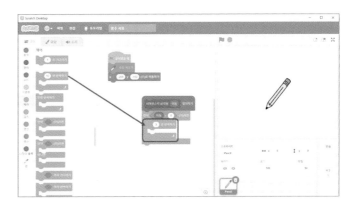

단계 07 [나만의 블록] 카테고리를 선택하고

시어핀스키 삼각형 블록을 스크립트 영역으로 가져

와 '시어핀스키 삼각형' 함수를 호출한다. 이렇

게 함수 내에서 자기 자신을 호출하는 것을

재귀적이라고 한다. [연산] 카테고리를 선택하

고 블록 모음에서 블록을 스크립트

영역으로 가져와 왼쪽에 함수블록에서 매개

변수인 **이동** 블록을 가져와 삽입하고, 오른쪽

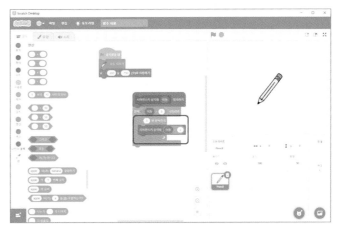

은 '2'를 직접 입력한다. 완성된 **이동 ÷ 2** 블록을 **시어핀스키 삼각형** 블록의 오른쪽 빈 곳에 삽입한다. 이것은 함수

를 재귀적으로 호출할 때 삼각형 크기를 1/2로 줄여 그리기 위해 매개 변숫값을 변경하는 것이다.

시어핀스키 삼각형 이동 ÷ 2 블록을 **3 번 반복하기** 블록 내에 그림과 같이 삽입한다.

단계 08 [동작] 카테고리를 선택하고 블록 모음에서

10 만큼 움직이기 블록을 가져와 '10' 위치에 함수

블록에서 매개 변수인 **이동** 블록을 가져와 삽

입한다. 그리고 **방향으로 15 도 회전하기** 블록을 가져와

'15'를 '120'으로 직접 입력하여 변경한다. 완성

된 **이동 만큼 움직이기** , **방향으로 120 도 회전하기** 블록을

3 번 반복하기 블록 내에 그림과 같이 삽입한다.

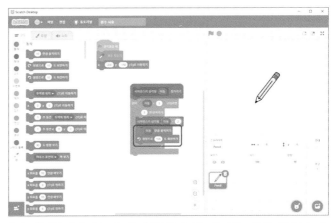

6단계부터 8단계까지는 시어핀스키 삼각형을 그리기 위해 '시어핀스키 삼각형' 함수를 새로운 매개 변수로 호

출하고, 새 매개 변수에 있는 값만큼 움직이고 120도 회전하는 동작을 3번 반복하게 하는 것이다. 주어진 조

건에 만족할 때까지 반복하면 시어핀스키 삼각형이 완성된다.

실행 코드의 나머지 부분을 완성한다. [펜] 카테고리를 선택하고 블록 모음에서 펜 색깔을 ( )(으)로 정하기 블록을 스크립트 영역으로 가져온다. 그리고 블록 안 ● 부분을 마우스로 누르면 펜 색상을 지정할 수 있는 메뉴가 표시된다. 메뉴에서 색상에 있는 슬라이드 버튼을 마우스로 누른 상태에서 움직여 '65'로 지정한다. 펜 색깔을 ● (으)로 정하기 블록을 x: -200 y: -150 (으)로 이동하기 블록 아래 삽입한다.

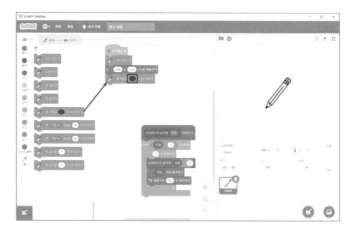

단계 10 [펜] 카테고리를 선택하고 블록 모음에서 펜 내리기 명령블록을 가져와 이전 단계에서 연결한 블록 아래 연결한다. 이 블록은 연필이 그림을 그리도록 준비시키는 것이다. [동작] 카테고리를 선택하고 블록 모음에서 90 도 방향 보기 블록을 가져와 펜 내리기 블록 아래 연결한다. 이 블록은 연필의 방향을 지정한다.

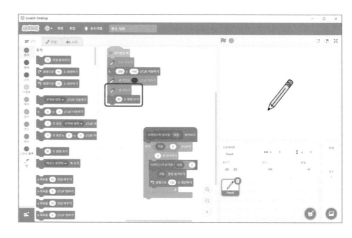

단계 11 [나만의 블록] 카테고리를 선택하고 시어핀스키 삼각형 ● 함수블록을 가져와 매개 변수 자리에 '300'을 입력하고 90 도 방향 보기 블록 아래에 연결한다. 이것은 '시어핀스키 삼각형' 함수를 호출할 때 매개 변숫값으로 '300'을 지정하여 삼각형을 그리게 한다. 삼각형 그리기가 끝나면 펜을 멈추기 위해 [펜] 카테고리를 선택하고 블록 모음에서 펜 올리기 블록을 가져와 시어핀스키 삼각형 300 함수 블록 아래에 연결한다.

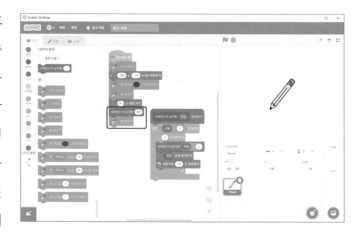

단계 12 🚩 버튼을 클릭하여 시어핀스키 삼각형이 그려지는지 확인한다.

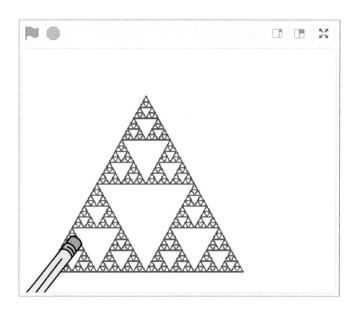

복제와 연산자 익히기

1. 복제

복제는 스프라이트 원본과 똑같은 새로운 스프라이트를 하나 만드는 것이다. 그런데 이 복제된 스프라이트는 원본과 모양은 같으나 원본의 명령 코드가 아닌 자신만의 코드를 가지고 실행할 수 있다. 즉 코드를 실행하면 원본은 원본이 가진 코드를 실행하고 복제본은 자신만의 코드로 원본과 다른 움직임 등을 실행할 수 있다.

1.1 복제를 이용한 프로그램 예제

풍선이 무작위로 날아올 때 새가 좌우로 움직이면서 풍선을 잡는 프로그램을 복제를 이용해 작성해 보자. 풍선을 1개 잡을 때마다 2점씩 점수가 올라가고 50점이 되면 종료되도록 작성한다.

■ 실행 조건

- ⚑ 버튼을 클릭하면 새는 x 좌표 0, y 좌표 130에 위치하고, 풍선은 숨겨져 보이지 않게 한다. 그리고 점수의 초깃값을 '0'으로 지정한다.
- 풍선은 프로젝트 시작 후 2초 동안 기다렸다 복제를 한다.
- 점수가 50점이 되면 모든 동작이 멈춘다.
- 새는 키보드의 오른쪽 화살표 키를 누르면 x 좌표를 10만큼 바꾸고, 왼쪽 화살표 키를 누르면 x 좌표를 −10만큼 바꾼다. 그리고 벽에 닿으면 튕긴다.
- 풍선은 복제된 후 x 좌표 −200에서 200 사이 임의의 값, y 좌표 −150으로 이동하고 크기를 45%로 정하여 화면에 보인다.

- 풍선은 화면에 보인 후 벽에 닿을 때까지 y 좌표를 10만큼 바꾼다.
- 풍선이 새에 닿으면 점수를 2만큼 바꾸고 숨긴 후 복제본을 삭제한다.

1.2 복제를 이용한 프로그램 예제 풀이

단계 01 스크래치를 실행하고 [파일]−[Load from your computer]를 선택하여 [열기] 대화창이 표시되면 'PART6' 폴더에서 '예제09.sb3' 파일을 선택하고 [열기] 버튼을 선택한다.

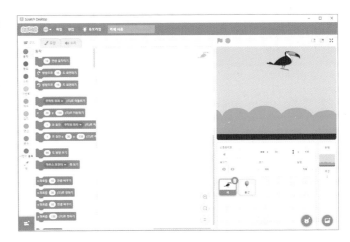

단계 02 파일이 열리면 '무대'를 선택한 후 [이벤트] 카테고리를 선택한다. 블록 모음에서 클릭했을 때 블록을 마우스로 선택한 후 드래그하여 스크립트 영역으로 가져온다.

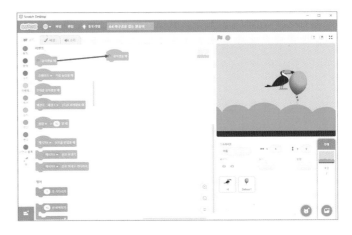

단계 03 [변수] 카테고리를 선택하고 블록 모음에서 ⸢변수 만들기⸥ 버튼을 누르면 [새로운 변수] 창이 표시된다. 창에서 변수 이름에 '점수'를 입력하고 [확인] 버튼을 누르면 변수가 만들어진다.

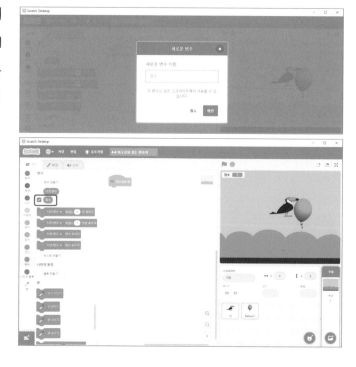

단계 04 [변수] 카테고리를 선택하고 블록 모음에서 ⸢나의 변수 ▾ 을(를) 0 로 정하기⸥ 명령블록을 스크립트 영역으로 가져와 '나의 변수' 옆에 있는 ▾ 버튼을 눌러 표시되는 항목에서 '점수'를 선택한다. ⸢점수 ▾ 을(를) 0 로 정하기⸥ 명령블록을 ⸢ 클릭했을 때 ⸥ 블록 아래에 연결한다.

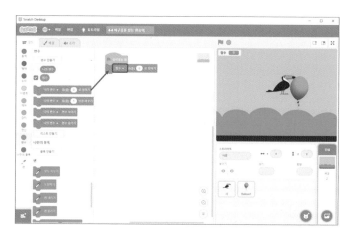

단계 05 [제어] 카테고리를 선택하고 블록 모음에서 ⸢무한 반복하기⸥ 명령블록을 스크립트 영역으로 가져와 이전 단계에서 연결한 블록 아래에 연결한다. 이 블록은 새 스프라이트가 풍선을 잡는 것을 무한 반복하기 위한 것이다.

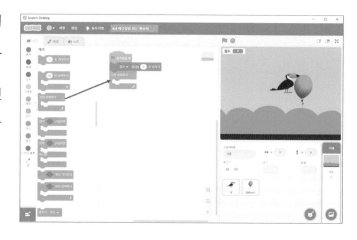

단계 06 무한 반복할 내용을 작성한다. 프로그램이 실행된 후 약간 시간 지연을 주기 위해 [제어] 카테고리를 선택하고 블록 모음에서 ` 1 초 기다리기 ` 블록을 스크립트 영역으로 가져와 '1'을 '2'로 직접 입력하여 변경한다. 풍선을 복제하기 위해 ` 새▾ 복제하기 ` 명령블록을 가져와 '새' 옆에 있는 ▾ 버튼을 눌러 '풍선'을 선택한다. 완성된 ` 2 초 기다리기 `, ` 풍선▾ 복제하기 ` 블록을 ` 무한 반복하기 ` 블록 내에 그림과 같이 연결한다.

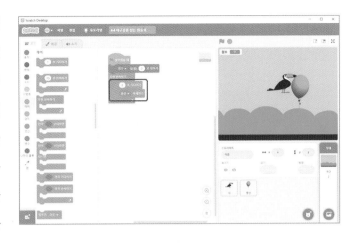

단계 07 [제어] 카테고리를 선택하고 블록 모음에서 ` 만약 ◆ (이)라면 ` 블록을 스크립트 영역으로 가져온다. 그리고 [연산] 카테고리를 선택하고 블록 모음에서 ` ◯ = 50 ` 블록을 스크립트 영역으로 가져온다. [변수] 카테고리를 선택하고 블록 모음에서 ` 점수 ` 변수를 스크립트 영역으로 가져와 ` ◯ = 50 ` 블록 왼쪽에 삽입한다. 완성된 ` 점수 = 50 ` 블록을 ` 만약 ◆ (이)라면 ` 블록의 '만약 ~ (이)라면' 내에 삽입한다. [제어] 카테고리를 선택하고 블록 모음에서 ` 멈추기 모두▾ ` 명령블록을 스크립트 영역으로 가져와 ` 만약 점수 = 50 (이)라면 ` 블록 내에 그림과 같이 연결

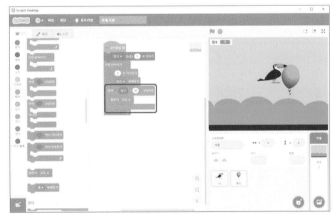

한다. 이 블록은 '점수' 변수의 값이 '50'이 되면 프로그램 실행을 멈춘다. 완성된 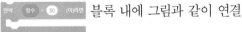 블록을 이전 단계에서 작성한 무한 반복하기 블록 내에 그림과 같이 삽입한다.

단계 08 '새' 스프라이트를 선택한 후 [이벤트] 카테고리를 선택한다. 블록 모음에서 ▶ 클릭했을 때 블록을 마우스로 선택한 후 드래그하여 스크립트 영역으로 가져온다.

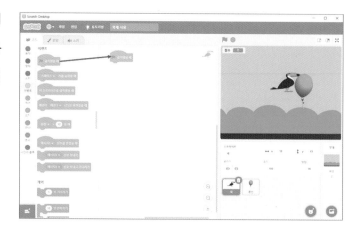

단계 09 [동작] 카테고리를 선택하고 블록 모음에서 x 0 y 0 (으)로 이동하기 블록을 스크립트 영역으로 가져와 y 좌표에 '130'을 직접 입력하여 '새' 스프라이트가 풍선을 잡을 위치를 지정한다. 그리고 블록을 ▶ 클릭했을 때 블록 아래에 연결한다.

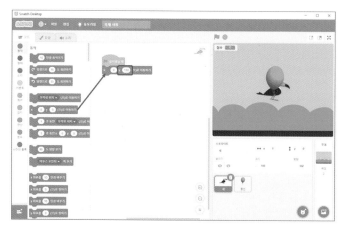

단계 10 '새' 스프라이트가 무작위로 떠오르는 풍선을 잡기 위해 좌우로 이동시키는 코드를 작성한다. [제어] 카테고리를 선택하고 블록 모음에서 무한 반복하기 명령블록을 스크립트 영역으로 가져와 이전 단계에서 작성한 블록 아래에 연결한다. [제어] 카테고리를 선택하고 블록 모음에서 만약 ◆ (이)라면 블록을 가져온다.

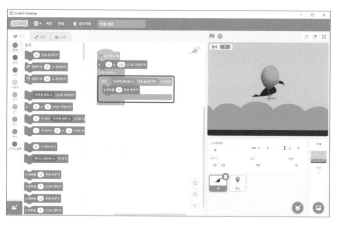

[감지] 카테고리를 선택하고 블록 모음에서 스페이스 ▾ 키를 눌렀는가? 블록을 가져와 '스페이스' 왼쪽에 있는 ▾ 버튼을 눌러 '오른쪽 화살표'를 선택한다. 오른쪽 화살표 ▾ 키를 눌렀는가? 블록을 만약 ◆ (이)라면 블록의 '만약 ~(이)라면' 내에 삽입합니다. [동작] 카테고리를 선택하고 블록 모음에서 x좌표를 10 만큼 바꾸기 명령블록을 스크립트 영역으로 가져와 만약 오른쪽 화살표 ▾ 키를 눌렀는가? (이)라면 블록 내에 삽입한다. 완성된 만약 오른쪽 화살표 ▾ 키를 눌렀는가? (이)라면 x좌표를 10 만큼 바꾸기 블록을 무한 반복하기 블록 내에 그림과 같이 연결한다. 이 블록은 오른쪽 화살표 키를 눌러 '새'를 오른쪽으로 이동 시킨다.

단계 11 이전 단계를 참조하여 왼쪽 화살표 키를 눌러 '새'가 왼쪽으로 이동하는 코드를 작성한다. 이전 단계와 차이는 감지 블록의 '오른쪽 화살표'가 '왼쪽 화살표'로 변경되고, 이동 블록의 x좌표가 −10으로 바뀐다. 완성된  블록을

블록 내에 그림과 같이 연결한다.

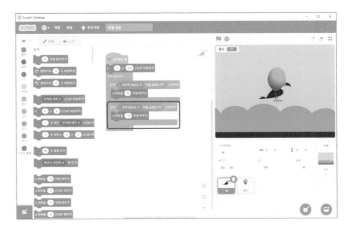

단계 12 [동작] 카테고리를 선택하고 블록 모음에서 벽에 닿으면 튕기기 블록을 스크립트 영역으로 가져와 무한 반복하기 블록 내에 그림과 같이 삽입한다. 이 블록은 새가 좌우로 이동하다가 벽에 닿으면 튕기도록 한다.

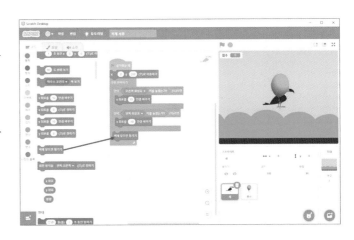

단계 13 '풍선' 스프라이트를 선택한 후 [이벤트] 카테고리를 선택한다. 블록 모음에서 클릭했을 때 블록을 마우스로 선택한 후 드래그하여 스크립트 영역으로 가져온다. 그리고 초기에 '풍선' 스프라이트를 숨기기 위해 [형태] 카테고리를 선택하고 블록 모음에서 숨기기 블록을 가져와 클릭했을 때 블록 아래에 연결한다.

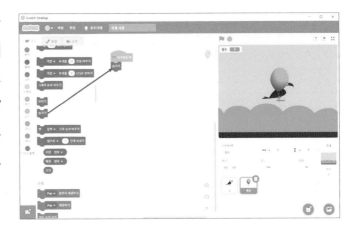

단계 14 무대 배경에서 작성한 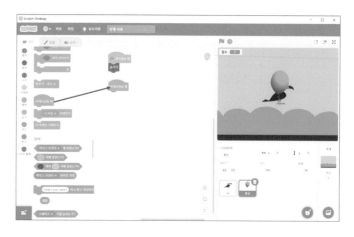 명령
블록에 의해 '풍선'이 복제되었을 때 실행할
코드를 단계에 따라 작성한다. [제어] 카테고
리를 선택하고 블록 모음에서 ▨복제되었을때▨ 블록을
스크립트 영역으로 가져온다.

단계 15 [동작] 카테고리를 선택하고 블록 모음에서
▨x 0 y 0 (으)로 이동하기▨ 명령블록을 스크립트 영역
으로 가져와 이전 단계에서 작성한 블록 아래
에 연결한다. [연산] 카테고리를 선택하고 블
록 모음에서 ▨1 부터 10 사이의 난수▨ 블록을 가져
와 '1'을 ' −200', '10'을 '200'으로 직접 입력하
여 변경한다. ▨-200 부터 200 사이의 난수▨ 블록을
▨x 0 y 0 (으)로 이동하기▨ 명령블록의 x 좌표에 삽입

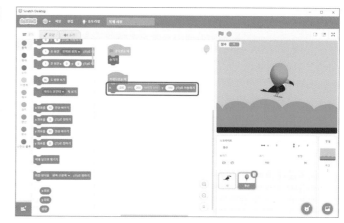

하고, y 좌표는 ' −150'으로 직접 입력한다. ▨x -200 부터 200 사이의 난수 y -150 (으)로 이동하기▨ 명령블록은 풍선이 임의의 위치
에서 나타나기 위해 시작 위치의 x 좌표를 −200에서 200사이의 난수로 지정하고 y 좌표는 고정시킨다.

단계 16 [형태] 카테고리를 선택하고 블록 모음에
서 ▨크기를 100 %로 정하기▨ 블록을 스크립트 영역으로
가져와 '100'을 '45'로 직접 입력하여 변경하고
이전 단계에서 작성한 블록 아래에 삽입한다.
이 블록은 풍선의 크기를 지정한다. 복제된
뒤 무대에서 풍선이 보이기 위해 ▨보이기▨ 블록을
가져와 ▨크기를 45 %로 정하기▨ 블록 아래에 연결한다.

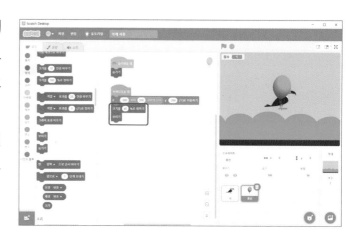

단계 17 [제어] 카테고리를 선택하고 블록 모음에서 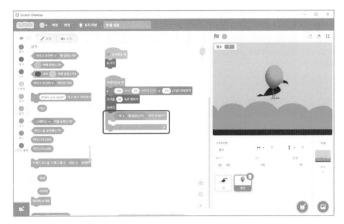 ~~까지 반복하기~~ 명령블록을 스크립트 영역으로 가져와 이전 단계에서 작성한 블록 아래 연결한다. [감지] 카테고리를 선택하고 블록 모음에서 ~~마우스 포인터 ▾ 에 닿았는가?~~ 블록을 가져와 '마우스 포인터' 왼쪽에 있는 ▾ 버튼을 눌러 '벽'을 선택하고 '~까지 반복하기' 내에 그림과 같이 삽입한다. 이 블록은 풍선이 벽에 닿을 때까지 내부 블록을 계속 실행한다.

단계 18 [동작] 카테고리를 선택하고 블록 모음에서 ~~y 좌표를 10 만큼 바꾸기~~ 명령블록을 스크립트 영역으로 가져와 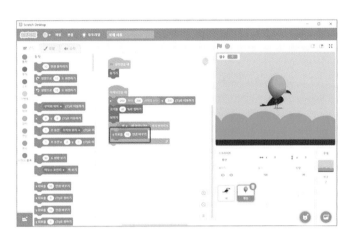 ~~벽 ▾ 에 닿았는가? 까지 반복하기~~ 블록 내부에 그림과 같이 삽입한다. 이 블록은 풍선이 밑에서 위로 움직이게 한다.

단계 19 새가 풍선을 잡으면 점수에 '1'을 추가하고 풍선을 숨긴 후 복제된 풍선을 삭제하는 코드를 작성한다. [제어] 카테고리를 선택하고 블록 모음에서 ~~만약 ▾ (이)라면~~ 블록을 스크립트 영역으로 가져온다. [감지] 카테고리를 선택하고 블록 모음에서 ~~마우스 포인터 ▾ 에 닿았는가?~~ 블록을 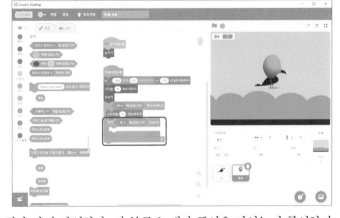 가져와 '마우스 포인터' 왼쪽에 있는 ▾ 버튼을 눌러 '새'를 선택하고 '만약 ~(이)라면' 내에 그림과 같이 삽입한다. 이 블록은 새가 풍선을 잡았는지 확인하기 위한 코드인다. ~~만약 새 ▾ 에 닿았는가? (이)라면~~ 블록을 이전 단계에서 작성한 블록 내에 그림과 같이 연결한다.

단계 20 [변수] 카테고리를 선택하고 블록 모음에서 `나의 변수 ▾ 을(를) 1 만큼 바꾸기` 명령블록을 스크립트 영역으로 가져와 '나의 변수' 왼쪽에 있는 `▾` 버튼을 눌러 '점수'를 선택한다. 이 블록은 새가 풍선을 하나 잡으면 점수를 '2'만큼 증가시키는 것이다. 풍선을 숨기기 위해 [형태] 카테고리를 선택하고 블록 모음에서 `숨기기` 블록을 가져와 `점수 ▾ 을(를) 1 만큼 바꾸기` 블록 아래에 연결한다. 복제본을 삭제하기 위해 [제어] 카테고리를 선택하고 블록 모음에서 `이 복제본 삭제하기` 명령블록을 가져와 `숨기기` 아래에 연결한다. 완성한 블록을 이전 단계에서 작성한 블록 내부에 그림과 같이 연결한다.

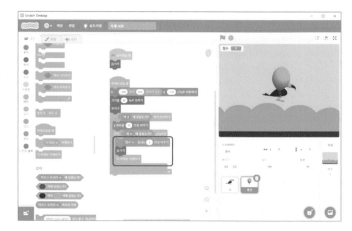

단계 21 반복은 끝나면 풍선을 숨기기 위해 [형태] 카테고리를 선택하고 블록 모음에서 `숨기기` 블록을 가져와 반복하기 블록 아래 연결한다. 그리고 복제된 풍선을 삭제하기 위해 [제어] 카테고리를 선택하고 블록 모음에서 `이 복제본 삭제하기` 명령블록을 가져와 `숨기기` 블록 아래 연결한다.

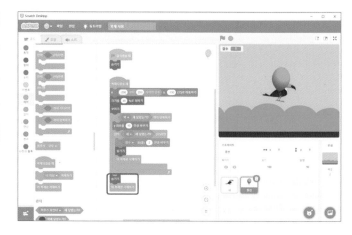

단계 22 `▶` 버튼을 클릭하여 풍선이 복제되어 임의 위치에서 나타나는지, 새를 좌우로 움직여 풍선을 잡아 점수가 올라가는지 확인한다.

연산자는 프로그램에서 자료들 사이에 수행되는 연산의 종류를 표시하는 기호이다. 스크래치는 산술 연산, 관계 연산 그리고 논리 연산을 수행할 수 있다. 산술 연산은 사칙 연산과 그 외 복잡한 연산을 할 수 있으며, 관계 연산은 크기 비교 등의 연산을 수행한다. 논리 연산은 조건에 따른 참과 거짓을 판별하는 연산을 수행한다.

2.1 연산자를 활용한 프로그램 예제

놀이동산의 기본 이용료는 5,000원이다. 이 놀이동산은 나이에 따라 이용료를 할인해 준다. 나이에 따른 이용료가 표와 같을 때 나이를 입력받아 이용료를 계산하는 프로그램을 작성해 보자.

실행 조건

- 🚩 버튼을 클릭하면 안내원은 "나이를 입력하세요?"라고 묻고 대답을 기다린다.
- 입력받은 값을 저장할 '나이' 변수를 만들고 대답으로 지정한다.
- 나이에 따른 입장료는 다음 표와 같다.

나이	이용료
8세 미만	무료
8세 이상 ~ 60세 미만	5,000원
60세 이상	50% 할인

- 안내원은 '이용료:'와 '이용료' 변수에 저장된 값을 연결하여 말한다.

2.2 연산자를 활용한 프로그램 예제 풀이

단계 01 스크래치를 실행하고 [파일]−[Load from your computer]를 선택하여 [열기] 대화창이 표시되면 'PART6' 폴더에서 '예제10.sb3' 파일을 선택하고 [열기] 버튼을 선택한다.

단계 02 파일이 열리면 '안내원' 스프라이트를 선택한 후 [이벤트] 카테고리를 선택한다. 블록 모음에서 🏴 `클릭했을 때` 블록을 마우스로 선택한 후 드래그하여 스크립트 영역으로 가져온다.

단계 03 [감지] 카테고리를 선택하고 블록 모음에서 `What's your name?` `라고 묻고 기다리기` 명령블록을 스크립트 영역으로 가져와 'What's your name?'을 '나이를 입력하세요?'로 직접 입력하여 변경하고 이전 단계에서 가져온 블록 아래 연결한다.

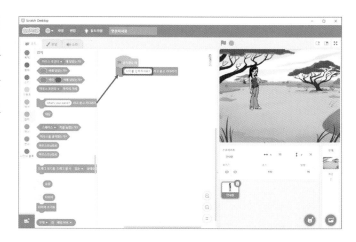

단계 04 나이를 입력받아 저장할 변수와 이용료를 계산하여 저장할 변수를 생성한다. [변수] 카테고리를 선택하고 블록 모음에서 변수 만들기 버튼을 누르면 [새로운 변수] 창이 표시된다. 창에서 변수 이름에 '나이'를 입력하고 [확인] 버튼을 누르면 변수가 만들어 진다. 동일한 방법으로 '이용료'라는 변수를 만든다. [변수] 카테고리에 변수 블록과 변수를 사용할 수 있는 블록들이 생성된다.

단계 05 [변수] 카테고리를 선택하고 블록 모음에서 나의 변수 ▾ 을(를) 0 로 정하기 명령블록을 스크립트 영역으로 가져와 '나의 변수' 옆에 있는 ▾ 버튼을 눌러 표시되는 항목에서 '나이'를 선택한다. [감지] 카테고리를 선택하고 블록 모음에서 대답 블록을 가져와 나이 ▾ 을(를) 0 로 정하기 블록의 '0' 위치에 삽입한다.

완성된 나이 ▾ 을(를) 대답 로 정하기 블록을 이전 단계에서 연결한 블록 아래에 연결한다. 이 블록은 나이를 입력 받아 대답으로 지정한다.

단계 06 [제어] 카테고리를 선택하고 블록 모음에서 만약 (이)라면 아니면 블록을 스크립트 영역으로 가져와 이전 단계에서 연결한 블록 아래에 연결한다. 그리고 [연산] 카테고리를 선택하고 블록 모음에서 ◯ < 50 블록을 스크립트 영역으로 가져와 오른쪽 영역에 '8'을 직접 입력한다. 왼쪽 영역에는 [변수] 카테고리를 선택하고 블록 모음에서 나이 블록을 가져와 삽입한다. 완성된 나이 < 8 블록을 만약 (이)라면 아니면 블록 내에 그림과 같이 삽입한다.

단계 07 [변수] 카테고리를 선택하고 블록 모음에서 나의 변수 ▾ 을(를) 0 로 정하기 명령블록을 스크립트 영역으로 가져와 '나의 변수' 옆에 있는 ▾ 버튼을 눌러 표시되는 항목에서 '이용료'를 선택한 후 만약 ◇ (이)라면 / 아니면 블록 내에 그림과 같이 연결한다. 이 블록은 나이 조건이 맞으면 이용료를 '0'으로 결정한다.

단계 08 처음에 입력한 나이가 조건에 맞지 않은 경우 다시 나이 조건을 검사하는 코드를 작성한다. [제어] 카테고리를 선택하고 블록 모음에서 만약 ◇ (이)라면 / 아니면 블록을 스크립트 영역으로 가져와 그림과 같이 연결한다.

단계 09 06 단계를 참조하여 나이 조건을 검사하는 블록을 작성한다. [연산] 카테고리를 선택하고 블록 모음에서 ◯ > 50 블록을 스크립트 영역으로 가져와 오른쪽 영역에 '59'를 직접 입력한다. 왼쪽 영역에는 [변수] 카테고리를 선택하고 블록 모음에서 나이 블록을 가져와 삽입한다. 완성된 나이 > 59 블록을 안쪽에 있는 만약 ◇ (이)라면 / 아니면 블록 내에 그림과 같이 삽입한다.

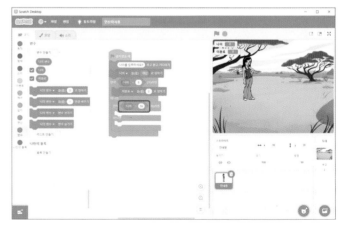

단계 10 [변수] 카테고리를 선택하고 블록 모음에서

나의 변수 ▾ 을(를) 0 로 정하기 명령블록을 스크립트 영역으로 가져와 '나의 변수' 옆에 있는 ▾ 버튼을 눌러 표시되는 항목에서 '이용료'를 선택한다. 조건에 맞으면 이용료를 50% 할인하기 위한 연산 블록을 만든다. [연산] 카테고리를 선택하고 블록 모음에서 ◯ x ◯ 블록을 가져와 왼쪽 영역에 '5000', 오른쪽 영역에 '0.5'

를 직접 입력하여 변경한다. 완성된 5000 x 0.5 블록을 이용료 ▾ 을(를) 0 로 정하기 명령블록의 '0' 위치에 삽입한다.

이용료 ▾ 을(를) 5000 x 0.5 로 정하기 블록을 안쪽에 있는 만약 ◯ (이)라면 블록 내에 그림과 같이 연결한다. 이 블록은 나

이 조건이 맞으면 이용료를 '50%' 할인된   아니면

값으로 결정한다.

단계 11 두 번째 나이 조건에 맞지 않을 때 이용료를 계산할 코드를 작성한다. [변수] 카테고리를 선택하고 블록 모음에서 나의 변수 ▾ 을(를) 0 로 정하기 명령블록을 스크립트 영역으로 가져와 '나의 변수' 옆에 있는 ▾ 버튼을 눌러 표시되는 항목에서 '이용료'를 선택하고 '0'을 '5000'으로 직접 입력하여 변경한다. 그리고 안쪽에 있는

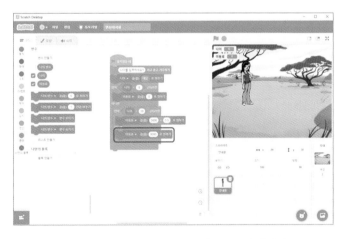

만약 ◯ (이)라면 블록 내에 그림과 같이 연결한다.
아니면

블록은 나이를 확인할 두 조건에 모두 해당하지 않을 때 이용료를 '5000원'으로 결정한다.

단계 12 [형태] 카테고리를 선택하고 블록 모음에서 `안녕! 말하기` 블록을 스크립트 영역으로 가져온다. [연산] 카테고리를 선택하고 블록 모음에서 `apple 와(과) banana 결합하기` 블록을 가져와 '안녕!'을 '이용료:'라고 직접 입력하여 변경한다. [변수] 카테고리를 선택하고 블록 모음에서 `이용료` 블록을 가져와 'apple' 위치에 삽입한다. [연산] 카테고리를 선택하고 블록 모음에서

`apple 와(과) banana 결합하기` 블록을 한 번 더 가져와 'banana'를 '원'이라고 직접 입력하여 변경한다. `이용료 와(과) 이용료 결합하기` 블록을 'hello' 위치에 삽입한다. 완성된 `이용료 와(과) 이용료 결합하기 와(과) 원 결합하기` 블록을 `안녕! 말하기` 블록의 '안녕!' 위치에 삽입한다. `이용료 와(과) 이용료 결합하기 와(과) 원 결합하기 말하기` 블록을 이전 단계에서 연결한 블록 아래 연결한다. 이 단계에서 작성한 블록은 결정된 이용료를 안내원 스프라이트가 말하도록 하는 코드이다.

단계 13 🏁 버튼을 클릭하여 안내원 스프라이트가 이용료를 정확히 계산하여 말하는지 확인한다.

MEMO

SCRATCH

PART VII

SW 코딩자격 2급
시험대비 실전 모의고사

실전 모의고사 1회

SW 코딩자격(2급)

- SOFTWARE CODING AND COMPUTING TEST -

SW	시험 시간	급수	응시일	수험번호	성명
Scratch 2.0 이상	45분	2	년 월 일		

수험자 유의사항

- 수험자는 감독관의 안내에 따라 문제지와 시험용 SW 등의 이상 여부를 확인해야 합니다.
- 시험지는 시험이 끝난 후 답안지와 함께 제출해야 하며 미제출 시 실격 처리됩니다.
- 제한된 시간 내에 시험을 완료하여야 합니다. 시험 시작 후에는 화장실 출입이 불가하며 시험 시간 중에는 퇴실할 수 없습니다.
- 시험 시간 중 고사실 내에서 휴대전화기, 디지털카메라, MP3 등 전자 기기를 소지한 경우, 해당자의 시험을 무효로 처리하오니 절대 휴대하지 않도록 합니다.
- 부정 응시 및 문제 유출에 해당하는 행위, 즉 답안을 타인에게 전달 및 외부로 반출하는 경우, 자격기본법 제32조에 의거 부정행위로 간주되어 해당자의 시험을 무효 처리하며 민/형사상의 책임을 물을 수 있습니다.

답안 작성 요령

답안 작성 절차
- 바탕 화면(Desktop)/SW2-시험/수험번호-성명/파일에 답안을 작성 또는 작업 후 저장
- 시험을 완료한 수험자는 감독관의 안내에 따라 ① 시험지를 제출하고 ② 답안 파일을 저장한 후 퇴실합니다.

한국생산성본부

과목1 컴퓨팅 사고력과 문제 해결

1. 현수는 다음 기호 읽는 법에 대한 음계 규칙을 정해 놓고 멜로디 카드를 만들었다. 〈보기〉를 참고하여 〈문제〉의 빈칸을 완성하시오. (10점)

〈 보기 〉	
〈 기호에 대한 음계 규칙 〉	〈 멜로디 카드 연주 〉

가. 하트(♥)는 '도'를 의미하고 클로버(♣)는 '미'를 의미하고 다이아몬드(♦)는 '솔'을 의미한다.

나. 멜로디 카드를 읽는 순서는 첫 번째 줄 왼쪽에서 오른쪽으로 읽는다.

〈 멜로디 카드 연주 〉

♣ ♣ ♥ ♦ ♥	미 미 도 솔 도
♣ ♦ ♦ ♣ ♥	미 솔 솔 미 도
♣ ♦ ♦ ♦ ♥	미 솔 솔 솔 도
♥ ♦ ♦ ♥ ♥	도 솔 솔 도 도

〈 문제 〉
※ 답안 작성 요령: 〈보기〉를 참고하여, 빈칸 ①과 ②를 채워 넣으시오.

〈 멜로디 카드 연주 〉

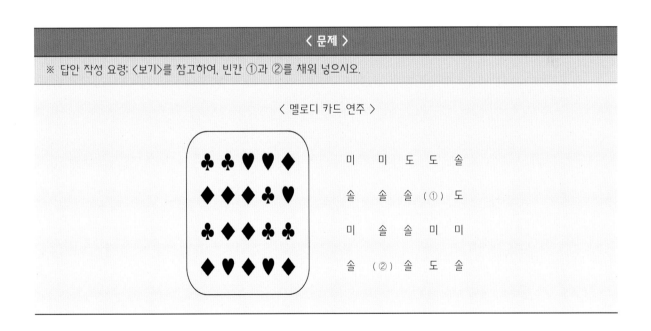

♣ ♣ ♥ ♥ ♦	미 미 도 도 솔
♦ ♦ ♦ ♣ ♥	솔 솔 솔 (①) 도
♣ ♦ ♦ ♣ ♣	미 솔 솔 미 미
♦ ♥ ♦ ♥ ♦	솔 (②) 솔 도 솔

은영이는 90리터짜리 빈 병에 물을 채우려고 하고 있다. 〈보기〉를 참고하여 〈문제〉의 빈칸을 완성하시오. (10점)

〈 보기 〉	
〈 계량컵의 종류 〉	〈 빈 병에 물 채우기 〉
가. 정원이가 가진 계량컵은 5리터, 12리터, 20리터짜리 3개이다. 정원이가 가진 가장 작은 계량컵은 5리터이고 가장 큰 계량컵은 20리터이다. 나. 은영이는 10리터, 15리터, 25리터 3가지 종류의 계량컵을 가지고 있고, 가장 작은 계량컵은 10리터이고 가장 큰 계량컵은 25리터이다.	정원이가 빈 병에 물을 채우기 위해 사용한 계량컵의 최소 사용 횟수는 6회이며, 계량컵 사용 순서를 표현하면 다음과 같다. **빈 병 총용량 90리터** 20, 20, 20, 20, 5, 5

〈 문제 〉
※ 답안 작성 요령: 〈보기〉를 참고하여, 빈칸 ①과 ②를 채워 넣으시오.

은영이가 빈 병에 물을 채우기 위해 최소로 사용한 계량컵의 순서를 표현한 것은 다음과 같다.

25, (①), 25, (②)

과목 2 알고리즘 설계

3. 우주는 놀이공원에서 놀이기구를 타려고 한다. 〈보기〉를 참고하여 〈문제〉의 빈칸을 완성하시오. (10점)

〈 보기 〉
〈 놀이기구 타기 〉

- 탑승권을 제출하고 놀이기구에 탑승한다.	- 탑승권, 놀이기구
- 놀이기구에서 내린다.	- 탑승 순서가 되었는가?
- 놀이기구 타기 완료	- 놀이기구가 있는 곳으로 간다.
- 탑승 순서를 기다린다.	

〈 문제 〉
※ 답안 작성 요령: 〈보기〉를 참고하여 작성하되, 〈가정통신문 나눠주기〉에서 적절한 내용을 골라 빈칸 ①~⑤를 채워 넣으시오.

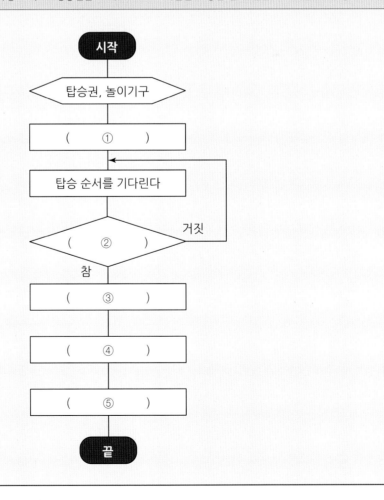

4. 말과 박쥐의 모양이 바뀌도록 프로그램을 코딩하시오. (10점)

〈 조건 〉
- 스크래치 프로그램 화면 [블록 모음]에서 필요한 블록을 가져다 사용한다. - 🚩 버튼을 클릭하면 말은 앞발 두 개를 들고 서 있고 박쥐는 두 날개를 내리고 있다. - 말을 클릭하면 말은 두 개의 앞발을 내리고 '환영합니다.'라고 3초간 말한다. - 박쥐를 클릭하면 박쥐는 날개를 올리고 '날아갑니다!'라고 3초간 말한다.

5. 상어가 바닷속을 돌아다니다가 물고기를 먹으면 에너지가 증가하고 꽃게를 먹으면 에너지가 감소하도록 아래 〈조건〉에 맞게 코딩하시오. (10점)

〈 조건 〉
- 스크래치 프로그램 화면 [블록 모음]에서 필요한 블록을 가져다 사용한다. - 🚩 버튼을 클릭하면 상어의 에너지를 '0'으로 지정하고, 물고기들이 보이게 한다. - 무대 배경을 바닷속 배경들 중에서 하나로 지정하시오. - 키보드의 위쪽 화살표 키를 입력하면 상어가 y 좌표로 20만큼 이동한다. - 키보드의 아래쪽 화살표 키를 입력하면 상어가 y 좌표로 −20만큼 이동한다. - 키보드의 오른쪽 화살표 키를 입력하면 상어가 x 좌표로 20만큼 이동한다.

- 키보드의 왼쪽 화살표 키를 입력하면 상어가 x 좌표로 − 20만큼 이동한다.

- 상어가 물고기에 닿으면 에너지를 10만큼 증가시킨다.

- 물고기가 상어에 닿으면 화면에서 보이지 않는다.

- 상어가 꽃게에 닿으면 에너지를 10만큼 감소시킨다.

- 꽃게가 상어에 닿으면 화면에서 보이지 않는다.

- 에너지가 증가 또는 감소할 때마다 에너지를 2초 동안 말한다.

6. 하늘을 날아다니는 잠자리를 클릭하면 '카운트'를 1씩 증가하도록 아래 〈조건〉에 맞게 움직이도록 코딩하시오.
(10점)

〈 조건 〉

- 스크래치 프로그램 화면 [블록 모음]에서 필요한 블록을 가져다 사용한다.

- 🏳 버튼을 클릭하면 '카운트'는 0에서 시작한다.

- 잠자리가 x 좌표 − 220에서 220 사이, y 좌표 − 100에서 100 사이로 무작위로 이동하게 한다.

- 잠자리는 1초마다 이동한다.

- 잠자리를 클릭할 때마다 '카운트'를 1씩 증가하고 '잡았다!'를 1초 동안 말한다.

7. 사바나 초원을 사자가 걸어 다니도록 아래 〈조건〉에 맞게 코딩하시오. (10점)

〈 조건 〉

- 스크래치 프로그램 화면 [블록 모음]에서 필요한 블록을 가져다 사용한다.

- 🏳 버튼을 클릭하면 사자가 20만큼씩 반복 이동하게 한다.

- 모양을 바꾸어 가면서 걸어가는 것처럼 보이게 한다.

- 사자는 0.2초 간격의 속도로 걸어간다.

- 사자가 벽에 닿으면 반대 방향을 바라보게 한다.

- 사자가 벽에 닿으면 반대 방향으로 걸어간다.

8. 문어가 물속을 헤엄쳐 다니도록 아래 〈조건〉에 맞게 코딩하시오. (10점)

- 스크래치 프로그램 화면 [블록 모음]에서 필요한 블록을 가져다 사용한다.

- ⚐ 버튼을 클릭하면 문어가 x 좌표 0, y 좌표 0에 위치한다.

- 문어의 위치를 x 좌표를 −200으로 정한다.

- 문어가 x 좌표 −200에 나타나고 5만큼씩 50번 이동하는 것을 무한 반복한다.

- 키보드의 왼쪽 화살표 키를 입력하면 문어가 x 좌표 −30만큼 이동한다.

- 키보드의 오른쪽 화살표 키를 입력하면 문어가 x 좌표 30만큼 이동한다.

- 키보드의 스페이스 키를 입력하면 무대 배경을 1초마다 다음 배경으로 계속 바뀌도록 한다.

9. 영호는 가게에 간판을 설치하려고 한다. 아래 보기를 보고 질문에 답하시오. (10점)

〈 보기 〉

〈 설치할 간판 〉

즐거움과 행복이 있는!!!

영호네 철판구이

〈사용할 센서의 종류〉

버튼 센서

소리 센서

적외선 센서

빛 센서

〈사용할 부품과 용도〉

용도	부품
- 서보모터	- 디지털 입력
- 부저	- 디지털 출력
- 스위치	- 아날로그 입력
- LED	- 아날로그 출력

〈 문제 〉

※ 답안 작성 요령: 〈보기〉를 참고하여, 빈칸 ①과 ②를 채워 넣으시오.

- 〈보기〉에 있는 간판을 설치하려고 한다. 간판은 손님이 들어오면 (①) 센서로 감지를 하여 글자를 표시하고 반짝거리게 한다.

- 간판에 글자를 표시하기 위해 사용되는 부품과 용도를 순서대로 적으시오.

(② ,)

10. 거리의 LED 가로등이 자동으로 밝기를 조절하게 한다. 아래 〈보기〉를 보고 질문에 답하시오.

〈 보기 〉
〈 밝기 조절 조건 〉

밝은 낮에는 가로등을 켜지 않는다. 점차 어두워지면 가로등을 켠다. 어두움의 정도에 따라 가로등의 밝기를 자동으로 조절한다. 일몰이 시작되어 어스름할 때는 LED 밝기를 중간 정도로 하고, 완전히 어두워지면 밝기를 환하게 한다.

〈 문제 〉

※ 답안 작성 요령 : 〈보기〉를 참고하여, 빈칸 ①과 ②를 채워 넣으시오.

가로등의 LED의 밝기를 조절하기 위하여 (①) 센서를 사용하고, 센서 측정값의 범위는 강, 중, 하 3단계로 한다. 햇빛이 밝게 비추는 한낮에는 센서 측정값이 강이 되어 LED의 출력이 '0'으로 설정된다. 일몰이 시작되어 어스름해지면 센서 측정값이 (②) 가 되어 LED의 출력이 '10'으로 설정되며, 완전히 어두워지면 센서 측정값이 하가 되고 LED의 출력이 '20'으로 설정된다.

실전 모의고사 2회

SW 코딩자격(2급)

- SOFTWARE CODING AND COMPUTING TEST -

SW	시험 시간	급수	응시일	수험번호	성명
Scratch 2.0 이상	45분	2	년 월 일		

수험자 유의사항

- 수험자는 감독관의 안내에 따라 문제지와 시험용 SW 등의 이상 여부를 확인해야 합니다.
- 시험지는 시험이 끝난 후 답안지와 함께 제출해야 하며 미제출 시 실격 처리됩니다.
- 제한된 시간 내에 시험을 완료하여야 합니다. 시험 시작 후에는 화장실 출입이 불가하며 시험 시간 중에는 퇴실할 수 없습니다.
- 시험 시간 중 고사실 내에서 휴대전화기, 디지털카메라, MP3 등 전자 기기를 소지한 경우, 해당자의 시험을 무효로 처리하오니 절대 휴대하지 않도록 합니다.
- 부정 응시 및 문제 유출에 해당하는 행위, 즉 답안을 타인에게 전달 및 외부로 반출하는 경우, 자격기본법 제32조에 의거 부정행위로 간주되어 해당자의 시험을 무효 처리하며 민/형사상의 책임을 물을 수 있습니다.

답안 작성 요령

답안 작성 절차
- 바탕 화면(Desktop)/SW2-시험/수험번호-성명/파일에 답안을 작성 또는 작업 후 저장
- 시험을 완료한 수험자는 감독관의 안내에 따라 ① 시험지를 제출하고 ② 답안 파일을 저장한 후 퇴실합니다.

한국생산성본부

1. 보현이의 취미는 세계 유명 도시의 풍경이 있는 그림 카드를 수집하는 것이다. 보현이는 오늘 그림엽서 뒷면에 적어 놓은 도시 이름을 보면서 엽서들을 정리하고 있다. 〈 보기 〉를 참고하여 〈 문제 〉의 빈칸을 완성하시오. (10점)

〈 보기 〉	
〈 보현이의 그림엽서들 〉	〈 그림엽서 분류 기준 〉
파리 　 서울 　 뉴욕 베이징 　 홍콩 　 부산 런던 　 마닐라 　 로마 나폴리 　 워싱턴 　 상하이	- 항구 도시 - 제2의 도시 - 수도 - 국가 이름 - 중소 도시 - 동남아시아 국가

〈 문제 〉
※ 답안 작성 요령: 〈보기〉를 참고하여 빈칸 ①과 ②를 채워 넣으시오. - 보현이가 모은 그림엽서들을 분류 기준에 따라 특징별로 구분하였을 때 가장 많은 숫자의 그림엽서는 7개이며, 특징은 　(　①　)이다. - 다음으로 많은 숫자의 그림엽서는 5개로 바다가 있는 도시들이다. 바다가 있는 이런 도시들을 (　②　)라 부른다.

2. 비트 하나는 0과 1을 나타내지만, 여러 비트를 사용하면 더 많은 정보를 나타낼 수 있다. 〈보기〉를 참고하여 〈문제〉의 빈칸을 완성하시오. (10점)

〈 보기 〉	
〈 비트 표현 〉	〈 2비트 표현 값 〉
2진수는 0과 1을 사용하여 숫자를 나타내고, 각 자리를 '비트'라고 한다. 한 비트를 가지면 0과 1만 나타낼 수 있지만 두 비트를 가지면 4개의 값을 나타낼 수 있다.	비트 값이 0이면 검은색 카드를 사용하고, 1이면 흰색 카드를 사용하여 표현하면 다음과 같다. 0 0 / 0 1 / 1 0 / 1 1

〈 문제 〉
※ 답안 작성 요령: 〈보기〉를 참고하여, 빈칸 ①과 ②를 채워 넣으시오.

- 4비트를 사용하여 나타낸 것의 일부이다.

0 0 1 0, 0 0 1 1, 0 1 0 0, (①), (②)

3. 수영이는 스마트폰 앱으로 영어 단어의 뜻을 맞추기 게임을 하고 있다. 〈보기〉를 참고하여 〈문제〉의 빈칸을 완성하시오. (10점)

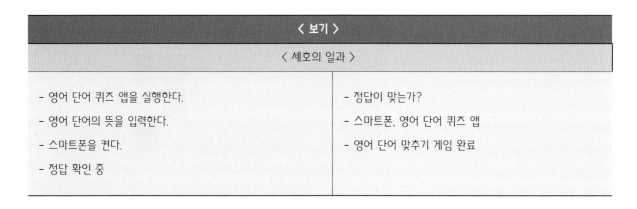

〈 보기 〉	
〈 세호의 일과 〉	
- 영어 단어 퀴즈 앱을 실행한다. - 영어 단어의 뜻을 입력한다. - 스마트폰을 켠다. - 정답 확인 중	- 정답이 맞는가? - 스마트폰, 영어 단어 퀴즈 앱 - 영어 단어 맞추기 게임 완료

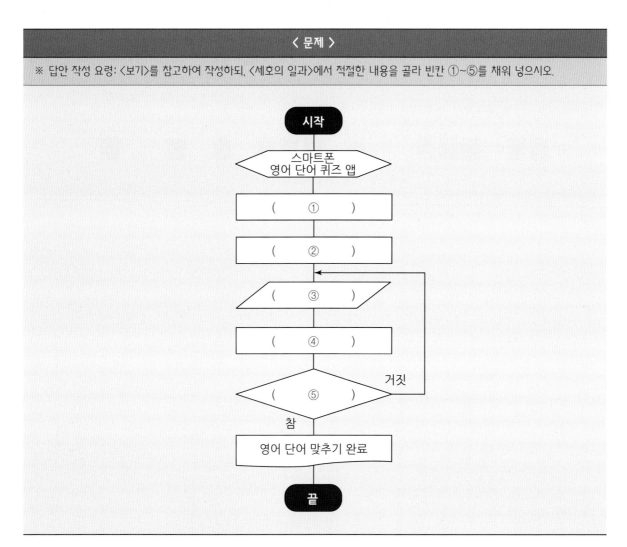

〈 문제 〉
※ 답안 작성 요령: 〈보기〉를 참고하여 작성하되, 〈세호의 일과〉에서 적절한 내용을 골라 빈칸 ①~⑤를 채워 넣으시오.

4. 자동차가 도착 지점을 향하여 출발하도록 아래 〈조건〉에 맞게 코딩하시오. (10점)

〈 조건 〉

– 스크래치 프로그램 화면 [블록 모음]에서 필요한 블록을 가져다 사용한다.

– 🏳 버튼을 클릭하면 자동차는 모양을 보이고 x 좌표 – 251, y 좌표 -146 위치로 이동하며 "출발 준비되었습니까?"를 묻고 기다린다.

– 만약 대답 = (예)라면 자동차는 도착 지점으로 이동한다.

  (1) 만약 대답 = (예)라면 자동차는 x 좌표를 20만큼 계속 반복하여 이동한다.

  (2) 자동차는 0.1초마다 다음 모양으로 계속 반복하여 바꾼다.

  (3) 만약 자동차가 도착 지점에 닿았다면 멈춘다.

– 만약 그렇지 않다면 자동차는 "아직 준비 중입니다."를 3초 동안 말한다.

5. 북극곰이 연어를 잡도록 아래 〈조건〉에 맞게 코딩하시오. (10점)

〈 조건 〉

– 스크래치 프로그램 화면 [블록 모음]에서 필요한 블록을 가져다 사용한다.

– 🏳 버튼을 클릭하면 북극곰은 "아! 배고프다!"를 말한다.

– 북극곰은 연어 쪽을 보며 이동 방향으로 2만큼씩 연어에 닿을 때까지 반복하여 움직인다.

– 연어는 마우스 포인터 쪽을 바라보며 마우스 포인터 위치로 이동한다.

– 만약 연어가 북극곰에 닿았다면 이 스크립트를 멈춘다.

– 북극곰은 연어에 닿으면 "연어 잡았다!"를 2초 동안 말한다.

6. 대박마트 무료 과일 증정을 위한 과일 카드 추첨 이벤트를 실시하기를 위해 아래 〈 조건 〉에 맞게 움직이도록 코딩하시오. (10점)

<table>
<tr><td>〈 조건 〉</td></tr>
</table>

- 스크래치 프로그램 화면 [블록 모음]에서 필요한 블록을 가져다 사용한다.
- 🚩 버튼을 클릭하면 과일 카드가 "추첨을 시작합니다!"를 2초 동안 말한다.
- '추첨 시작' 버튼을 클릭하면 '추첨 시작' 신호를 보낸다.
- 과일 카드는 '추첨 시작' 신호를 받으면 0.1초마다 회전하며 과일 카드가 바뀐다.
  (1) 과일 카드를 시계 방향으로 15°만큼 계속 반복하여 회전한다.
  (2) 과일 카드는 0.1초마다 다음 모양으로 계속 반복하여 바꾼다.
  (3) 키보드의 스페이스 키를 입력할 때까지 계속 반복한다.

7. 다이버가 물고기를 복제하고 전체 물고기 수에 대하여 짝/홀수를 말하도록 아래 〈조건〉에 맞게 코딩하시오. (10점)

<table>
<tr><td>〈 조건 〉</td></tr>
</table>

- 스크래치 프로그램 화면 [블록 모음]에서 필요한 블록을 가져다 사용한다.
- 🚩 버튼을 클릭하면 다이버는 "물고기 몇 마리 복제할까요?"를 묻고 기다리고 (대답)에 숫자를 입력하면 '물고기 복제' 신호를 보낸다. 물고기는 x 좌표 −153, y 좌표 −121 위치로 이동한다.
- '물고기 복제' 신호를 받았을 때 물고기는 자신의 복제본을 만들고 x 좌표 50만큼 바꾸며, 이 동작을 (대답)번 반복한다.
- '물고기 복제' 신호를 받았을 때 1초 기다린 후 다이버는 전체 물고기의 수가 짝수인지 홀수인지 말한다.
- 만약 ((대답)+1) 나누기 2의 나머지 = 0이면 다이버는 "전체 물고기 수는 짝수입니다."를 3초 동안 말한다.
- 그렇지 않으면 다이버는 "전체 물고기 수는 홀수입니다."를 3초 동안 말한다.

8. 배고픈 아기곰이 숲속에서 음식을 찾아서 먹도록 아래 〈 조건 〉에 맞게 코딩하시오. (10점)

〈 조건 〉

- 스크래치 프로그램 화면 [블록모음]에서 필요한 블록을 가져다 사용한다.
- ⚑ 버튼을 클릭하면 아기곰은 x 좌표 −175 y 좌표 −62 위치로 이동한다. 꿀은 x 좌표 −68, y 좌표 41 위치로 이동하고 모양을 보이고, 사과는 x 좌표 103, y 좌표 48 위치로 이동하고 모양을 보이며, 바나나는 x 좌표 −50, y 좌표 −108 위치로 이동하고 모양을 보이고, 수박은 x 좌표 103, y 좌표 −91 위치로 이동하고 모양을 보인다.
- 아기곰은 '먹은 음식량' 변수를 0으로 정하고 '일일 권장 음식량' 변수를 2500으로 정한 다음 "배고파!"를 2초 동안 말한다.
- 음식을 클릭하면 음식이 아기곰의 위치로 이동하고 '먹은 음식량'에 해당 칼로리만큼 더한다.
- 꿀을 클릭하면 꿀은 '먹은 음식량'을 1500만큼 바꾸고 아기곰 위치로 이동한 후 모양을 숨기고 '먹었다' 신호를 보낸다.
- 사과를 클릭하면 사과는 '먹은 음식량'을 600만큼 바꾸고 아기곰 위치로 이동한 후 모양을 숨기고 '먹었다' 신호를 보낸다.
- 바나나를 클릭하면 바나나는 '먹은 음식량'을 700만큼 바꾸고 아기곰 위치로 이동한 후 모양을 숨기고 '먹었다' 신호를 보낸다.
- 수박을 클릭하면 수박은 '먹은 음식량'을 500만큼 바꾸고 아기곰 위치로 이동한 후 모양을 숨기고 '먹었다' 신호를 보낸다.
- '먹었다' 신호를 받으면 아기곰이 말한다.
- 아기곰은 '먹었다' 신호를 받았을 때 만약 '일일 권장 음식량' < '먹은 음식량'이라면 "아! 배불러"를 2초 동안 말하고 모든 스크립트를 멈춘다.
- 그렇지 않다면 아기곰은 "더 먹을래"를 2초 동안 말한다.

9. 커피 자동판매기 앞으로 사람이 다가오면 말을 하도록 한다. 〈보기〉를 참고하여 〈문제〉의 빈칸을 완성하시오.
(10점)

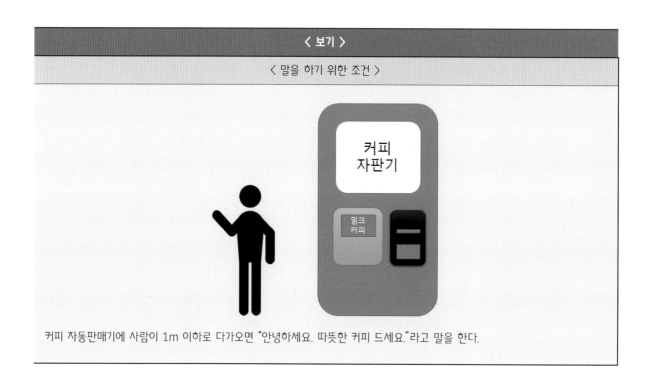

〈 보기 〉
〈 말을 하기 위한 조건 〉

커피 자동판매기에 사람이 1m 이하로 다가오면 "안녕하세요. 따뜻한 커피 드세요."라고 말을 한다.

〈 문제 〉

※ 답안 작성 요령: 〈보기〉를 참고하여 빈칸 ①과 ②를 채워 넣으시오.

- 커피 자동판매기에 (①) 센서를 부착하여 자동판매기 주변에 사람이 오는지 확인한다.
- 사람이 1m 이하로 가까이 오면 커피 자동판매기가 말을 한다.
- 센서는 계속 감지를 하고, 사람이 30cm 이하에서 5초 이상 있으면 "밀크커피 드세요."라고 반복해서 말을 한다.
- 사람이 커피 자동판매기 앞에서 (②)로 멀어지면 말을 중단한다.

10. 철수는 전동으로 움직이는 암막 커튼을 만들 예정이다. 〈보기〉를 참고하여 〈문제〉의 빈칸을 완성하시오. (10점)

〈 보기 〉	
〈 센서의 종류 〉	〈 서보 모터 제어 〉

〈 센서의 종류 〉

A. 온도 센서

B. 빛 감지 센서

C. 소리 센서

D. 거리 센서

E. 버튼 센서

〈 서보 모터 제어 〉

구분	신호	용도
가	아날로그	입력
나	아날로그	출력
다	디지털	입력
라	디지털	출력

〈 문제 〉

※ 답안 작성 요령: 〈보기〉를 참고하여, 빈칸 ①과 ②를 채워 넣으시오.

- 암막 커튼은 방에 들어오는 빛의 밝기를 측정하여 움직이도록 할 것이다. 〈보기〉의 〈센서의 종류〉 A~E 중에서 이 암막 커튼을 만드는데 필요한 핵심 센서는 (①)이다.

- 센서가 감지되면 서보모터를 사용하여 암막 커튼을 동작시킬 것이다. 〈보기〉의 〈서보모터 제어〉에서 서보모터의 신호와 용도를 바르게 짝지은 것을 가~라 중에 골라 적으시오. (②)

※ 시험 종료 전

- 본인의 수험번호 – 성명 폴더 내에 작업한 답안 파일이 정상적으로 저장되었는지 확인합니다.

  → 시험 종료 후, 감독관이 답안 파일을 수거합니다.

- 수험번호, 성명을 잘못 기재하였거나, 답안 파일을 잘못 저장하여 발생한 문제나 불이익에 대한 일체의 책임은 수험자에게 있습니다.

- 감독관의 안내에 따라 시험지를 제출하고 퇴실합니다.

SCRATCH

PART VIII

SW 코딩자격 2급
최신 기출문제 유형

최신 기출문제 유형 1회

SW 코딩자격(2급)

- SOFTWARE CODING AND COMPUTING TEST -

SW	시험 시간	급수	응시일	수험번호	성명
Scratch 2.0 이상	45분	2	년 월 일		

수험자 유의사항

- 수험자는 감독관의 안내에 따라 문제지와 시험용 SW 등의 이상 여부를 확인해야 합니다.
- 시험지는 시험이 끝난 후 답안지와 함께 제출해야 하며 미제출 시 실격 처리됩니다.
- 제한된 시간 내에 시험을 완료하여야 합니다. 시험 시작 후에는 화장실 출입이 불가하며 시험 시간 중에는 퇴실할 수 없습니다.
- 시험 시간 중 고사실 내에서 휴대전화기, 디지털카메라, MP3 등 전자 기기를 소지한 경우, 해당자의 시험을 무효로 처리하오니 절대 휴대하지 않도록 합니다.
- 부정 응시 및 문제 유출에 해당하는 행위, 즉 답안을 타인에게 전달 및 외부로 반출하는 경우, 자격기본법 제32조에 의거 부정행위로 간주되어 해당자의 시험을 무효 처리하며 민/형사상의 책임을 물을 수 있습니다.

답안 작성 요령

답안 작성 절차
- 바탕 화면(Desktop) / SW2-시험 / 수험번호-성명 / 파일에 답안을 작성 또는 작업 후 저장
- 시험을 완료한 수험자는 감독관의 안내에 따라 ① 시험지를 제출하고 ② 답안 파일을 저장한 후 퇴실합니다.

한국생산성본부

1. 반 친구들의 시험 결과를 정리하였다. 〈 보기 〉를 참고하여 〈 문제 〉의 빈칸을 완성하시오. (10점)

〈 보기 〉	
〈 시험 점수 〉	〈 조건 〉

이름 \ 과목	국어	영어	수학
홍도	95	80	90
철수	90	80	95
문수	100	90	80

〈 조건 〉
- 세 과목 점수의 합이 큰 사람이 순위가 높다.
- 세 과목 점수의 합이 같을 경우, 국어 점수가 높은 사람이 순위가 높다.

〈 문제 〉

※ 답안 작성 요령: 〈보기〉를 참고하여, 빈칸 ①과 ②를 채워 넣으시오.

- 〈 시험 점수 〉와 〈 조건 〉을 참고하여 1등과 3등의 이름을 순서대로 적으시오.

(①), (②)

2. 선화는 수영을 배우려고 한다. 〈보기〉를 참고하여 〈문제〉의 빈칸을 완성하시오. (10점)

〈 보기 〉	
〈 수형 수업 〉	〈 시간표〉

- 선화는 작년에 팔을 다쳐 병원에 입원하여 자유형 팔꺾기를 배우다가 그만두고 말았다. 상담해 보니 초급반은 안 들어도 되고, 한 단계 상위 수준 수업을 수강하라고 하였다.
- 선화는 수요일과 금요일에는 다른 과목 수업 때문에 시간이 없다.

구분	월	화	수	목	금
1교시	A	C	A	C	A
2교시	B	A	B	A	B
3교시	D	C	D	C	D

- 1교시는 7세 이하의 유아만 수강할 수 있다.
- 2교시와 3교시는 8~13세 초등학생만 수강할 수 있다.
- 반은 월수금반, 화목반으로 나뉘고, A는 기초반, B는 초급반, C는 중급반, D는 고급반이다.

〈 문제 〉

※ 답안 작성 요령: 〈보기〉를 참고하여, 빈칸 ①과 ②를 채워 넣으시오.

- 초등학교 3학년생인 선화가 등록할 수 있는 수업은 (①)반, (②)교시이다.

3. 진영이는 화성이 태양의 주위를 공전하는 모형을 만들려고 한다. 〈보기〉를 참고하여 〈문제〉의 빈칸을 완성하시오. (10점)

〈 보기 〉
〈 화성의 공전 모형 〉

- x 좌표 0, y 좌표 150으로 이동하기	- 90도 방향 보기
- ↶ 방향으로 2도 돌기	- 펜 내리기
- 펜 색깔을 파랑으로 정하기	- 1.5만큼 움직이기
- 무한 반복	- 모두 지우기

〈 문제 〉
※ 답안 작성 요령: 〈보기〉를 참고하여 작성하되, 〈화성의 공전 모형〉에서 적절한 내용을 골라 빈칸 ①~⑧을 채워 넣으시오.

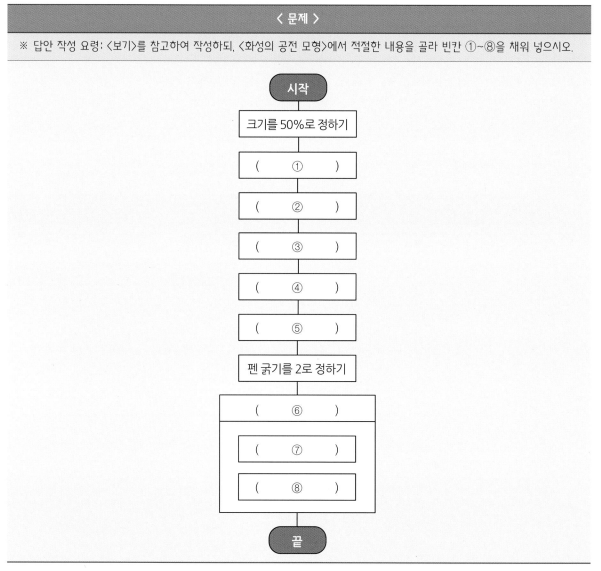

※ 프로그래밍 작업 가이드

- 바탕 화면(Desktop) / SW2 - 시험
- 수험번호 - 성명 폴더를 마우스 오른쪽 버튼으로 클릭한 후, [이름 바꾸기]를 클릭
  → 본인의 수험번호 - 성명으로 수정하시오.
- 본인의 수험번호 - 성명으로 수정된 폴더 안의 파일을 문항별로 더블클릭하여 프로그램을 실행합니다.
- 문항별 조건에 따라 작업을 완료하였으면, 파일>저장하기 버튼을 클릭하여 저장합니다.

4. 로켓이 하늘을 날도록 조종하려고 한다. 아래 〈조건〉에 맞게 코딩하시오. (10점)

〈 조건 〉

- 스크래치 프로그램 화면 [블록 모음]에서 필요한 블록을 가져다 사용한다.
- 🚩 버튼을 클릭하면 로봇은 투명 효과를 30만큼 바꾼다.
- 키보드 위쪽 화살표 키를 입력하면 로켓의 y 좌표를 15만큼씩 이동한다.
- 키보드 아래쪽 화살표 키를 입력하면 로켓의 y 좌표를 -15만큼씩 이동한다.
- 키보드 오른쪽 화살표 키를 입력하면 로켓의 x 좌표를 15만큼씩 이동한다.
- 키보드 왼쪽 화살표 키를 입력하면 로켓의 x 좌표를 -15만큼씩 이동한다.

5. 하늘에서 크리스탈이 임의의 위치에서 내려오도록 아래 〈조건〉에 맞게 코딩하시오. (10점)

〈 조건 〉

- 스크래치 프로그램 화면 [블록 모음]에서 필요한 블록을 가져다 사용한다.
- 🚩 버튼을 클릭하면 크리스탈이 x 좌표 -220에서 220사이의 임의위치, y 좌표 130에서 만들어지도록 설정한다.
- 크리스탈이 7초 동안 x 좌표 -220에서 220사이의 임의위치, y 좌표 -150 위치로 이동한다.
- y 좌표가 -140보다 작으면 모양을 '크리스탈_2로 변경하고 변경된 모양을 0.5초 유지한다.
- 위 동작을 계속 반복한다.

6. 구멍을 클릭하면 동물 친구들이 모습을 나타내도록 아래 〈조건〉에 맞게 코딩하시오. (10점)

〈 조건 〉

- 스크래치 프로그램 화면 [블록 모음]에서 필요한 블록을 가져다 사용한다.
- ⚑ 버튼을 클릭하면 각 동물은 모양이 보이지 않는다.
- 고슴도치 스프라이트를 클릭하면 고슴도치가 나타난 후, "고슴도치 찾았다!!!"라고 3초 동안 말한 후 모양이 다시 보이지 않도록 한다.
- 공룡 구멍 스프라이트를 클릭하면 공룡이 나타난 후, "공룡 찾았다!!!"라고 3초 동안 말한 후 모양이 다시 보이지 않도록 한다.

7. 미지의 세계로 배를 타고 탐험을 가도록 아래 〈조건〉에 맞게 코딩하시오. (10점)

〈 조건 〉

- 스크래치 프로그램 화면 [블록 모음]에서 필요한 블록을 가져다 사용한다.
- ⚑ 버튼을 클릭하면 배의 위치는 x 좌표 −220, y 좌표 18, 미지의 세계는 x 좌표 150, y 좌표 120이고 배경은 '배경1' 로 시작한다.
- 배와 미지의 세계는 화면에 보이고 탐험가는 화면에 보이지 않도록 하여 시작한다.
- 키보드 스페이스 키를 입력하면 배가 미지의 세계에 닿을 때까지 5만큼 움직임을 반복한다.
- 배가 미지의 세계에 닿으면 배경을 '배경2'로 변경한다.
- 배경이 배경2로 변경되면 배와 미지의 세계는 보이지 않고 탐험가는 보이도록 한다.
- 배경이 배경2로 변경되면 탐험가는 2초마다 모양 바꾸기를 3번 반복하고 "이제 돌아가자!!!"라고 3초간 말한다.
- 탐험가가 말을 끝내면 배경이 '배경1'로 변경된다.

8. 소년이 날아가는 풍선을 잡으면 '점수'가 1씩 증가하도록 아래 〈조건〉에 맞게 코딩하시오. (10점)

〈 조건 〉

- 스크래치 프로그램 화면 [블록 모음]에서 필요한 블록을 가져다 사용한다.
- ⚑ 버튼을 클릭하면 '풍선 만들기' 신호를 보낸다. 그리고 '점수'는 0에서 시작하고 소년은 x 좌표 -50, y 좌표 -160에 위치한다.
- '풍선 만들기' 신호를 받으면 1초를 기다리고 풍선이 왼쪽에서 오른쪽으로 풍선은 x 좌표 −230, y 좌표 25부터 −80 사이 를 계속 반복하여 이동하도록 풍선을 만든다.
- 키보드의 스페이스 키를 누르면 소년이 점프하고(소년의 y 좌표가 80만큼 변함), 소년이 풍선에 닿으면 풍선을 숨기고 '풍선 만들기' 신호를 보낸 후 '점수'를 1씩 증가한다.
- x 좌표가 '210'보다 크면 풍선을 숨기고 x 좌표 0, y 좌표 0으로 이동한 후 '풍선 만들기' 신호를 보낸다.

9. 집게에 서보모터를 부착하여 사용하고자 한다. 〈보기〉를 참고하여 〈문제〉의 빈칸을 완성하시오. (10점)

〈 보기 〉	
〈 작동 원리 〉	〈 서보모터를 부착한 집게 모양 〉

A. 상태 변수인 '버튼' 초깃값은 0이다.
  - '버튼' 값이 0이면 집게가 열린다.
  - '버튼' 값이 1이면 집게가 닫힌다.
B. '버튼' 값이 0일 때 '버튼'을 누르면, '버튼' 변수는 1이 되며 집게가 닫힌다.
C. '버튼' 값이 1일 때 '버튼'을 누르면, '버튼' 변수는 0이 되며 집게가 열린다.
	버튼을 누르면 서보모터가 각도를 조절하여 집게가 열리고 닫힌다.

〈 문제 〉
※ 답안 작성 요령: 〈 보기 〉를 참고하여 빈칸 ①과 ②를 채워 넣으시오.

집게가 닫힌 상태에서 버튼을 누르면, '버튼' 값은 (①)(으)로 바뀌고, 집게는 (②) 상태가 된다.

10. 거리 센서를 사용해 검은색 라인을 따라 자동으로 움직이는 자동차를 만들고자 한다. 아래 〈보기〉를 보고 질문에 답하시오.

〈 보기 〉	
〈 자동차가 움직이는데 필요한 핀 번호 〉	〈 설명 〉

Digital 핀 번호	센서 자동차
디지털 7번 핀	오른쪽 바퀴 전진
디지털 8번 핀	오른쪽 바퀴 후진
디지털 13번 핀	왼쪽 바퀴 후진
디지털 14번 핀	왼쪽 바퀴 전진

자동차의 앞면 좌측에 5번, 우측에 7번 거리 센서가 있다. 거리 센서 값이 250 이상이면 검정 라인을 따라 이동하며, 이동 속도는 150으로 한다.

5번 센서   7번 센서

〈 문제 〉

※ 답안 작성 요령: 〈보기〉를 참고하여 빈칸 ①과 ②를 채워 넣으시오. (정답 순서 무관함)

자동차가 전진하고자 할 때 이동 속도 150 값을 어떤 핀에 부여해야 하는지 핀 번호를 쓰시오.

(①), (②)

※ 시험 종료 전

– 본인의 수험번호 – 성명 폴더 내에 작업한 답안 파일이 정상적으로 저장되었는지 확인합니다.
  → 시험 종료 후, 감독관이 답안 파일을 수거합니다.
– 수험번호, 성명을 잘못 기재하였거나, 답안 파일을 잘못 저장하여 발생한 문제나 불이익에 대한 일체의 책임은 수험자에게 있습니다.
– 감독관의 안내에 따라 시험지를 제출하고 퇴실합니다.

최신 기출문제 유형 2회

SW 코딩자격(2급)

- SOFTWARE CODING AND COMPUTING TEST -

SW	시험 시간	급수	응시일	수험번호	성명
Scratch 2.0 이상	45분	2	년 월 일		

수험자 유의사항

- 수험자는 감독관의 안내에 따라 문제지와 시험용 SW 등의 이상 여부를 확인해야 합니다.
- 시험지는 시험이 끝난 후 답안지와 함께 제출해야 하며 미제출 시 실격 처리됩니다.
- 제한된 시간 내에 시험을 완료하여야 합니다. 시험 시작 후에는 화장실 출입이 불가하며 시험 시간 중에는 퇴실할 수 없습니다.
- 시험 시간 중 고사실 내에서 휴대전화기, 디지털카메라, MP3 등 전자 기기를 소지한 경우, 해당자의 시험을 무효로 처리하오니 절대 휴대하지 않도록 합니다.
- 부정 응시 및 문제 유출에 해당하는 행위, 즉 답안을 타인에게 전달 및 외부로 반출하는 경우, 자격기본법 제32조에 의거 부정행위로 간주되어 해당자의 시험을 무효 처리하며 민/형사상의 책임을 물을 수 있습니다.

답안 작성 요령

답안 작성 절차
- 바탕 화면(Desktop)/SW2-시험/수험번호-성명/파일에 답안을 작성 또는 작업 후 저장
- 시험을 완료한 수험자는 감독관의 안내에 따라 ① 시험지를 제출하고 ② 답안 파일을 저장한 후 퇴실합니다.

한국생산성본부

1. 윤정이는 로봇 관련 내용을 조사하여 발표하려고 한다. 〈보기〉를 참고하여 〈문제〉의 빈칸을 완성하시오. (10점)

〈 보기 〉
〈 AI 로봇 강아지 〉

애완견 로봇 (90년대 모델)　　　　AI 로봇 강아지(2019년 모델)

애완견 로봇 강아지(90년대 모델) 판매 종료 후, AI 로봇 강아지가 2019년 새롭게 출시되었다. 초기 모델은 머리 센서, 발바닥 센서, 16개의 관절이 있었다면, 최신 모델은 사람의 목소리 인식 및 카메라를 통한 안면 인식 기능을 지니고 있으며, 22개로 관절이 늘어 더 자유롭게 움직일 수 있도록 하였다.

초기 모델과 가장 크게 다른 점은 눈을 통해 다양한 표정을 지을 수 있으며, 사람과의 커뮤니케이션이 가능해 시간이 지날수록 성격과 개성이 부여되며 성장한다는 것이다.

〈 문제 〉

※ 답안 작성 요령: 〈보기〉를 참고하여 빈칸 ①과 ②를 채워 넣으시오.

- 윤정이는 로봇 강아지의 초기 모델부터 최신 모델의 가격, 기능 등을 인터넷 검색을 통해 알아보았다. 컴퓨팅 사고력 요소 중 어떤 단계인가? (　①　)
- 로봇 강아지의 발전 과정을 표로 정리하였다. 컴퓨팅 사고력 요소 중 어떤 단계인가? (　②　)

2. 수경이는 문수에게 비밀 메시지를 보내려고 한다. 〈보기〉를 참고하여 〈문제〉의 빈칸을 완성하시오. (10점)

〈 보기 〉

〈 비밀 코드표 〉

코드	A	B	C	D	E	F	G	H	I
조건 값	45	46	47	48	49	50	51	52	53

코드	J	K	L	M	N	O	P	Q	R
조건 값	54	55	56	57	58	59	60	61	62

코드	S	T	U	V	W	X	Y	Z	
조건 값	63	64	65	66	67	68	69	70	

〈 규칙 〉

A. 암호화(코드 → 조건값): 코드에 +3를 한다.

B. 복호화(조건값 → 코드): 조건 값에 −3을 한다.

〈 문제 〉

※ 답안 작성 요령: 〈보기〉를 참고하여 빈칸 ①과 ②를 채워 넣으시오.

- 수경이가 문수에게 비밀 메시지를 보냈다. 이를 문수가 복호화하였다.

조건 값	⇨ 복호화	코드
636849595650		PU(①)LIC

- 문수는 수경이에게 보낼 메시지를 암호화하였다.

코드	⇨ 암호화	조건 값
EDUCATION		52516850(②)586261

3. 택시비를 속도와 관계없이 거리에 따라 계산한다. 〈보기〉를 참고하여 〈문제〉의 빈 칸을 완성하시오. (10점)

〈 보기 〉
〈 거리에 따른 택시비 계산 〉

- 거리가 2,000미터를 초과했는가?	- 초과 거리는 운행 거리에서 2,00을 뺀다.
- 택시비는 기본료이다.	- 택시비는 기본료에 거리에 따른 초과비를 더한다.
- 기본료는 3,000원이다.	- 운행 거리를 입력한다.

〈 문제 〉
※ 답안 작성 요령 : 〈보기〉를 참고하여 작성하되, 〈거리에 따른 택시비 계산〉에서 적절한 내용을 골라 빈칸 ①~⑤를 채워 넣으시오.

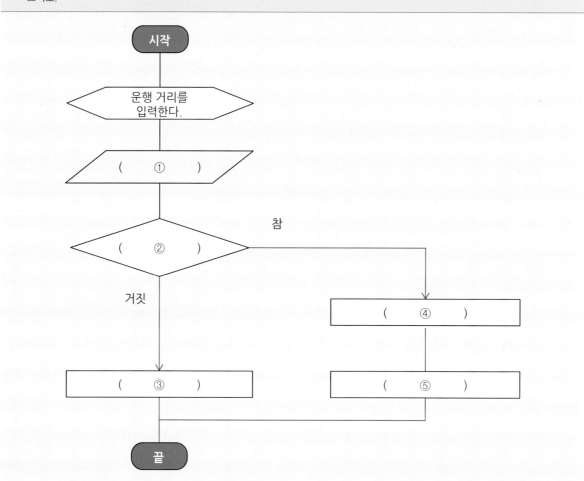

※ 프로그래밍 작업 가이드

- 바탕 화면(Desktop) / SW2 – 시험
- 수험번호 – 성명 폴더를 마우스 오른쪽 버튼으로 클릭한 후, [이름 바꾸기]를 클릭
  → 본인의 수험번호 – 성명으로 수정하시오.
- 본인의 수험번호 – 성명으로 수정된 폴더 안의 파일을 문항별로 더블클릭하여 프로그램을 실행합니다.
- 문항별 조건에 따라 작업을 완료하였으면, 파일>저장하기 버튼을 클릭하여 저장합니다.

4. 이동하는 오렌지를 가져가는 개수를 구하도록 아래 〈조건〉에 맞게 코딩하시오. (10점)

〈 조건 〉

- 스크래치 프로그램 화면 [블록 모음]에서 필요한 블록을 가져다 사용한다.
- ▶ 버튼을 클릭하면 변수 '오렌지 개수'는 0으로 정한다.
- ▶ 버튼을 클릭하면 오렌지의 위치는 x 좌표 – 200, y 좌표 -30으로 정하고 화면에 보이도록 한다.
- 오렌지는 벽에 닿을 때까지 오른쪽으로 3만큼씩 움직임을 반복한다.
- 오렌지 위에서 마우스를 클릭하면 변수 오렌지 개수는 1 증가하고, 오렌지는 화면에 보이지 않게 하고 3초 기다린다.
- 오렌지가 벽에 닿으면 화면에 보이지 않게 하고, 초기 위치에서 다시 나타나도록 한다.

5. 남극에서 펭귄이 복제되어 나타나도록 아래 〈조건〉에 맞게 코딩하시오. (10점)

〈 조건 〉

- 스크래치 프로그램 화면 [블록 모음]에서 필요한 블록을 가져다 사용한다.
- ▶ 버튼을 클릭하면 펭귄과 복제된 펭귄이 보이지 않도록 한다.
- 3초마다 자신의 복제본 만들기를 15번 반복한다.
- 복제본이 생성되었을 때 0.5초 후 x 좌표 – 220부터 220, y 좌표 – 150부터 80 사이 임의의 위치에 나타나도록 한다.

6. 유니콘이 행성을 향해 달려가도록 아래 〈조건〉에 맞게 코딩하시오. (10점)

〈 조건 〉

- 스크래치 프로그램 화면 [블록 모음]에서 필요한 블록을 가져다 사용한다.
- 🏳 버튼을 클릭하면 유니콘은 x 좌표 −170, y 좌표 −130에 행성은 x 좌표 170, y 좌표 123에 위치한다.
- 키보드의 스페이스 키를 입력하면, 유니콘이 0.1초마다 모양을 계속 바꾸면서 이동 방향으로 5만큼씩 반복 이동하도록 한다.
- 행성은 색깔 효과를 70만큼 변경한다.
- 유니콘이 행성에 닿으면 배경을 '행성'으로 변경하고 행성은 보이지 않게 한다.
- 유니콘이 동작을 멈춘 후 "드디어 도착했다!"를 3초 동안 말한다.

7. 마법사가 선물을 만들도록 아래 〈조건〉에 맞게 코딩하시오. (10점)

〈 조건 〉

- 스크래치 프로그램 화면 [블록 모음]에서 필요한 블록을 가져다 사용한다.
- 🏳 버튼을 클릭하면 마법사가 "신나는 만들기 마술!"을 3초 동안 말한다. 선물은 보이지 않게 한다.
- 마법사가 3초마다 모양을 바꾸고 선물을 만든다.
- 3초마다 모양을 바꾼다.
- 마법사가 마법사_2 모양일 때, 신호 보내기를 한다.
  (1) 첫 번째 신호를 받으면 선물은 x 좌표 30, y 좌표 −80에 위치하며 선물 모양이 보인다.
  (2) 두 번째 신호를 받으면 선물이 복제되고 이동 방향으로 30만큼 움직여 두 개가 된다.
  (3) 세 번째 신호를 받으면 선물이 복제되고 이동 방향으로 30만큼 움직여 세 개가 된다.
- 선물이 세 개가 되면, 마법사가 "짜~~~짠!!!"을 3초 동안 말한다.

8. 칠판에 판서한 후 지우개로 지울 수 있도록 아래 〈조건〉에 맞게 코딩하시오. (10점)

〈 조건 〉

- 스크래치 프로그램 화면 [블록 모음]에서 필요한 블록을 가져다 사용한다.
- 🏳 버튼을 클릭하면 분필이 마우스 포인터 위치로 계속 반복하여 이동한다.
- 마우스를 클릭하면 그리기 시작한다.
- 마우스 클릭을 해제하면 그리기를 멈춘다.
- 지우개를 클릭하면 지우기 방송을 하고, 이를 받으면 모든 펜을 지운다.
- 키보드의 3번 키를 입력하면 펜의 색을 150으로 정한다.
- 키보드의 5번 키를 입력하면 펜의 굵기를 7로 정한다.

9. 건물 보안 시스템을 만들려 한다. 〈보기〉를 참고하여 〈문제〉의 빈칸을 완성하시오. (10점)

〈 보기 〉
〈 보안 시스템 원리 〉

A. 1층 정문에 감지 센서를 설치했고 디지털 입력핀_3에 연결되어 있다.

B. 주차장 입구에 감지 센서를 설치했고 디지털 입력핀_5에 연결되어 있다.

C. 디지털 입력핀_3에 신호가 감지되면 디지털 출력핀_7에 신호를 보내 경보음을 울린다.

D. 디지털 입력핀_5에 신호가 감지되면 디지털 출력핀_9에 신호를 보내 경보음을 울린다.

〈 문제 〉
※ 답안 작성 요령: 〈보기〉를 참고하여 빈칸 ①과 ②를 채워 넣으시오.

주차장 입구로 무단 침입자가 들어오면 디지털 (①)에 신호가 감지되고 디지털 (②)에 신호를 보내 경보음을 울린다.

10. 센서를 이용하여 전등을 자동으로 켜고 끄는 상황을 시뮬레이션 해보았다. 〈보기〉를 참고하여 〈문제〉의 빈 칸을 완성하시오. (10점)

〈 보기 〉

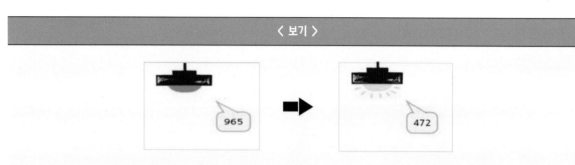

위 이미지는 피지컬 컴퓨팅을 이용한 코딩 결과이다.

- 이미지의 숫자는 센서 값을 나타낸 것이다.

- 위 조건의 과정은 전등과 사물이 가까워지면 전등이 켜지고 멀어지면 전등이 꺼지는 상황을 시뮬레이션한 것이다.

〈 필요한 센서 블록 〉	〈 활용 사례 〉
가. 거리 센서	a. 마이크
나. 소리 센서	b. 자동문
다. 온도 센서	c. 이어폰
라. 빛 센서	d. 자동차 전조등

〈 문제 〉

※ 답안 작성 요령: 〈보기〉를 참고하여 빈칸 ①과 ②를 채워 넣으시오.

- 〈전등 시뮬레이션〉에서 필요한 것은 〈필요한 센서 블록〉 중 (①)이고, 이 센서를 활용할 수 있는 사례는 〈활용 사례〉 중 (②)이다.

※ 시험 종료 전

- 본인의 수험번호 – 성명 폴더 내에 작업한 답안 파일이 정상적으로 저장되었는지 확인합니다.

　→ 시험 종료 후, 감독관이 답안 파일을 수거합니다.

- 수험번호, 성명을 잘못 기재하였거나, 답안 파일을 잘못 저장하여 발생한 문제나 불이익에 대한 일체의 책임은 수험자에게 있습 니다.

- 감독관의 안내에 따라 시험지를 제출하고 퇴실합니다.

CHAPTER 03

최신 기출문제 유형 3회

SW 코딩자격(2급)

- SOFTWARE CODING AND COMPUTING TEST -

SW	시험 시간	급수	응시일	수험번호	성명
Scratch 2.0 이상	45분	2	년 월 일		

수험자 유의사항

- 수험자는 감독관의 안내에 따라 문제지와 시험용 SW 등의 이상 여부를 확인해야 합니다.
- 시험지는 시험이 끝난 후 답안지와 함께 제출해야 하며 미제출 시 실격 처리됩니다.
- 제한된 시간 내에 시험을 완료하여야 합니다. 시험 시작 후에는 화장실 출입이 불가하며 시험 시간 중에는 퇴실할 수 없습니다.
- 시험 시간 중 고사실 내에서 휴대전화기, 디지털카메라, MP3 등 전자 기기를 소지한 경우, 해당자의 시험을 무효로 처리하오니 절대 휴대하지 않도록 합니다.
- 부정 응시 및 문제 유출에 해당하는 행위, 즉 답안을 타인에게 전달 및 외부로 반출하는 경우, 자격기본법 제32조에 의거 부정행위로 간주되어 해당자의 시험을 무효 처리하며 민/형사상의 책임을 물을 수 있습니다.

답안 작성 요령

답안 작성 절차
- 바탕 화면(Desktop)/SW2-시험/수험번호-성명/파일에 답안을 작성 또는 작업 후 저장
- 시험을 완료한 수험자는 감독관의 안내에 따라 ① 시험지를 제출하고 ② 답안 파일을 저장한 후 퇴실합니다.

한국생산성본부

1. 알파벳을 이진수와 십진수로 나타냈다. 〈보기〉를 참고하여 〈문제〉의 빈칸을 완성하시오. (10점)

〈 보기 〉	
〈 알파벳 표현 예시 〉	〈 아스키 코드표: 알파벳 일부분 〉

〈 알파벳 표현 예시 〉
MAKE를 이진수로 표현하면, 10001101, 10000001, 10001011, 10000101로 나타낼 수 있다. 그리고 십진수로 표현하면, 141, 129, 139, 133으로 나타낼 수 있다.

알파벳	이진수	십진수
A	10000001	129
B	10000010	130
C	10000011	131
D	10000100	132
E	10000101	133
F	10000110	134
G	10000111	135
H	10001000	136
I	10001001	137

〈 문제 〉
※ 답안 작성 요령: 〈보기〉를 참고하여 빈칸 ①과 ②를 채워 넣으시오.

- 찬열이는 이메일 비밀번호를 LAMB라는 단어를 십진수로 나타내어 12자리 암호로 만들었다. 즉 140129141130으로 암호를 만들었다.

- 그러나 다른 사람이 알아보지 못하도록 수첩에 적을 때는 이진수로 바꾸어 적었다. 10001100, (①), 10001101, (②)라고 적어 놓았다.

2. 경원이는 반복되는 규칙을 찾아 계산하려고 한다. 〈보기〉를 참고하여 〈문제〉의 빈칸을 완성하시오. (10점)

〈 보기 〉				
〈 비밀 코드표 〉				

가. 20	◆	10	=	0
나. 7	◆	3	=	4
다. 15	◆	7	=	5
라. 21	◆	5	=	1
마. 15	◆	6	=	3

〈 문제 〉

※ 답안 작성 요령: 〈보기〉를 참고하여 빈칸 ①과 ②를 채워 넣으시오.

- 경원이는 〈보기〉의 가~마에 사용된 ◆을 사용하여 아래 문제를 풀어 보았다.

- 바. 53	◆	23	=	(①)
- 사. 81	◆	7	=	(②)

3. 두 정수를 입력하여 최대공약수를 구하는 알고리즘을 설계하려고 한다. 〈보기〉를 참고하여 〈문제〉의 빈칸을 완성하시오. (10점)

〈 보기 〉
〈 최대공약수 구하기 〉

- 최댓값은 a이다.	- 최솟값은 a이다.
- 최댓값은 b이다.	- 최솟값은 b이다.
- 최대공약수는 최솟값이다.	- 나머지는 최댓값 나누기 최솟값이다.
- a가 b보다 큰가?	- 나머지는 0인가?

〈 문제 〉

※ 답안 작성 요령: 〈보기〉를 참고하여 작성하되, 〈최대공약수 구하기〉에서 적절한 내용을 골라 빈칸 ①~⑥을 채워 넣으시오.

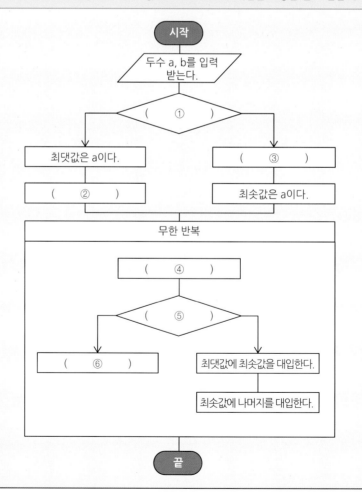

※ 프로그래밍 작업 가이드

- 바탕 화면(Desktop) / SW2 - 시험
- 수험번호 - 성명 폴더를 마우스 오른쪽 버튼으로 클릭한 후, [이름 바꾸기]를 클릭
  → 본인의 수험번호 - 성명으로 수정하시오.
- 본인의 수험번호 - 성명으로 수정된 폴더 안의 파일을 문항별로 더블클릭하여 프로그램을 실행합니다.
- 문항별 조건에 따라 작업을 완료하였으면, 파일>저장하기 버튼을 클릭하여 저장합니다.

4. 쿠폰에 도장을 찍을 수 있도록 아래 〈조건〉에 맞게 코딩하시오. (10점)

〈 조건 〉

- 스크래치 프로그램 화면 [블록 모음]에서 필요한 블록을 가져다 사용한다.
- 🏴 버튼을 클릭하면 동그란 버튼이 마우스 포인터 위치로 계속 반복하여 이동한다.
- 마우스를 클릭하면 도장을 찍는다.
- 키보드의 1번 키를 입력하면 동그란 버튼의 모양을 빨강 하트 모양으로 바꾼다.
- 키보드의 2번 키를 입력하면 다시 동그란 버튼의 모양으로 바꾼다.
- 키보드의 스페이스 키를 입력하면 모두 지운다.

5. 급식 신청자 리스트에서 급식을 먹으면 삭제되도록 아래 〈조건〉에 맞게 코딩하시오. (10점)

〈 조건 〉

- 스크래치 프로그램 화면 [블록 모음]에서 필요한 블록을 가져다 사용한다.
- 🏴 버튼을 클릭하면 '급식 신청자' 리스트의 모든 항목이 삭제된다.
- '급식 신청자' 리스트에 홍길동, 임보라, 김탁구, 박문수, 홍남희 순으로 입력한다.
- '급식' 버튼을 누르면 "급식을 드시나요? 신청자 목록을 보고 몇 번인지 적으세요."라고 묻고 대답을 기다린다.
- 대답한 급식 신청자의 순번을 리스트에서 삭제하고 "현재 남은 급식은 〈급식 신청자 리스트의 항목 수〉개입니다."라고 말한다.

6. 선착장에 배가 도착하면 철수가 요금을 확인하고 탑승하도록 아래 〈조건〉에 맞게 코딩하시오. (10점)

〈 조건 〉

- 스크래치 프로그램 화면 [블록 모음]에서 필요한 블록을 가져다 사용한다.
- 🏁 버튼을 클릭하면 배의 위치는 x 좌표 −250, y 좌표 26에서 시작한다.
- 키보드의 '스페이스' 키를 누르면 배가 선착장에 도착할 때까지 오른쪽으로 2만큼씩 움직인다.
- 배가 선착장에 도착하면 '도착'이라고 신호를 보내고 철수는 신호를 받으면 "요금이 얼마입니까?"라고 묻고 대답을 기다린다.
- 대답이 20,000원보다 크면 "너무 비싸군요..."라고 3초 동안 말하고, 20,000원보다 작거나 같으면 "적당하군요... 알겠습니다."라고 3초 동안 말한다.

7. 토끼가 문을 열고 집에 들어가도록 아래 〈조건〉에 맞게 코딩하시오. (10점)

〈 조건 〉

- 스크래치 프로그램 화면 [블록 모음]에서 필요한 블록을 가져다 사용한다.
- 🏁 버튼을 클릭하면 토끼의 모양이 보이고 x 좌표 −80, y 좌표 -145 위치로 이동한다.
- 열림을 클릭하면 문이 열린다.
  (1) 열림을 클릭하면 '열려라' 신호를 보낸다.
  (2) 문은 '열림' 신호를 받으면 3초 동안 x 좌표 70, y 좌표 −15 위치로 이동한 후, '들어감' 신호를 보낸다.
- '들어감' 신호를 받으면 토끼는 집으로 들어간다.
  (3) y 좌표를 7만큼 7번 반복하여 바꾼다.
  (4) 0.2초마다 토끼-1, 토끼-2 모양으로 7번 반복하여 바꾼다.
  (5) 집에 도착하면 모양을 숨긴다.
- 닫힘을 클릭하면 문이 닫힌다.
  (6) 닫힘을 클릭하면 '닫혀라' 신호를 보낸다.
  (7) 문은 '닫혀라' 신호를 받으면 3초 동안 x 좌표 −50, y 좌표 −15 위치로 이동한다.

8. 영희가 보라를 만나 함께 쇼핑을 가도록 아래 〈조건〉에 맞게 코딩하시오. (10점)

〈 조건 〉

- 스크래치 프로그램 화면 [블록 모음]에서 필요한 블록을 가져다 사용한다.
- 🏁 버튼을 클릭하면 영희는 x 좌표 −180, y 좌표 −65에 보이고, 보라는 x 좌표 180, y 좌표 −85에서 보인다.
- 영희가 보라를 만날 때까지 이동 방향으로 3만큼씩 계속 움직인다.
- 영희가 "보라야! 반갑다. 우리 쇼핑하러 갈래?"라고 3초 동안 말하고, '출발' 메시지를 보낸다.
- 보라가 "그래... 좋지!!!"라고 3초 동안 말한다.
- 영희는 보라가 말하는 3초 동안 기다린다.
- 영희는 3초 동안 x 좌표 30, y 좌표 −130으로 이동한 후 숨기고, 보라는 3초 동안 x 좌표 70, y 좌표 −130으로 이동한 후 숨긴다.

9. 식물이 성장하는 과정을 나타낸 것이다. 아래 〈보기〉를 보고 질문에 답하시오. (10점)

〈 보기 〉

〈 조건 〉

위 이미지처럼 식물이 성장하기 위해서는 따뜻한 햇볕과 적절한 기온이 갖추어져야 한다.

연산자	필요한 센서 블록
그리고	빛 센서, 온도 센서
또는	빛 센서, 바람 센서
~가 아니다	온도 센서, 소리 센서
크거나 같다	소리 센서, 슬라이드 센서

〈 문제 〉

※ 답안 작성 요령: 〈보기〉를 참고하여 빈칸 ①과 ②를 채워 넣으시오.

피지컬 컴퓨팅 센서 블록을 이용하여 코딩하려고 한다. 조건에 맞는 연산자와 센서 블록을 적으시오.

(①   ), (②   ,   )

10. LED 광고판을 만들어 보려 한다. 〈보기〉를 참고하여 〈문제〉의 빈칸을 완성하시오. (10점)

〈 보기 〉					

〈 작동 원리 〉

구분	출력값	LED 광고판			
핀 1번	7	0	1	1	1
핀 2번	7	0	1	1	1
핀 3번	7	0	1	1	1
핀 4번	0	0	0	0	0

〈 예시 〉

A. 0: LED를 켠다. 1: LED를 끈다.

B. 핀 1~핀 4번의 출력값을 통해 LED에 알파벳을 표현한다.

C. 〈예시〉는 알파벳 대문자 'L'을 표시하고 있다.

- 핀 1번의 출력값 7은 이진수 '0111'의 십진수 값이다.
- 핀 4번의 출력값 0 이진수 '0000'의 십진수 값이다.

〈 문제 〉

※ 답안 작성 요령: 〈보기〉를 참고하여, 빈칸 ①과 ②를 채워 넣으시오.

- LED 광고판에 알파벳 대문자 'D'를 표시하기 위해 핀 1번과 핀 3번의 출력값을 채우시오.

구분	출력값	LED 광고판			
핀1번	(①)	0	0	0	1
핀2번	6	0	1	1	0
핀3번	(②)	0	1	1	0
핀4번	1	0	0	0	1

※ 시험 종료 전

- 본인의 수험번호-성명 폴더 내에 작업한 답안 파일이 정상적으로 저장되었는지 확인합니다.
  → 시험 종료 후, 감독관이 답안 파일을 수거합니다.
- 수험번호, 성명을 잘못 기재하였거나, 답안 파일을 잘못 저장하여 발생한 문제나 불이익에 대한 일체의 책임은 수험자에게 있습니다.
- 감독관의 안내에 따라 시험지를 제출하고 퇴실합니다.

최신 기출문제 유형 4회

SW 코딩자격(2급)

- SOFTWARE CODING AND COMPUTING TEST -

SW	시험 시간	급수	응시일	수험번호	성명
Scratch 2.0 이상	45분	2	년 월 일		

수험자 유의사항

- 수험자는 감독관의 안내에 따라 문제지와 시험용 SW 등의 이상 여부를 확인해야 합니다.
- 시험지는 시험이 끝난 후 답안지와 함께 제출해야 하며 미제출 시 실격 처리됩니다.
- 제한된 시간 내에 시험을 완료하여야 합니다. 시험 시작 후에는 화장실 출입이 불가하며 시험 시간 중에는 퇴실할 수 없습니다.
- 시험 시간 중 고사실 내에서 휴대전화기, 디지털카메라, MP3 등 전자 기기를 소지한 경우, 해당자의 시험을 무효로 처리하오니 절대 휴대하지 않도록 합니다.
- 부정 응시 및 문제 유출에 해당하는 행위, 즉 답안을 타인에게 전달 및 외부로 반출하는 경우, 자격기본법 제32조에 의거 부정행위로 간주되어 해당자의 시험을 무효 처리하며 민/형사상의 책임을 물을 수 있습니다.

답안 작성 요령

답안 작성 절차
- 바탕 화면(Desktop)/SW2-시험/수험번호-성명/파일에 답안을 작성 또는 작업 후 저장
- 시험을 완료한 수험자는 감독관의 안내에 따라 ① 시험지를 제출하고 ② 답안 파일을 저장한 후 퇴실합니다.

한국생산성본부

1. 친구들의 키를 비교해 보았다. 〈보기〉를 참고하여 〈문제〉의 빈칸을 완성하시오. (10점)

〈 보기 〉	
〈키를 비교하여 서술한 내용〉	〈문제 분해〉

〈키를 비교하여 서술한 내용〉	
가. 영록이는 사랑이보다 키가 5cm 더 크다.	
나. 우리 반에서는 영록이가 제일 키가 크다.	
다. 연홍이는 사랑이보다 5cm 작다.	
라. 홍두는 우리 반에서 키가 제일 작은데 145cm이다.	
마. 연홍이는 홍두보다 4cm 더 키가 크다.	

〈문제 분해〉

이름	공식
영록이	사랑이+5
연홍이	홍두+4
사랑이	연홍이+(①)
홍두	145

〈 문제 〉

※ 답안 작성 요령: 〈보기〉를 참고하여 빈칸 ①과 ②를 채워 넣으시오.

- 〈보기〉의 〈문제 분해〉 연홍이+(①)은/는 사랑이 키 계산을 위한 공식이다.

반 친구들 키 순서

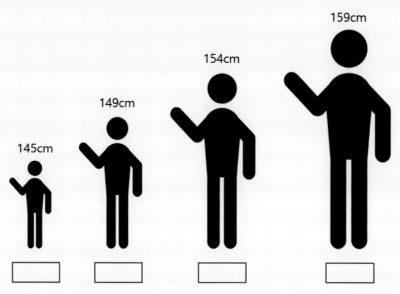

위 차트는 친구들의 키를 비교한 내용을 쉽게 나타내기 위해 그래프로 단순화(추상화)한 것이다. 각 ⬜에 해당하는 친구들의 이름을 키가 작은 친구부터 순서에 맞게 적으면 (②   ,   ,   ,   )이다.

2. 표 안의 내용을 보고 규칙을 찾아내고자 한다. 〈보기〉를 참고하여 〈문제〉의 빈칸을 완성하시오. (10점)

〈 보기 〉

〈 규칙 찾기 〉

1	7	49	343	2401
3	9	36	180	①
팔각형	칠각형	②	오각형	사각형

〈 도형의 종류 〉

가	나	다	라	마
☆	팔각형	▽	오각형	육각형

〈 문제 〉

※ 답안 작성 요령: 〈보기〉를 참고하여 빈칸 ①과 ②를 채워 넣으시오.

- 〈규칙 찾기〉에서 규칙에 맞는 숫자를 넣으면 (①   )이다.
- 〈규칙 찾기〉에서 규칙에 맞는 도형을 넣으면 〈도형의 종류〉의 가 ~ 마 중 (②)이다.

3. 민호는 마우스 위치에 따라 그림을 자유롭게 그리는 그림판의 알고리즘을 설계한다. 〈보기〉를 참고하여 〈문제〉의 빈칸을 완성하시오. (10점)

〈 보기 〉
〈 그림판 〉

- 펜 색상 변경하기	- 마우스를 클릭했는가?
- 색상을 마우스로 클릭했는가?	- 펜 올리기
- 펜 색상 변경하지 않기	- 펜 내리기
- 마우스 위치로 스프라이트 이동	

〈 문제 〉
※ 답안 작성 요령: 〈보기〉를 참고하여 작성하되 〈그림판〉에서 적절한 것을 골라 빈칸 ①~ ⑤를 채워 넣으시오.

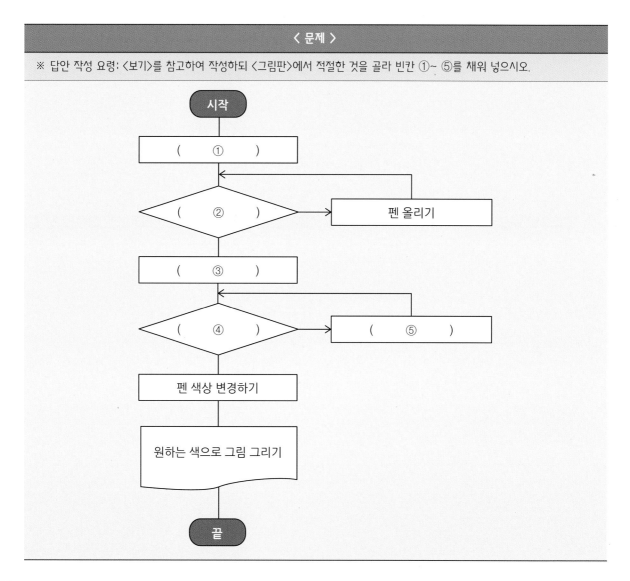

※ 프로그래밍 작업 가이드

- 바탕 화면(Desktop) / SW2 – 시험
- 수험번호 – 성명 폴더를 마우스 오른쪽 버튼으로 클릭한 후, [이름 바꾸기]를 클릭
  → 본인의 수험번호 – 성명으로 수정하시오.
- 본인의 수험번호 – 성명으로 수정된 폴더 안의 파일을 문항별로 더블클릭하여 프로그램을 실행합니다.
- 문항별 조건에 따라 작업을 완료하였으면, 파일>저장하기 버튼을 클릭하여 저장합니다.

---

4. 무당벌레가 대답을 입력받아 도형을 그리도록 아래 〈조건〉에 맞게 코딩하시오. (10점)

〈 조건 〉

- 스크래치 프로그램 화면 [블록 모음]에서 필요한 블록을 가져다 사용한다.
- 🏴 버튼을 클릭하면 무당벌레는 x 좌표 –70, y 좌표 50 위치에 있으며 화면은 모두 지워진 상태이다.
- 무당벌레가 "몇 각형을 그릴까요?"라고 묻고 대답을 기다린다.
- 펜의 색은 230, 굵기는 7로 설정한다.
- 펜을 내린 후 0.5초를 기다린다.
- '도형 그리기' 함수를 다음과 같이 정의하고 실행한다.
  (1) 대답 횟수만큼 0.5초마다 (2)와 (3)을 반복한다.
  (2) 이동 방향으로 70만큼 움직인다.
  (3) 이동 방향을 360도 나누기 대답만큼 회전한다.
- 펜을 올린다.

---

5. 오리가 마우스를 따라 움직이며 색이 변하도록 아래 〈조건〉에 맞게 코딩하시오. (10점)

〈 조건 〉

- 스크래치 프로그램화면 [블록 모음]에서 필요한 블록을 가져다 사용한다.
- 🏴 버튼을 클릭하면 오리가 x 좌표 –70, y 좌표 –70에 위치하며, 크기를 50%로 정한다. 그리고 화면을 모두 지운다.
- 마우스를 따라 '10'만큼씩 움직이며 색을 '5'만큼씩 변경한다.
- 마우스를 따라 움직이며 선을 그린다.

6. 상어가 자유롭게 움직이는 물고기를 잡기 위해 아래 〈조건〉에 맞게 움직이도록 코딩하시오. (10점)

〈 조건 〉

- 스크래치 프로그램 화면 [블록 모음]에서 필요한 블록을 가져다 사용한다.
- 🏁 버튼을 클릭하면 상어는 x 좌표 −100, y 좌표 −70, 바위는 x 좌표 50, y 좌표 −20에 위치한다.
- 🏁 버튼을 클릭하면 물고기1은 x 좌표 −220부터 220, y 좌표 −170부터 170 사이에서 무작위로 움직인다.
  (1) 물고기1은 7만큼씩 움직이며, 벽에 닿으면 튕긴다.
  (2) 물고기1은 상어에 닿으면 숨겨졌다가 1초 후에 다시 나타난다.
- 🏁 버튼을 클릭하면 물고기2는 x 좌표 −220부터 220, y 좌표 −170부터 170 사이에서 무작위로 움직인다.
  (1) 물고기2는 7만큼씩 움직이며, 벽에 닿으면 튕긴다.
  (2) 물고기2는 상어에 닿으면 숨겨졌다가 1.5초 후에 다시 나타난다.
- 상어는 마우스를 따라 10만큼씩 움직이며 바위에 닿으면 움직임을 멈춘다.

7. 영희를 클릭하면 두 수를 입력받아 사칙 연산을 수행한 후 결과를 말하도록 아래 〈조건〉에 맞게 코딩하시오. (10점)

〈 조건 〉

- 스크래치 프로그램 화면 [블록 모음]에서 필요한 블록을 가져다 사용한다.
- 🏁 버튼을 클릭하면 영희는 x 좌표 −100, y 좌표 20에 위치한다.
- 영희를 클릭하면 "첫 번째 수를 입력하시오."라고 묻고 입력을 기다린다.
- 수를 입력하면 변수 숫자1에 저장한다.
- 첫 번째 수가 저장된 후 "두 번째 수를 입력하시오."라고 묻고 입력을 기다린다.
- 수를 입력하면 변수 숫자2에 저장한다.
- 영희는 "덧셈의 결과는 〈숫자1+숫자2〉"라고 3초 동안 결과를 말한다. 나머지 연산도 같은 방법으로 말한다.
- 반복해서 수행한다.

8. 펭귄이 방향키 입력에 따라 움직이도록 아래 〈조건〉에 맞게 코딩하시오. (10점)

〈 조건 〉

- 스크래치 프로그램 화면 [블록 모음]에서 필요한 블록을 가져다 사용한다.
- 🏁 버튼을 클릭하면 펭귄이 x 좌표 0, y 좌표 0에 위치하고, 90도 방향을 본다.
- 위쪽 화살표 키를 누르면 위로 10만큼, 아래쪽 화살표 키를 누르면 아래로 −10만큼 움직인다.
- 오른쪽 화살표 키를 누르면 오른쪽으로 15도 회전하고 7만큼 움직인다.
- 왼쪽 화살표 키를 누르면 왼쪽으로 15도 회전하고 7만큼 움직인다.

9. 자동으로 움직이는 주차 차단기를 고안하였다. 〈보기〉를 참고하여 〈문제〉의 빈칸을 완성하시오. (10점)

〈 보기 〉	
〈 센서의 종류 〉	〈 상황 〉
가. 소리 센서 나. 거리 센서 다. 온도 센서 라. 빛 센서	
〈 부품의 종류 〉	
a. 버저 b. 버튼 c. LED d. 서보 모터	차단기와 거리가 1m 이내로 자동차가 오면 차단기는 위로 움직이고, 1m 이상 멀어지면 아래로 내려온다.

〈 문제 〉
※ 답안 작성 요령: 〈보기〉를 참고하여 빈칸 ①과 ②를 채워 넣으시오.

- 차단기는 〈센서의 종류〉 중 (①)를 가지고 있어서, 1m 이내로 자동차가 다가오면 센서가 이를 감지한다.
- 차단기가 자동차를 통과시키거나 진입을 막기 위해 차단기를 위, 아래로 움직이기 위해서는 〈부품의 종류〉 중 (②)가 필요하다.

10. 기웅이는 반응하는 축구 로봇을 만들려고 한다. 〈보기〉를 참고하여 〈문제〉의 빈칸을 완성하시오. (10점)

〈 보기 〉	
〈 축구 로봇 〉	〈 센서의 종류 〉
축구 로봇의 발에 바퀴를 달고 모터를 설치했다. 이때 부딪히지 않고 앞으로 나아가기 위해 활용하는 로봇의 눈은 ◉ 센서를 이용할 것이다. 내가 로봇의 머리를 쓰다듬으면 동작을 멈추기 위해 LED 불빛이 반짝거리도록 설계하려고 한다. 축구 로봇의 머리에는 ◆센서를 두어 내 손으로 가리면 밝기가 어두워지는 것을 측정하여 동작하게 하려고 한다.	가. 기울기 센서 나. 온도 센서 다. 초음파 거리 센서 라. 버튼 센서 마. 빛 감지 센서

〈 문제 〉
※ 답안 작성 요령: 〈보기〉를 참고하여 빈칸 ①과 ②를 채워 넣으시오.
- 〈보기〉〈축구 로봇〉의 ◉와 ◆에 들어갈 센서를 〈센서의 종류〉 가~라에서 골라 차례대로 쓰시오. (①   ), (②   )

최신 기출문제 유형 5회

SW코딩자격(2급)
- SOFTWARE CODING AND COMPUTING TEST -

SW	시험 시간	급수	응시일	수험번호	성명
Scratch 2.0 이상	45분	2	년 월 일		

수험자 유의사항

- 수험자는 감독관의 안내에 따라 문제지와 시험용 SW 등의 이상 여부를 확인해야 합니다.
- 시험지는 시험이 끝난 후 답안지와 함께 제출해야 하며 미제출 시 실격 처리됩니다.
- 제한된 시간 내에 시험을 완료하여야 합니다. 시험 시작 후에는 화장실 출입이 불가하며 시험 시간 중에는 퇴실할 수 없습니다.
- 시험 시간 중 고사실 내에서 휴대전화기, 디지털카메라, MP3 등 전자 기기를 소지한 경우, 해당자의 시험을 무효로 처리하오니 절대 휴대하지 않도록 합니다.
- 부정 응시 및 문제 유출에 해당하는 행위, 즉 답안을 타인에게 전달 및 외부로 반출하는 경우, 자격기본법 제32조에 의거 부정행위로 간주되어 해당자의 시험을 무효 처리하며 민/형사상의 책임을 물을 수 있습니다.

답안 작성 요령

답안 작성 절차
- 바탕 화면(Desktop)/SW2-시험/수험번호-성명/파일에 답안을 작성 또는 작업 후 저장
- 시험을 완료한 수험자는 감독관의 안내에 따라 ① 시험지를 제출하고 ② 답안 파일을 저장한 후 퇴실합니다.

한국생산성본부

1. TV 편성표에서 자료와 정보를 구분하도록 〈보기〉를 참고하여 〈문제〉의 빈칸을 완성하시오. (10점)

〈 보기 〉

〈 자료와 정보 〉

자료는 조사나 관찰 및 수집을 통해서 모은 데이터 값이나 내용 들이며, 정보는 사용하는 사람이 문제를 해결하는 데 도움이 되도록 특정 목적으로 자료를 의미 있게 가공하여 만들어진 것이다.

〈 TV 편성표 〉

	채널 A	채널 B	채널 C	채널 D	채널 E
오후 4시	드라마 - 청춘 극장 1부	스포츠 뉴스	(나) 토론 - 인공지능 윤리 문제 법안 마련	뉴스	(다) 다큐멘터리 - 인공지능으로 사라질 직업들
오후 5시		예능 -워킹걸		여행 - 걸어서 여기저기	
오후 6시	뉴스		주간 음악 정보		인터뷰 - 경제 100 피플 인터뷰
오후 7시		(가) 농구 중계		추억의 만화 - 슈퍼 땅콩맨	
오후 8시	드라마 - 청춘 극장 2부		영화 추천	생활 정보 - 따뜻한 겨울 보내기	(라) 다큐멘터리 - AI 모니터 개발자 24시간
오후 9시					
오후 10시					

〈 문제 〉

※ 답안 작성 요령: 〈보기〉를 참고하여 빈칸 ①과 ②를 채워 넣으시오.

민서와 준형이가 TV 편성표를 보며 대화하고 있다.

- 민서: 내일 학교에서 미래의 인공지능과 직업이라는 내용으로 수업을 한다고 하셨어.

- 준형: 나는 지금 스포츠 뉴스 보고 싶은데!

- 민서: 자 이거 봐. 내가 내일 수업 준비를 위해 보려고 수첩에 적어둔 프로그램들이야. 빨리 리모컨 줘봐.

- 준형: 아아! 농구 중계도 봐야 하는데. 보다 말게 생겼네. 하나라도 양보 좀 해주면 안 될까.

민서가 수업 준비를 위해 수첩에 기록해둔 목록은 〈 TV 편성표 〉 중 (나), (①), (라) 프로그램이며, 이는 수많은 자료 가운데 선별하여 가공된 (②)라 할 수 있다.

2. 철수는 공인인증서 암호를 설정하고, 잊지 않기 위해 메모를 해 두었다. 〈보기〉를 참고하여 〈문제〉의 빈칸을
완성하시오. (10점)

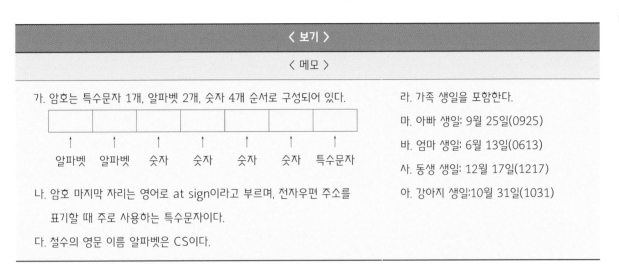

〈 보기 〉

〈 메모 〉

가. 암호는 특수문자 1개, 알파벳 2개, 숫자 4개 순서로 구성되어 있다.

알파벳　알파벳　숫자　숫자　숫자　숫자　특수문자

나. 암호 마지막 자리는 영어로 at sign이라고 부르며, 전자우편 주소를
표기할 때 주로 사용하는 특수문자이다.

다. 철수의 영문 이름 알파벳은 CS이다.

라. 가족 생일을 포함한다.

마. 아빠 생일: 9월 25일(0925)

바. 엄마 생일: 6월 13일(0613)

사. 동생 생일: 12월 17일(1217)

아. 강아지 생일:10월 31일(1031)

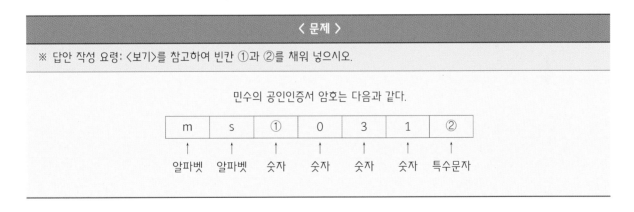

〈 문제 〉

※ 답안 작성 요령: 〈보기〉를 참고하여 빈칸 ①과 ②를 채워 넣으시오.

민수의 공인인증서 암호는 다음과 같다.

| m | s | ① | 0 | 3 | 1 | ② |

알파벳　알파벳　숫자　숫자　숫자　숫자　특수문자

3. 민지는 20,000원으로 베이커리에서 케이크를 사려고 한다. 〈보기〉를 참고하여 〈문제〉의 빈칸을 완성하시오. (10점)

〈 보기 〉
〈 빵 구입하기 〉

- 케이크가 20,000원인가?	- 20,000원을 지급한다.
- 케이크 가격을 물어본다.	- 케이크를 사지 못한다.
- 케이크 가격이 20,000원 이상인가?	- 케이크를 받는다.
- 돈을 준비한다.	- 거스름돈을 받는다.

〈 문제 〉

※ 답안 작성 요령: 〈보기〉를 참고하여 작성하되, 〈두 수 비교하기〉에서 적절한 내용을 골라 빈칸 ①~⑤를 채워 넣으시오.

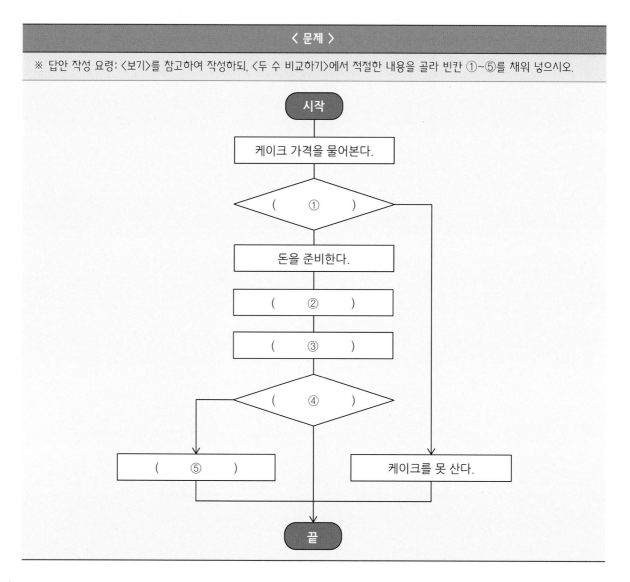

※ 프로그래밍 작업 가이드

- 바탕 화면(Desktop) / SW2 – 시험
- 수험번호 – 성명 폴더를 마우스 오른쪽 버튼으로 클릭한 후, [이름 바꾸기]를 클릭
  → 본인의 수험번호 – 성명으로 수정하시오.
- 본인의 수험번호 – 성명으로 수정된 폴더 안의 파일을 문항별로 더블클릭하여 프로그램을 실행합니다.
- 문항별 조건에 따라 작업을 완료하였으면, 파일>저장하기 버튼을 클릭하여 저장합니다.

4. 집에 침입자가 나타나면 경보 버튼이 깜빡이도록 아래 〈조건〉에 맞게 코딩하시오. (10점)

〈 조건 〉

- 스크래치 프로그램 화면 [블록 모음]에서 필요한 블록을 가져다 사용한다.
- ⚑ 버튼을 클릭하면 침입자는 x 좌표 –200, y 좌표 –110, 거주자는 x 좌표 82, y 좌표 –72 위치로 이동한다.
- 침입자는 0.2초마다 모양을 다음 모양으로, x 좌표를 5만큼씩 계속 반복하여 바꾼다.
- 침입자가 담장에 닿았다면 경보 신호를 보내고 이 스크립트를 멈춘다.
- 경보 버튼은 경보 신호를 받으면 0.3초마다 계속 반복하여 다음 모양으로 바꾼다.
- 거주자 경보 신호를 받으면 "몸을 숨기자!!!"를 말하며 x 좌표를 7만큼 계속 반복하여 바꾼다.

5. 연필을 사용하여 자유롭게 그림을 그릴 수 있도록 아래 〈조건〉에 맞게 코딩하시오. (10점)

〈 조건 〉

- 스크래치 프로그램 화면 [블록 모음]에서 필요한 블록을 가져다 사용한다.
- ⚑ 버튼을 클릭하면 다음 동작을 수행한다.
  (1) 연필이 "전체 화면에서 실행하세요!!!"라고 3초간 말한다.
  (2) 연필이 마우스를 따라 움직인다.
  (3) 빨강이 x 좌표 –170, y 좌표 150에 위치한다.
  (4) 파랑이 x 좌표 –170, y 좌표 90에 위치한다.
  (5) 지우기 버튼이 x 좌표 –170, y 좌표 –150에 위치한다.
- 마우스를 클릭하면 연필이 그림을 그릴 수 있고, 아니면 그림을 그릴 수 없다.
- 마우스로 빨강과 파랑에 닿고, 클릭하면 그림을 그리는 펜 색이 변경된다.
- 마우스로 지우기 버튼에 닿고, 클릭하면 그린 그림을 모두 지운다.

6. 지구가 태양 주위를 공전하도록 아래 〈조건〉에 맞게 코딩하시오. (10점)

〈 조건 〉

- 스크래치 프로그램 화면 [블록 모음]에서 필요한 블록을 가져다 사용한다.
- 🏴 버튼을 클릭하면 태양은 x 좌표 0, y 좌표 0에 위치한다. 지구는 x 좌표 0, y 좌표 75에 위치하고 −90도 방향을 본다.
- 지구의 운동 흔적을 펜으로 나타내고, 펜 색상은 '노랑'으로 한다.
- 지구는 반시계 방향으로 2.3도씩 회전하고 3만큼씩 움직인다.

7. 배가 날짜 변경 선을 지나가면 날짜가 바뀌도록 아래 〈조건〉에 맞게 코딩하시오. (10점)

〈 조건 〉

- 스크래치 프로그램 화면 [블록 모음]에서 필요한 블록을 가져다 사용한다.
- 🏴 버튼을 클릭하면 비행기는 x 좌표 200, y 좌표 −75에 위치하고 '날짜' 변수를 현재 '일'로 정한다.
- 키보드의 위쪽 화살표 키를 입력하면 배가 이동한다.
  (1) 배는 "날짜 변경 선을 넘어가면 내일 날짜가 됩니다."를 2초 동안 말한다.
  (2) 배는 x 좌표를 −2만큼 바꾸며 "현재 날짜는 2020년 3월 '날짜' 값 일입니다."를 결합하여 말한다.
  (3) 만약 비행기의 x 좌표 = 날짜 변경선의 x 좌표라면 '날짜' 값을 '날짜' 값+1로 정한다.
  (4) (2), (3)을 비행기가 벽에 닿을 때까지 반복한다.

8. 구하고 싶은 항의 개수만큼 피보나치수열을 구하도록 아래 〈조건〉에 맞게 코딩하시오. (10점)

〈 조건 〉

- 스크래치 프로그램 화면 [블록 모음]에서 필요한 블록을 가져다 사용한다.
- 🏴 버튼을 클릭하면 영희는 "피보나치수열을 몇 번째 항까지 구할까요?"라고 묻고 대답을 기다린다.
- 대답을 '피보나치수열' 함수의 매개 변수로 지정하여 정의한다.
- '피보나치수열' 함수는 다음과 같이 동작한다.
  (1) 결과 리스트의 모든 항목을 삭제한다.
  (2) 첫 번째 항과 두 번째 항의 값은 '1'로 정하고 결과 리스트에 입력한다.
  (3) 첫 번째 항과 두 번째 항을 더해 세 번째 항을 만들고 리스트에 입력한다.
  (4) (2), (3)을 함수의 매개 변숫값까지 반복한다.
- 영희가 결과를 말한다.

9. 바이메탈이 잘 작동하는지 알아보기 위하여 테스트하였다. 〈보기〉를 참고하여 〈문제〉의 빈칸을 완성하시오. (10점)

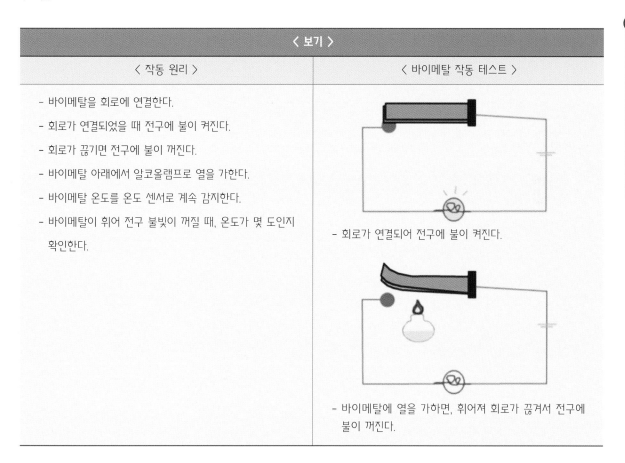

〈 보기 〉	
〈 작동 원리 〉	〈 바이메탈 작동 테스트 〉

〈 작동 원리 〉

- 바이메탈을 회로에 연결한다.
- 회로가 연결되었을 때 전구에 불이 켜진다.
- 회로가 끊기면 전구에 불이 꺼진다.
- 바이메탈 아래에서 알코올램프로 열을 가한다.
- 바이메탈 온도를 온도 센서로 계속 감지한다.
- 바이메탈이 휘어 전구 불빛이 꺼질 때, 온도가 몇 도인지 확인한다.

〈 바이메탈 작동 테스트 〉

- 회로가 연결되어 전구에 불이 켜진다.

- 바이메탈에 열을 가하면, 휘어져 회로가 끊겨서 전구에 불이 꺼진다.

〈 문제 〉

※ 답안 작성 요령: 〈보기〉를 참고하여 빈칸 ①과 ②를 채워 넣되, 빈칸 ②는 이상/이하 중 적절한 것을 골라 적는다.

- 바이메탈이 가열될 때 몇 도에서 휘는지 알려면 (①) 센서를 사용해 알 수 있다. 만일 휠 때 온도를 알게 되면 다음과 같이 설명할 수 있다.

- 바이메탈은 실험을 통해 알아낸 것은 바이메탈이 일정 온도 (②)이면, 휘어져 전기회로가 끊기게 된다.

10. 용수는 수미에게 특별한 장치가 있는 머리핀을 선물하였다. 〈보기〉를 참고하여 〈문제〉의 빈칸을 완성하시오.
(10점)

〈 보기 〉		
〈 센서의 종류 〉	〈 LED 제어 〉	

〈 센서의 종류 〉	〈 LED 제어 〉		
A. 빛 센서	**구분**	**신호**	**용도**
B. 버튼 센서	가	디지털	출력
C. 온도 센서	나	디지털	입력
D. 소리 센서	다	아날로그	출력
E. 거리 센서	라	아날로그	입력

〈 문제 〉
※ 답안 작성 요령: 〈보기〉를 참고하여 빈칸 ①과 ②를 채워 넣으시오.

비치는 빛의 세기를 확인한 후, 빛의 세기가 일정한 값 이상일 때 불빛이 깜박이는 브로치이다. 〈보기〉의 〈센서의 종류〉 A~E 중에서 이 브로치를 만드는 데 필요한 핵심 센서는 (①)이다.

센서가 감지되면 불빛을 깜박이기 위해 LED를 사용한다. 〈보기〉의 〈LED 제어〉에서 LED의 신호와 용도를 바르게 짝지은 것을 가~라 중에 골라 적으시오. (②)

MEMO

SCRATCH

PART IX

SW 코딩자격 2급
해답 및 풀이

실전 모의고사 1회 풀이

01 문제 풀이

정답	① 미 ② 도
해설	현수가 만든 음계 카드에서 ♥는 도, ♣는 미, ◆는 솔을 뜻한다. 따라서 멜로디 카드 연주 그림을 연주해 보면, 첫 번째 줄은 '미, 미, 도, 도, 솔' 두 번째 줄은 '솔, 솔, 솔, 미, 도 세 번째 줄은 '미, 솔, 솔, 미, 미' 네 번째 줄은 '솔, 도, 솔, 도, 솔'로 연주된다.

02 문제 풀이

정답	① 25 ② 15
해설	은영이는 90리터의 빈 병에 물을 채우기 위해 자신이 가지고 있는 계량컵 10리터, 15리터, 25리터 중에서 계량컵 15리터와 25리터짜리 2개를 사용하여 빈 병에 물을 채웠다. 계량컵 사용 순서는 25, 25, 25, 15리터짜리 순서로 사용하여 빈 병에 물을 채워야 한다.

03 문제 풀이

정답	① 놀이기구가 있는 곳으로 간다. ② 탑승 순서가 되었는가? ③ 탑승권을 제출하고 놀이기구에 탑승한다. ④ 놀이기구에서 내린다. ⑤ 놀이기구 타기 완료
해설	우주가 놀이기구를 타기 위해 해야 하는 동작 순서는 다음과 같다. ① 탑승권, 놀이기구 → ② 놀이기구가 있는 곳으로 간다. → ③ 탑승 순서를 기다린다. → ④ '탑승 순서가 되었는가?'를 확인하여 만약 탑승 순서가 되었다면 ⑤번 동작으로 진행하고, 만약 아직 탑승 순서가 안 되었다면 ③번 동작으로 진행한다. → ⑤ 탑승권을 제출하고 놀이기구에 탑승한다. → ⑥놀이기구에서 내린다. → ⑦놀이기구 타기 완료

04 문제 풀이

단계 01 폴더 경로 '/해답편/모의고사문제/모의고사1회/'에 있는 '문제4.sb3' 파일 열기를 한다.

단계 02 스프라이트 영역에서 말 스프라이트를 클릭한 다음 `클릭했을 때` 명령블록에 `모양을 horse1-b ▼ (으)로 바꾸기` 명령블록을 드래그하여 연결한다.

단계 03 `이 스프라이트를 클릭했을 때` 명령블록에 `모양을 horse1-a ▼ (으)로 바꾸기` 명령블록을 드래그하여 연결한다.

단계 04 `모양을 horse1-a ▼ (으)로 바꾸기` 명령블록에 `환영합니다 을(를) 3 초 동안 말하기` 명령블록을 드래그하여 연결한다.

단계 05 스프라이트 영역에서 박쥐 스프라이트를 클릭한 다음 `클릭했을 때` 명령블록에 `모양을 bat1-b ▼ (으)로 바꾸기` 명령블록을 드래그하여 연결한다.

단계 06 `이 스프라이트를 클릭했을 때` 명령블록에 `모양을 bat1-a ▼ (으)로 바꾸기` 명령블록을 드래그하여 연결한다.

단계 07 `모양을 bat1-a ▼ (으)로 바꾸기` 명령블록에 `날아갑니다 을(를) 3 초 동안 말하기` 명령블록을 드래그하여 연결한다.

• 완성된 말 스프라이트와 박쥐 스프라이트의 프로그램 코드는 다음과 같다.

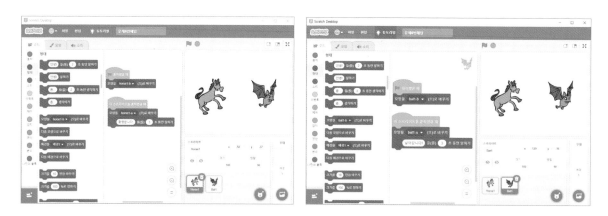

05 문제 풀이

단계 01 폴더 경로 '/해답편/모의고사문제/모의고사1회/'에 있는 '문제5.sb3' 파일 열기를 한다.

단계 02 무대 배경 영역에서 배경 고르기 아이콘 ( )을 클릭하여 바다속을 선택 후 Underwater1을 클릭한다.

단계 03 스프라이트 영역에서 상어 스프라이트를 클릭한 다음 클릭했을 때 명령블록에 에너지 ▾ 을(를) 0 로 정하기 명령블록을 드래그하여 연결한다.

단계 04 에너지 ▾ 을(를) 0 로 정하기 명령블록에 무한 반복하기 명령블록을 드래그하여 연결한다.

단계 05 무한 반복하기 명령블록 내부에 만약 위쪽 화살표 ▾ 키를 눌렀는가? (이)라면 명령블록을 드래그하여 넣는다.

단계 06 만약 위쪽 화살표 ▾ 키를 눌렀는가? (이)라면 명령블록 내부에 y 좌표를 20 만큼 바꾸기 명령블록을 드래그하여 넣는다.

단계 07 만약 위쪽 화살표 ▾ 키를 눌렀는가? (이)라면 명령블록 아래에 만약 아래쪽 화살표 ▾ 키를 눌렀는가? (이)라면 명령블록을 드래그하여 연결한다.

단계 08 만약 아래쪽 화살표 ▾ 키를 눌렀는가? (이)라면 명령블록 내부에 y 좌표를 -20 만큼 바꾸기 명령블록을 드래그하여 넣는다.

단계 09 만약 아래쪽 화살표 키를 눌렀는가? (이)라면 명령블록 아래에 만약 오른쪽 화살표 키를 눌렀는가? (이)라면 명령블록을 드래그하여 연결한다.

단계 10 만약 오른쪽 화살표 키를 눌렀는가? (이)라면 명령블록 내부에 x좌표를 20 만큼 바꾸기 명령블록을 드래그하여 넣는다.

단계 11 만약 오른쪽 화살표 키를 눌렀는가? (이)라면 명령블록 아래에 만약 왼쪽 화살표 키를 눌렀는가? (이)라면 명령블록을 드래그하여 연결한다.

단계 12 만약 왼쪽 화살표 키를 눌렀는가? (이)라면 명령블록 내부에 x좌표를 -20 만큼 바꾸기 명령블록을 드래그하여 넣는다.

단계 13 스프라이트 영역에서 물고기 스프라이트를 클릭한 다음 클릭했을 때 명령블록에 보이기 명령블록을 드래그하여 연결한다.

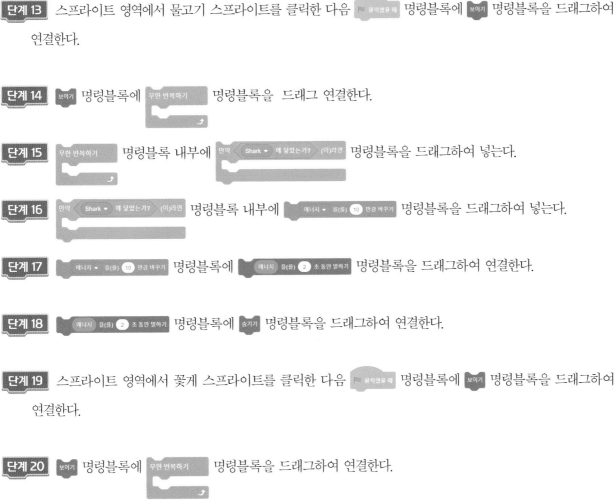

단계 14 보이기 명령블록에 무한 반복하기 명령블록을 드래그 연결한다.

단계 15 무한 반복하기 명령블록 내부에 만약 Shark 에 닿았는가? (이)라면 명령블록을 드래그하여 넣는다.

단계 16 만약 Shark 에 닿았는가? (이)라면 명령블록 내부에 에너지 을(를) 10 만큼 바꾸기 명령블록을 드래그하여 넣는다.

단계 17 에너지 을(를) 10 만큼 바꾸기 명령블록에 에너지 을(를) 2 초 동안 말하기 명령블록을 드래그하여 연결한다.

단계 18 에너지 을(를) 2 초 동안 말하기 명령블록에 숨기기 명령블록을 드래그하여 연결한다.

단계 19 스프라이트 영역에서 꽃게 스프라이트를 클릭한 다음 클릭했을 때 명령블록에 보이기 명령블록을 드래그하여 연결한다.

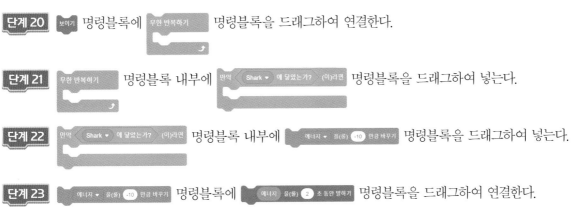

단계 20 보이기 명령블록에 무한 반복하기 명령블록을 드래그하여 연결한다.

단계 21 무한 반복하기 명령블록 내부에 만약 Shark 에 닿았는가? (이)라면 명령블록을 드래그하여 넣는다.

단계 22 만약 Shark 에 닿았는가? (이)라면 명령블록 내부에 에너지 을(를) -10 만큼 바꾸기 명령블록을 드래그하여 넣는다.

단계 23 에너지 을(를) -10 만큼 바꾸기 명령블록에 에너지 을(를) 2 초 동안 말하기 명령블록을 드래그하여 연결한다.

단계 24 [에너지 을(를) 2 초 동안 말하기] 명령블록에 [숨기기] 명령블록을 연결한다.

- 완성된 상어 스프라이트와 물고기 스프라이트, 꽃게 스프라이트의 프로그램 코드는 다음과 같다.

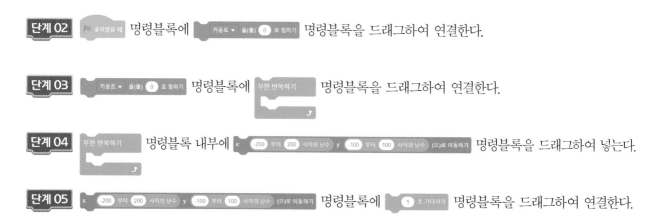

06 문제 풀이

단계 01 폴더 경로 '/해답편/모의고사문제/모의고사1회/'에 있는 '문제6.sb3' 파일 열기를 한다.

단계 02 [클릭했을 때] 명령블록에 [카운트 을(를) 0 로 정하기] 명령블록을 드래그하여 연결한다.

단계 03 [카운트 을(를) 0 로 정하기] 명령블록에 [무한 반복하기] 명령블록을 드래그하여 연결한다.

단계 04 [무한 반복하기] 명령블록 내부에 [x: -200 부터 200 사이의 난수 y: -100 부터 100 사이의 난수 (으)로 이동하기] 명령블록을 드래그하여 넣는다.

단계 05 [x: -200 부터 200 사이의 난수 y: -100 부터 100 사이의 난수 (으)로 이동하기] 명령블록에 [1 초 기다리기] 명령블록을 드래그하여 연결한다.

단계 06  명령블록에  명령블록을 드래그하여 연결한다.

단계 07  명령블록에  명령블록을 드래그하여 연결한다.

• 완성된 잠자리 스프라이트의 프로그램 코드는 다음과 같다.

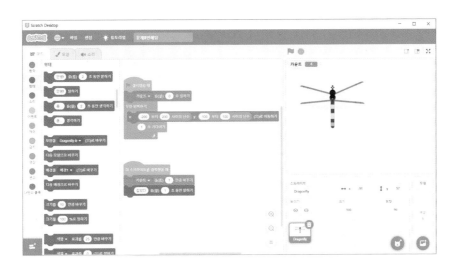

07 문제 풀이

단계 01 폴더 경로 '/해답편/모의고사문제/모의고사1회/'에 있는 '문제7.sb3' 파일 열기를 한다.

단계 02  명령블록에  명령블록을 드래그하여 연결한다.

단계 03  명령블록 내부에  명령블록을 드래그하여 넣는다.

단계 04  명령블록에  명령블록을 드래그하여 연결한다.

단계 05  명령블록에  명령블록을 드래그하여 연결한다.

단계 06  명령블록에  명령블록을 드래그하여 연결한다.

단계 07 만약 벽▼ 에 닿았는가? (이)라면 명령블록 내부에 ↺ 방향으로 180 도 회전하기 명령블록을 드래그하여 넣는다.

• 완성된 사자 스프라이트의 프로그램 코드는 다음과 같다.

08 문제 풀이

단계 01 폴더 경로 '/해답편/모의고사문제/모의고사1회/'에 있는 '문제8.sb3' 파일 열기를 한다.

단계 02 스프라이트 영역에서 문어 스프라이트를 클릭한다. [이벤트 이벤트] 명령블록 팔레트를 클릭한 다음 여기서 ▷ 클릭했을 때 명령블록을 스크립트영역으로 드래그한다.

단계 03 [동작 동작] 명령블록 팔레트를 클릭한 다음 여기서 x: 0 y: 0 (으)로 이동하기 명령블록을 스크립트 영역으로 드래그하여 연결한다.

단계 04 [제어 제어] 명령블록 팔레트를 클릭한 다음 여기서 무한 반복하기 명령블록을 드래그하여 연결한다.

단계 05 [동작 동작] 명령블록 팔레트를 클릭한 다음 여기서 x 좌표를 0 (으)로 정하기 명령블록을 스크립트 영역의 무한 반복하기 명령블록 내부로 드래그하여 넣은 다음 다음 숫자 '0'을 '-200'으로 수정한다.

단계 06 [제어 〔 ● 〕] 명령블록 팔레트를 클릭한 다음 여기서 ⟦ 10 번 반복하기 ⟧ 명령블록을 스크립트 영역의 ⟦ x 좌표를 -200 (으)로 정하기 ⟧ 명령블록에 드래그하여 넣은 후 숫자 '10'을 '50'으로 수정한다.

단계 07 [동작 | ●] 명령블록 팔레트를 클릭한 다음 여기서 ⟦ x 좌표를 10 만큼 바꾸기 ⟧ 명령블록을 스크립트 영역의 ⟦ 50 번 반복하기 ⟧ 명령블록 안으로 드래그하여 넣은 후 숫자 '10'을 '5'로 수정한다.

단계 08 [이벤트 ●] 명령블록 팔레트를 클릭한 다음 여기서 ⟦ 스페이스 ▾ 키를 눌렀을 때 ⟧ 명령블록을 스크립트 영역의 아래쪽 빈 영역으로 드래그한 후 '스페이스'를 '왼쪽 화살표'로 변경한다.

단계 09 [동작 | ●] 명령블록 팔레트를 클릭한 다음 여기서 ⟦ 10 만큼 움직이기 ⟧ 명령블록을 스크립트 영역의 ⟦ 왼쪽 화살표 ▾ 키를 눌렀을 때 ⟧ 명령블록에 드래그하여 연결한 후 숫자 '10'을 숫자 '-30'으로 수정한다.

단계 10 [이벤트 ●] 명령블록 팔레트를 클릭한 다음 여기서 ⟦ 스페이스 ▾ 키를 눌렀을 때 ⟧ 명령블록을 스크립트 영역의 아래쪽 빈 영역으로 드래그한 후 '스페이스'를 '오른쪽 화살표'로 변경한다.

단계 11 [동작 | ●] 명령블록 팔레트를 클릭한 다음 여기서 ⟦ 스페이스 ▾ 키를 눌렀을 때 ⟧ 명령블록을 스크립트 영역의 ⟦ 오른쪽 화살표 ▾ 키를 눌렀을 때 ⟧ 명령블록에 드래그하여 연결한 후 숫자 '10'을 숫자 '30'으로 수정한다.

단계 12 무대 배경 영역의 무대 배경을 클릭한 다음 [코드] 탭을 클릭한 후 [이벤트 ●] 명령블록 팔레트를 클릭한다. 여기서 ⟦ 스페이스 ▾ 키를 눌렀을 때 ⟧ 명령블록을 스크립트 영역으로 드래그한다.

단계 13 [제어 〔 ● 〕] 명령블록 팔레트를 클릭한 다음 여기서 ⟦ 무한 반복하기 ⟧ 명령블록을 스크립트 영역으로 드래그하여 연결한다.

단계 14 계속해서 [제어 〔 ● 〕] 명령블록 팔레트에 있는 ⟦ 1 초 기다리기 ⟧ 명령블록을 스크립트 영역의 ⟦ 무한 반복하기 ⟧ 명령블록 내부로 드래그하여 넣는다.

단계 15 [형태 | ●] 명령블록 팔레트를 클릭한 다음 여기서 ⟦ 다음 배경으로 바꾸기 ⟧ 명령블록을 스크립트 영역의 ⟦ 1 초 기다리기 ⟧ 명령블록에 드래그하여 연결한다.

• 완성된 문어 스프라이트와 무대 배경의 프로그램 코드는 다음과 같다.

09 문제 풀이

정답	① 적외선 센서 ② LED, 디지털 출력
해설	가게로 손님이 들어오는지를 감지해야 하므로, 움직임을 감지하는 센서가 필요하다. 움직임을 감지하는 센서는 적외선 센서이므로 ①은 '적외선 센서'이다. 센서에 의해 감지된 신호를 간판으로 보내 불을 켜기 위해서는 LED가 필요하며, 디지털 출력으로 보내야 불이 켜진다. 따라서 ②는 LED, 디지털 출력이다.

10 문제 풀이

정답	① 빛 ② 중
해설	가로등의 밝기를 조절하기 위해서는 빛의 양을 측정해야 하므로 빛 센서가 필요하다. 따라서 ①은 '빛'이다. 센서의 측정값에 따라 가로등의 밝기를 조절한다. 한낮에는 빛의 양이 많으므로 센서 측정값이 강이 되어 가로등을 끄고, 일몰이 되어 어스름해지면 측정값이 중이고 가로등의 밝기를 중간 정도로 유지하며 완전히 어두워지면 센서 측정값은 하이고 가로등의 밝기를 강하게 유지한다. 따라서 ②는 '중'이다.

01 문제 풀이

정답	① 수도 ② 항구 도시
해설	보현이가 모은 그림 카드들 중에서 파리, 서울, 베이징, 런던, 마닐라, 로마, 워싱턴 등 7개 도시는 각 나라의 수도이다. 뉴욕, 홍콩, 부산, 나폴리, 상하이 등 5개 도시는 바다가 있는 항구 도시들이다.

02 문제 풀이

정답	① 0101 ② 0110
해설	4비트로 표현하고, 검은색 카드가 0, 흰색 카드가 1이므로, 문제에 주어진 카드를 2진수로 변경하면 0010, 0011, 0100, 0101, 0110이 된다.

정답	① 스마트폰을 켠다. ② 영어 단어 퀴즈 앱을 실행한다. ③ 영어 단어의 뜻 입력한다. ④ 정답 확인 중 ⑤ 정답이 맞는가?
해설	수영이가 스마트폰 앱으로 영어 단어 맞추기 게임을 하기 위해 해야 하는 동작 순서는 다음과 같다. ① 스마트폰, 영어 단어 퀴즈 앱→② 스마트폰을 켠다. →③ 영어 단어 퀴즈 앱을 실행한다. →④ 영어 단어의 뜻 입력한다. →⑤ 정답 확인 중→⑥ '정답이 맞는가?'를 확인하여, 만약 정답이 맞는다면 ⑦번 동작으로 진행하고, 만약 정답이 맞지 않는다면 ④번 동작으로 진행한다. →⑦ 영어 단어 맞추기 게임 완료

단계 01 폴더 경로 '/해답편/모의고사문제/모의고사2회/'에 있는 '문제4.sb3' 파일 열기를 한다.

단계 02 「클릭했을 때」 명령블록에 「보이기」 명령블록을 드래그하여 연결한다.

단계 03 「보이기」 명령블록에 「아직 준비중입니다 을(를) 3 초 동안 말하기」 명령블록을 드래그하여 연결한다.

단계 04 「아직 준비중입니다 을(를) 3 초 동안 말하기」 명령블록에 「출발 준비 되었습니까? 라고 묻고 기다리기」 명령블록을 드래그하여 연결한다.

단계 05 「출발 준비 되었습니까? 라고 묻고 기다리기」 명령블록에 「만약 대답 = 예 (이)라면 아니면」 명령블록을 드래그하여 연결한다.

단계 06 「만약 대답 = 예 (이)라면 아니면」 명령블록 내부의 위쪽 빈칸에 「무한 반복하기」 명령블록을 드래그하여 넣는다.

단계 07 「무한 반복하기」 명령블록 내부에 「x 좌표를 20 만큼 바꾸기」 명령블록을 드래그하여 넣는다.

단계 08 | x좌표를 20 만큼 바꾸기 명령블록에 다음 모양으로 바꾸기 명령블록을 드래그하여 연결한다.

단계 09 | 다음 모양으로 바꾸기 명령블록에 0.1 초 기다리기 명령블록을 드래그하여 연결한다.

단계 10 | 0.1 초 기다리기 명령블록에 만약 도착지점 ▼ 에 달았는가? (이)라면 명령블록을 드래그하여 연결한다.

단계 11 | 만약 도착지점 ▼ 에 달았는가? (이)라면 명령블록 내부에 멈추기 모두 ▼ 명령블록을 드래그하여 넣는다.

단계 12 | 만약 대답 = 예 (이)라면 명령블록 내부의 아래쪽 빈칸에 아직 준비중입니다 을(를) 3 초동안 말하기 명령블록을 드래그하여 넣는다.

• 완성된 자동차 스프라이트의 프로그램 코드는 다음과 같다.

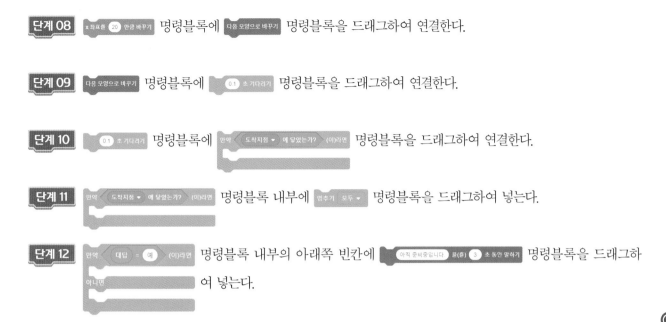

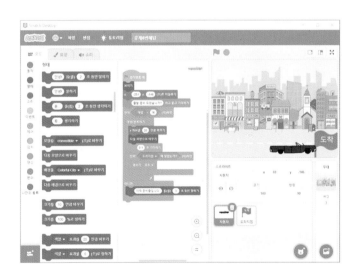

05 문제 풀이

단계 01 | 폴더 경로 '/해답편/모의고사문제/모의고사2회/'에 있는 '문제5.sb3' 파일 열기를 한다.

단계 02 | 스프라이트 영역에서 북극곰 스프라이트를 클릭한 다음 클릭했을 때 명령블록에 아! 배고프다 말하기 명령블록을 드래그하여 연결한다.

단계 03  말하기 명령블록에 〔연어 ▼ 에 달았는가?까지 반복하기〕 명령블록을 드래그하여 연결한다.

단계 04 〔연어 ▼ 에 달았는가? 까지 반복하기〕 명령블록 내부에 〔연어 ▼ 쪽 보기〕 명령블록을 드래그하여 넣는다.

단계 05 〔연어 ▼ 쪽 보기〕 명령블록에 〔2 만큼 움직이기〕 명령블록을 드래그하여 연결한다.

단계 06 〔연어 ▼ 에 달았는가? 까지 반복하기〕 명령블록에 〔연어 잡았다! 을(를) 2 초 동안 말하기〕 명령블록을 드래그하여 연결한다.

단계 07 스프라이트 영역에서 연어 스프라이트를 클릭한 다음 〔클릭했을 때〕 명령블록에 〔무한 반복하기〕 명령블록을 드래그하여 연결한다.

단계 08 〔무한 반복하기〕 명령블록 내부에 〔마우스 포인터 ▼ 쪽 보기〕 명령블록을 드래그하여 넣는다.

단계 09 〔마우스 포인터 ▼ 쪽 보기〕 명령블록에 〔마우스 포인터 ▼ (으)로 이동하기〕 명령블록을 드래그하여 연결한다.

단계 10 〔마우스 포인터 ▼ (으)로 이동하기〕 명령블록에 〔만약 북극곰 ▼ 에 달았는가? (이)라면〕 명령블록을 드래그하여 연결한다.

단계 11 〔만약 북극곰 ▼ 에 달았는가? (이)라면〕 명령블록 내부에 〔멈추기 이 스크립트 ▼〕 명령블록을 드래그하여 넣는다.

• 완성된 북극곰 스프라이트와 연어 스프라이트의 프로그램 코드는 다음과 같다.

단계 01 폴더 경로 '/해답편/모의고사문제/모의고사2회/'에 있는 '문제6.sb3' 파일 열기를 한다.

단계 02 스프라이트 영역에서 과일 카드 스프라이트를 클릭한 다음 ⚑ 클릭했을 때 명령블록에 [과일 무료 증정 이벤트 시작합니다!] 을(를) 2 초 동안 말하기 명령블록을 드래그하여 연결한다.

단계 03 추첨시작 ▾ 신호를 받았을 때 명령블록에 〈스페이스 ▾ 키를 눌렀는가?〉 까지 반복하기 명령블록을 드래그하여 연결한다.

단계 04 〈스페이스 ▾ 키를 눌렀는가?〉 까지 반복하기 명령블록 내부에 다음 모양으로 바꾸기 명령블록을 드래그하여 넣는다.

단계 05 다음 모양으로 바꾸기 명령블록에 ↻ 방향으로 15 도 회전하기 명령블록을 드래그하여 연결한다.

단계 06 ↻ 방향으로 15 도 회전하기 명령블록에 0.1 초 기다리기 명령블록을 드래그하여 연결한다.

단계 07 스프라이트 영역에서 추첨 시작 스프라이트를 클릭한 다음 이 스프라이트를 클릭했을 때 명령블록에 추첨시작 ▾ 신호 보내기 명령블록을 드래그하여 연결한다.

- 완성된 과일 카드 스프라이트와 추첨 시작 스프라이트의 프로그램 코드는 다음과 같다.

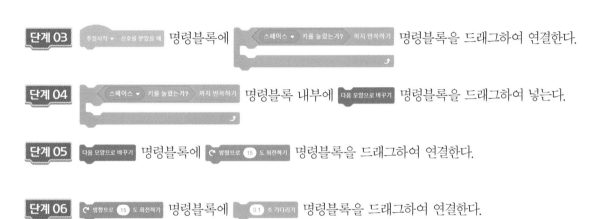

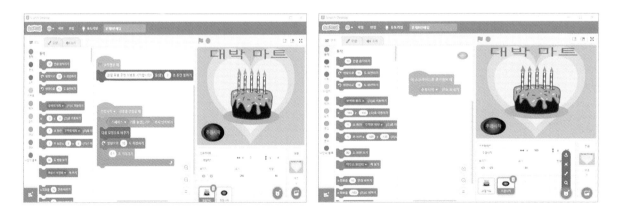

단계 01 폴더 경로 '/해답편/모의고사문제/모의고사2회/'에 있는 '문제7.sb3' 파일 열기를 한다.

단계 02 스프라이트 영역에서 다이버 스프라이트를 클릭한 다음 `클릭했을 때` 명령블록에 `물고기 몇마리 복제할까요? 라고 묻고 기다리기` 명령블록을 드래그하여 연결한다.

단계 03 `물고기 몇마리 복제할까요? 라고 묻고 기다리기` 명령블록에 `물고기복제 ▼ 신호 보내기` 명령블록을 드래그하여 연결한다.

단계 04 `물고기복제 ▼ 신호를 받았을 때` 명령블록에 `1 초 기다리기` 명령블록을 드래그하여 연결한다.

단계 05 `1 초 기다리기` 명령블록에 `만약 대답 + 1 나누기 2 의 나머지 = 0 (이)라면 아니면` 명령블록을 드래그하여 연결한다.

단계 06 `만약 대답 + 1 나누기 2 의 나머지 = 0 (이)라면 아니면` 명령블록 내부의 위쪽 빈칸에 `전체 물고기 수는 짝수입니다. 을(를) 3 초 동안 말하기` 명령블록을 드래그하여 넣는다.

단계 07 `만약 대답 + 1 나누기 2 의 나머지 = 0 (이)라면 아니면` 명령블록 내부의 아래쪽 빈칸에 `전체 물고기 수는 홀수입니다. 을(를) 3 초 동안 말하기` 명령블록을 드래그하여 넣는다.

단계 08 스프라이트 영역에서 물고기 스프라이트를 클릭한 다음 `클릭했을 때` 명령블록에 `x: -153 y: -121 (으)로 이동하기` 명령블록을 드래그하여 연결한다.

단계 09 `물고기복제 ▼ 신호를 받았을 때` 명령블록에 `대답 번 반복하기` 명령블록을 드래그하여 연결한다.

단계 10 `대답 번 반복하기` 명령블록 내부에 `나 자신 ▼ 복제하기` 명령블록을 드래그하여 넣는다.

단계 11 `나 자신 ▼ 복제하기` 명령블록에 `x좌표를 50 만큼 바꾸기` 명령블록을 드래그하여 연결한다.

• 완성된 다이버 스프라이트와 물고기 스프라이트의 프로그램 코드는 다음과 같다.

08 문제 풀이

단계 01 폴더 경로 '/해답편/모의고사문제/모의고사2회/'에 있는 '문제8.sb3' 파일 열기를 한다.

단계 02 스프라이트 영역에서 아기곰 스프라이트를 클릭한다. [이벤트 ⬤] 명령블록 팔레트를 클릭한 다음 여기서 ▣ 명령블록을 스크립트 영역으로 드래그한다.

단계 03 ▣ 명령블록에 [동작 ⬤] 명령블록 팔레트를 클릭한 다음 여기서 ▣ x: 0 y: 0 (으)로 이동하기 명령블록을 드래그하여 연결한 후 x: 의 숫자 '0'을 '-175'로 y: 의 숫자 '0'을 '-62'로 수정한다.

단계 04 ▣ x: -175 y: -62 (으)로 이동하기 명령블록에 [변수 ⬤] 명령블록 팔레트를 클릭한 후 ▣ 먹은 음식량 ▾ 을(를) 0 로 정하기 명령블록을 연결한다.

단계 05 ▣ 먹은 음식량 ▾ 을(를) 0 로 정하기 명령블록에 ▣ 먹은 음식량 ▾ 을(를) 0 로 정하기 명령블록을 한 개 더 드래그하여 연결한 후 '먹은 음식량'을 '일일 권장 음식량'으로 변경하고 숫자 '0'을 '2500'으로 수정한다.

단계 06 ▣ 일일 권장 음식량 ▾ 을(를) 2500 로 정하기 명령블록에 [형태 ⬤] 명령블록 팔레트를 클릭한 후 ▣ 안녕! 을(를) 2 초 동안 말하기 명령블록을 드래그하여 연결한 후 '안녕!'을 '배고파!'로 수정한다.

단계 07 [이벤트 ⬤ 이벤트] 명령블록 팔레트를 클릭한 후 여기서 [메시지1▼ 신호를 받았을 때] 명령블록을 스크립트 영역의 빈 영역으로 드래그한 다음 메시지1을 클릭하여 새로운 메시지가 보이면 이것을 클릭하여 메시지 입력창을 띄우고 '먹었다'를 입력한 후 확인 버튼을 클릭한다.

단계 08 [먹었다▼ 신호를 받았을 때] 명령블록에 [제어 [⬤ 제어]] 명령블록 팔레트를 클릭한 후 여기서 [만약 ◆ (이)라면 아니면] 명령블록을 드래그하여 연결한다.

단계 09 [만약 ◆ (이)라면 아니면] 명령블록의 조건 지정(◆)란에 [연산 ⬤ 연산] 명령블록 팔레트를 클릭한 후 여기서 [◯ < 50] 명령블록을 드래그하여 넣는다.

단계 10 [◯ < 50] 명령블록의 첫 번째 빈칸에는 [변수 ⬤ 변수] 명령블록 팔레트를 클릭한 후 [일일 권장 음식량] 명령블록을 드래그하여 넣고, 두 번째 빈칸에는 [먹은 음식량] 명령블록을 드래그하여 넣는다.

단계 11 [만약 [일일 권장 음식량 < 먹은 음식량] (이)라면 아니면] 명령블록의 위쪽 빈칸에는 [형태 [⬤ 형태]] 명령블록 팔레트를 클릭한 후 [안녕! 을(를) 2 초 동안 말하기] 명령블록을 드래그하여 연결한 후 '안녕!'을 '아! 배 불러'로 수정한다.

단계 12 [아! 배불러 을(를) 2 초 동안 말하기] 명령블록에 [제어 [⬤ 제어]] 명령블록 팔레트를 클릭한 후 여기서 [멈추기 모두▼] 명령블록을 드래그하여 연결한다.

단계 13 [만약 [일일 권장 음식량 < 먹은 음식량] (이)라면 아니면] 명령블록의 아래쪽 빈칸에는 한 개 더 [안녕! 을(를) 2 초 동안 말하기] 명령블록을 드래그하여 연결한 후 '안녕!'을 '더먹을래'로 수정한다

단계 14 스프라이트 영역에서 꿀 스프라이트를 클릭한다. [이벤트 ⬤ 이벤트] 명령블록 팔레트를 클릭한 다음 여기서 [🚩 클릭했을 때] 명령블록을 스크립트 영역으로 드래그한다.

단계 15 [🚩 클릭했을 때] 명령블록에 [동작 [⬤ 동작]] 명령블록 팔레트를 클릭한 다음 여기서 [x: 0 y: 0 (으)로 이동하기] 명령블록을 드래그하여 연결한 후 x: 의 숫자 '0'을 '-68'으로 y: 의 숫자 '0'을 '41'로 수정한다.

단계 16 [x: -68 y: 41 (으)로 이동하기] 명령블록에 [형태 [⬤ 형태]] 명령블록 팔레트를 클릭한 다음 여기서 [보이기] 명령블록을 드래그하여 연결한다.

단계 17 [이벤트 ⬤] 명령블록 팔레트를 클릭한 다음 여기서 `이 스프라이트를 클릭했을 때` 명령블록을 스크립트 영역의 빈영역으로 드래그한다.

단계 18 `이 스프라이트를 클릭했을 때` 명령블록에 [변수 ⬤] 명령블록 팔레트를 클릭한 후 여기서 `먹은 음식량 ▼ 을(를) 1 만큼 바꾸기` 명령블록을 드래그하여 연결한 후 숫자 '1'을 '1500'으로 수정한다.

단계 19 `먹은 음식량 ▼ 을(를) 1500 만큼 바꾸기` 명령블록에 [동작 ⬤] 명령블록 팔레트를 클릭한 다음 여기서 `무작위 위치 ▼ (으)로 이동하기` 명령블록을 드래그하여 연결한 후 '무작위 위치'를 '아기곰'으로 변경한다.

단계 20 `아기곰 ▼ (으)로 이동하기` 명령블록에 [형태 ⬤] 명령블록 팔레트를 클릭한 다음 여기서 `숨기기` 명령블록을 드래그하여 연결한다.

단계 21 `숨기기` 명령블록에 [이벤트 ⬤] 명령블록 팔레트를 클릭한 다음 여기서 `먹었다 ▼ 신호 보내기` 명령블록을 드래그하여 연결한다.

단계 22 스프라이트 영역에서 사과 스프라이트를 클릭한다. [이벤트 ⬤] 명령블록 팔레트를 클릭한 다음 여기서 `클릭했을 때` 명령블록을 스크립트 영역으로 드래그한다.

단계 23 `클릭했을 때` 명령블록에 [동작 ⬤] 명령블록 팔레트를 클릭한 다음 여기서 `x: 0 y: 0 (으)로 이동하기` 명령블록을 드래그하여 연결한 후 x: 의 숫자 '0'을 '103'으로 y: 의 숫자 '0'을 '48'로 수정한다.

단계 24 `x: 103 y: 48 (으)로 이동하기` 명령블록에 [형태 ⬤] 명령블록 팔레트를 클릭한 다음 여기서 `보이기` 명령블록을 드래그하여 연결한다.

단계 25 [이벤트 ⬤] 명령블록 팔레트를 클릭한 다음 여기서 `이 스프라이트를 클릭했을 때` 명령블록을 스크립트 영역의 빈 영역으로 드래그 한다.

단계 26 `이 스프라이트를 클릭했을 때` 명령블록에 [변수 ⬤] 명령블록 팔레트를 클릭한 후 여기서 `먹은 음식량 ▼ 을(를) 1 만큼 바꾸기` 명령블록을 드래그하여 연결한 후 숫자 '1'을 '600'으로 수정한다.

단계 27 `먹은 음식량 ▼ 을(를) 600 만큼 바꾸기` 명령블록에 [동작 ⬤] 명령블록 팔레트를 클릭한 다음 여기서 `무작위 위치 ▼ (으)로 이동하기` 명령블록을 드래그하여 연결한 후 '무작위 위치'를 '아기곰'으로 변경한다.

단계 28 `아기곰 ▼ (으)로 이동하기` 명령블록에 [형태 | 🔴 형태] 명령블록 팔레트를 클릭한 다음 여기서 `숨기기` 명령블록을 드래그하여 연결한다.

단계 29 `숨기기` 명령블록에 [이벤트 | ⚪ 이벤트] 명령블록 팔레트를 클릭한 다음 여기서 `먹었다 ▼ 신호 보내기` 명령블록을 드래그하여 연결한다.

단계 30 스프라이트 영역에서 바나나 스프라이트를 클릭한다. [이벤트 | ⚪ 이벤트] 명령블록 팔레트를 클릭한 다음 여기서 `클릭했을 때` 명령블록을 스크립트 영역으로 드래그한다.

단계 31 `클릭했을 때` 명령블록에 [동작 | 🔵 동작] 명령블록 팔레트를 클릭한 다음 여기서 `x: 0 y: 0 (으)로 이동하기` 명령블록을 드래그하여 연결한 후 x: 의 숫자 '0'을 '-50'으로 y: 의 숫자 '0'을 '-108'로 수정한다.

단계 32 `x: -50 y: -108 (으)로 이동하기` 명령블록에 [형태 | 🔴 형태] 명령블록 팔레트를 클릭한 다음 여기서 `보이기` 명령블록을 드래그하여 연결한다.

단계 33 [이벤트 | ⚪ 이벤트] 명령블록 팔레트를 클릭한 다음 여기서 `이 스프라이트를 클릭했을 때` 명령블록을 스크립트 영역의 빈 영역으로 드래그한다.

단계 34 `이 스프라이트를 클릭했을 때` 명령블록에 [변수 | 🟠 변수] 명령블록 팔레트를 클릭한 후 여기서 `먹은 음식량 ▼ 을(를) 1 만큼 바꾸기` 명령블록을 드래그하여 연결한 후 숫자 '1'을 '700'으로 수정한다.

단계 35 `먹은 음식량 ▼ 을(를) 700 만큼 바꾸기` 명령블록에 [동작 | 🔵 동작] 명령블록 팔레트를 클릭한 다음 여기서 `무작위 위치 ▼ (으)로 이동하기` 명령블록을 드래그하여 연결한 후 '무작위 위치'를 '아기곰'으로 변경한다.

단계 36 `아기곰 ▼ (으)로 이동하기` 명령블록에 [형태 | 🔴 형태] 명령블록 팔레트를 클릭한 다음 여기서 `숨기기` 명령블록을 드래그하여 연결한다.

단계 37 `숨기기` 명령블록에 [이벤트 | ⚪ 이벤트] 명령블록 팔레트를 클릭한 다음 여기서 `먹었다 ▼ 신호 보내기` 명령블록을 드래그하여 연결한다.

단계 38 스프라이트 영역에서 수박 스프라이트를 클릭한다. [이벤트 | ⚪ 이벤트] 명령블록 팔레트를 클릭한 다음 여기서 `클릭했을 때` 명령블록을 스크립트 영역으로 드래그한다.

단계 39 ⬛ 명령블록에 [동작 | 🔵] 명령블록 팔레트를 클릭한 다음 여기서 `x: 0 y: 0 (으)로 이동하기` 명령블록을 드래그하여 연결한 후 x: 의 숫자 '0'을 '103'으로 y: 의 숫자 '0'을 '-91'으로 수정한다.

단계 40 `x: 103 y: -91 (으)로 이동하기` 명령블록에 [형태 | 🔵] 명령블록 팔레트를 클릭한 다음 여기서 `보이기` 명령블록을 드래그하여 연결한다.

단계 41 [이벤트 | ⚪] 명령블록 팔레트를 클릭한 다음 여기서 `이 스프라이트를 클릭했을 때` 명령블록을 스크립트 영역의 빈 영역으로 드래그 한다.

단계 42 `이 스프라이트를 클릭했을 때` 명령블록에 [변수 | 🔴] 명령블록 팔레트를 클릭한 후 여기서 `먹은 음식량 ▾ 을(를) 1 만큼 바꾸기` 명령블록을 드래그하여 연결한 후 숫자 '1'을 '500'으로 수정한다.

단계 43 `먹은 음식량 ▾ 을(를) 500 만큼 바꾸기` 명령블록에 [동작 | 🔵] 명령블록 팔레트를 클릭한 다음 여기서 `무작위 위치 ▾ (으)로 이동하기` 명령블록을 드래그하여 연결한 후 '무작위 위치'를 '아기곰'으로 변경한다.

단계 44 `아기곰 ▾ (으)로 이동하기` 명령블록에 [형태 | 🔵] 명령블록 팔레트를 클릭한 다음 여기서 `숨기기` 명령블록을 드래그하여 연결한다.

단계 45 `숨기기` 명령블록에 [이벤트 | ⚪] 명령블록 팔레트를 클릭한 다음 여기서 `먹었다 ▾ 신호 보내기` 명령블록을 드래그하여 연결한다.

• 완성된 아기곰 스프라이트, 꿀 스프라이트, 사과 스프라이트, 바나나 스프라이트, 수박 스프라이트의 프로그램 코드는 다음과 같다.

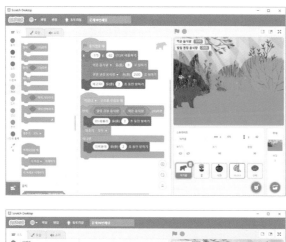

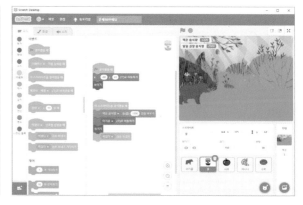

09 문제 풀이

정답	① 거리 ② 이상
해설	커피 자동판매기 앞으로 사람이 다가오는지 감지하므로 거리 센서가 필요하다. 따라서 ①은 '거리'이다. 거리 센서로 측정한 값이 1m 이하이면 말을 하고, 계속 측정을 하여 30cm 이하로 5초를 유지하면 추가로 말을 한다. 사람이 자동판매기로부터 1m 이상으로 멀어지면 센서가 감지하여 말을 중단한다. 따라서 ②는 '이상'이다.

10 문제 풀이

정답	① 소리 센서 ② 라
해설	방으로 들어오는 빛의 세기를 측정하여 암막 커튼을 움직일지 결정한다. 즉 빛에 의해 밝은지 또는 어두운지를 측정하는 것이다. 이때 사용하는 것이 빛 감지 센서이다. 따라서 ①은 '빛 감지 센서'이다. 센서의 측정값을 가지고 서보 모터를 동작시켜 암막 커튼을 움직이기 위해서는 디지털 출력을 사용해서 신호를 전달한다. 따라서 ②는 '디지털 출력'이다.

최신 기출문제 유형 1회 풀이

01 문제 풀이

정답	① 문수 ② 철수
해설	세 친구의 점수 합계를 구하면 홍도 265, 철수 265, 문수 270이다. 〈보기〉에 주어진 조건에 따라 점수 합계가 높은 친구가 순위가 높고, 합계가 같은 경우 국어 점수가 높은 친구가 순위가 높으므로 1등은 합계가 제일 높은 문수이다. 홍도와 철수는 합계가 같다. 그러나 국어 점수가 홍도 95, 철수 90으로 홍도가 높으므로 2등은 홍도가 되고 3등은 철수가 된다.

02 문제 풀이

정답	① 화목 ② 3교시
해설	선화는 월, 수, 금요일에 수업을 들을 수 없고, 반은 월수금반, 화목반뿐이므로 선화는 화목반 수업을 들어야 한다. 따라서 ①은 '화목'이다. 선화는 초급반은 수강하지 않아도 되고 한 단계 상위 수준을 들어야 하므로 중급반이다. 화목에 중급반은 3교시에 수업을 하므로 ②는 '3교시'이다.

정답	① x 좌표 0, y 좌표 150으로 이동하기 ② −90도 방향 보기 ③ 모두 지우기 ④ 펜 내리기 ⑤ 펜 색깔을 파랑으로 정하기 ⑥ 무한 반복 ⑦ − 방향으로 2도 돌기 ⑧ 1.5만큼 움직이기
해설	이 문제는 순차적으로 반복하는 구조에 대한 알고리즘이다. 화성의 움직임을 시뮬레이션하는 과정을 순차적으로 표시하기 위해 위치를 지정하는 ① x 좌표 0, y 좌표 150으로 이동하기가 제일 먼저 온다. 두 번째는 방향을 지정해야 하므로 ② −90도 방향 보기가 온다. 움직이는 모습을 그리기 위해 먼저 지워야 하므로 ③ 모두 지우기가 오고 그려야 하므로 ④ 펜 내리기 ⑤ 펜 색깔을 파랑으로 정하기가 온다. ⑥은 무한 반복이고 회전과 이동을 반복해야 하므로 ⑦ − 방향으로 2도 돌기, ⑧ 1.5만큼 움직이기이다.

04 문제 풀이

● **로켓 스프라이트를 선택하고 작업한다.**

❶ 블록을 가져와 시작한다. '색깔'을 '투명도'로 변경하고 '25' 위치에 '30'을 직접 입력하여 변경한다.

❷ '위쪽 화살표'로 바꾸고, y 좌표를 '15'만큼 바꾸기로 변경하여 '위쪽 화살표' 키를 누르면 위로 움직이게 한다.

❸ '아래쪽 화살표'로 바꾸고, y 좌표를 '−15'만큼 바꾸기로 변경하여 '아래쪽 화살표' 키를 누르면 아래로 움직이게 한다.

❹ '오른쪽 화살표'로 바꾸고, x 좌표를 '15'만큼 바꾸기로 변경하여 '오른쪽 화살표' 키를 누르면 오른쪽으로 움직이게 한다.

❺ '왼쪽 화살표'로 바꾸고, x 좌표를 '−15'만큼 바꾸기로 변경하여 '왼쪽 화살표' 키를 누르면 왼쪽으로 움직이게 한다.

• 크리스탈 스프라이트를 선택하고 작업한다.

❶ 클릭했을 때 블록을 가져와 시작한다.

❷ 처음에 크리스탈을 화면에서 숨긴다.

❸ 화면 하단에서 크리스탈의 모양이 변경된 것을 원래 모양으로 변경하고 화면에 모습을 나타낸다.

❹ 크리스탈이 처음 나타나는 위치를 x 좌표는 −220에서 220 사이에서 무작위로 정하고, y 좌표는 130 으로 정한다.

❺ 크리스탈이 7초 동안 처음 나타난 곳에서 x 좌표는 −220에서 220 사이에서 무작위로 지정되면서 y 좌표 −150까지 이동한다.

❻ 화면 하단에 닿으면 크리스탈의 모양을 '크리스탈_2'로 변경하고 0.5초 동안 모양을 유지했다 숨긴다.

❼ ❻ 동작을 y 좌표가 −140보다 작아지면 실행한다.

❽ ❸에서 ❼까지의 동작을 무한 반복한다.

● 고슴도치 스프라이트를 선택하고 작업한다.

〈고슴도치 스프라이트〉

❶ [클릭했을 때] 블록을 가져와 시작한다.

❷ 고슴도치가 보이지 않도록 모양을 '구멍'으로 변경한다.

❸ 고슴도치 스프라이트를 클릭했는지 확인한다.

❹ 고슴도치 스프라이트를 클릭했으면 보이도록 모양을 '고슴도치'로 변경한다.

❺ "고슴도치를 찾았다!!!"고 3초간 말한다.

❻ 고슴도치가 다시 보이지 않도록 모양을 변경한다.

● 공룡 스프라이트를 선택하고 작업한다.

〈공룡 스프라이트〉

❶ [클릭했을 때] 블록을 가져와 시작한다.

❷ 공룡이 보이지 않도록 모양을 '구멍'으로 변경한다.

❸ 공룡 스프라이트를 클릭했는지 확인한다.

❹ 공룡 스프라이트를 클릭했으면 보이도록 모양을 '공룡'으로 변경한다.

❺ "공룡을 찾았다!!!"고 3초간 말한다.

❻ 공룡이 다시 보이지 않도록 모양을 변경한다.

● 배 스프라이트를 선택하고 작업한다.

〈배 스프라이트〉

① 🏳 클릭했을 때 블록을 가져와 시작한다.

② 배의 초기 위치를 x 좌표는 −220, y 좌표는 18로 지정한다.

③ 시작할 때 배경을 '배경1'로 지정하고, 배 스프라이트를 보이도록 한다.

④ 스페이스 키가 눌러졌는지 확인한다.

⑤ 스페이스 키가 눌러졌으면 배가 오른쪽으로 5 만큼씩 이동한다.

⑥ ⑤ 동작이 '미지의 세계'에 닿을 때까지 반복된다.

⑦ 미지의 세계에 닿으면 배경을 '배경2'로 변경한다.

⑧ 배경이 '배경2'로 변경되었는지 확인한다.

⑨ 배경이 '배경2'로 변경되었으면 배가 보이지 않도록 한다.

● 미지의 세계 스프라이트를 선택하고 작업한다.

〈미지의 세계 스프라이트〉

① 🏳 클릭했을 때 블록을 가져와 시작한다.

② 미지의 세계의 초기 위치를 x 좌표는 180, y 좌표는 −7로 지정한다.

③ 시작할 때 미지의 세계가 보이도록 설정한다.

④ 배경이 '배경2'로 변경되었는지 확인한다.

⑤ 배경이 '배경2'로 변경되었으면 미지의 세계가 보이지 않도록 한다.

● 탐험가 스프라이트를 선택하고 작업한다.

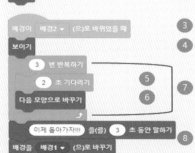

〈탐험가 스프라이트〉

① 🏳 클릭했을 때 블록을 가져와 시작한다.

② 탐험가는 초기에 보이지 않도록 설정한다.

③ 배경이 '배경2'로 변경되었는지 확인한다.

④ 배경이 '배경2'로 변경되었으면 탐험가가 보이도록 한다.

⑤ 탐험가의 모양이 변경되는 간격을 지정한다.

⑥ 탐험가의 모양을 현재 모양의 다음 모양으로 변경한다.

⑦ ⑤, ⑥ 동작을 3번 반복한다.

⑧ 탐험가는 "이제 돌아가자!!!"를 3초 동안 말한다. 그리고 말이 끝나면 배경을 '배경1'로 변경합니다.

● 풍선 스프라이트를 선택하고 작업한다.

〈풍선 스프라이트〉

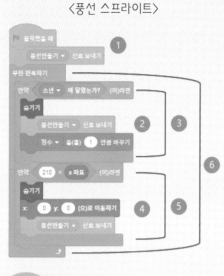

① 🏳 블록을 가져와 시작한다. 새 메시지 '풍선만들기'를 생성하고 풍선을 만들어 내기 위해 신호를 보낸다.

② 풍선을 숨기고 새 풍선을 만들기 위해 '풍선만들기' 신호를 보낸다. 그리고 점수 변수를 '1'만큼 바꾼다.

③ ② 동작을 소년이 풍선에 닿으면 실행한다.

④ 풍선을 숨기고 x, y 좌표를 모두 '0'으로 이동한다. 그리고 새 풍선을 만들기 위해 '풍선만들기' 신호를 보낸다.

⑤ ④ 동작을 풍선의 y 좌표가 210보다 작으면 실행한다.

⑥ ②에서 ⑤까지의 동작을 무한 반복한다.

⑦ '풍선만들기' 신호를 받으면 1초를 기다린다.

⑧ 새 풍선을 만들기 위해 x 좌표 −230, y 좌표 25에서 −80 사이에서 무작위로 정하고 이동한 후 풍선을 나타낸다.

⑨ 풍선의 x 좌표를 '5'만큼씩 변경하면서 이동한다.

⑩ ⑨ 동작을 무한 반복합니다.

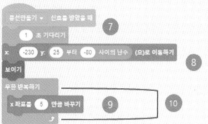

● 소년 스프라이트를 선택하고 작업합니다.

〈소년 스프라이트〉

① 🏳 블록을 가져와 시작한다.

② '점수' 변수의 초깃값을 '0'으로 정한다.

③ 소년의 초기 위치를 x 좌표 −50, y 좌표 −160으로 지정한다.

④ '스페이스' 키가 눌러졌는지 확인한다.

⑤ 스페이스 키가 눌러지면 소년의 y 좌표를 '80'만큼 변경한다.

⑥ 소년의 y 좌표를 '80'만큼 바꾸고 0.2초 기다린다.

⑦ 소년의 y 좌표를 '−160'으로 정하여 원래 위치로 돌아오게 한다.

PART IX. SW 코딩자격 2급 해답 및 풀이

정답	① 0 ② 열린 상태
해설	현재 집게가 닫힌 상태이므로 버튼 변숫값은 '1'이다. 버튼 변숫값이 '1'인 상태에서 버튼을 누르면 버튼 변숫값이 '0'으로 바뀌면서 집게가 열린 상태로 변하게 된다. 따라서 버튼 변숫값은 '0'이고 집게 상태는 열린 상태가 답이다.

10 문제 풀이

정답	① 디지털 7번 핀 ② 디지털 14번 핀
해설	자동차가 검은색 라인을 따라 전진하기 위해서는 오른쪽, 왼쪽 바퀴가 전진해야 한다. 따라서 바퀴를 전진시키는 디지털 핀을 동작시켜야 한다.

CHAPTER 04

최신 기출문제 유형 2회 풀이

01 문제 풀이

정답	① 자료 수집 단계 ② 자료 표현 단계
해설	컴퓨팅 사고력은 문제 해결의 절차적인 사고 능력을 말한다. 컴퓨팅 사고력은 자료를 모으는 자료 수집 단계, 자료를 분류하고 다양성을 파악하는 자료 분석 단계, 문제 의 내용을 그래프, 이미지 등 시각 자료로 표현하는 자료 표현 단계로 구분된다. 이에 따라 ①에서 민서는 로봇 강아지에 대해 인터넷 검색 등을 통해 알아보았으므로 자료 수집 단계이다. ②에서 수집한 자료를 바탕으로 로봇 강아지의 발전 단계를 표로 나타내었으므로 자료 표현 단계이다.

02 문제 풀이

정답	① B ② 4867
해설	① 복호화 규칙은 받은 조건 값에 '－3'를 하는 것이므로 '49'에 －3을 한 '46'에 해당하는 문자가 찾는 문자이다. 따라서 문자는 'B'이다. ② 암호화 규칙은 보낼 코드에 '+3'을 하는 것이므로 'AT'에 해당하는 코드에 3을 더한 것이므로 '4867'이다.

정답	① 기본료는 3,000원이다. ② 거리가 2,000미터를 초과했는가? ③ 택시비는 기본료이다. ④ 초과 거리는 운행 거리에서 2,000을 뺀다. ⑤ 택시비는 기본료에 거리에 따른 초과비를 더한다.
해설	이 문제는 조건을 확인하고 결과가 참인지 거짓인지에 따라 다른 일을 하는 구조에 대한 알고리즘이다. 먼저 택시의 기본료와 운행 거리가 입력되어야 하므로 ①은 '기본료는 3,000원이다.' 기본료에 해당하는 거리를 초과했는지 물어보는 조건문이므로 ②는 '거리는 2,000미터를 초과했는가?'이고 조건이 거짓이면 택시비는 기본료이므로 ③은 '택시비는 기본료이다.'이다. 거짓이면 초과 거리를 구해야 하므로 ④는 '초과 거리는 운행 거리에서 2,000을 뺀다'이며 마지막은 초과비를 포함한 택시비이므로 ⑤는 '택시비는 기본료에 거리에 따른 초과비를 더한다.'가 된다.

04 문제 풀이

• 오렌지 스프라이트에서 작업한다.

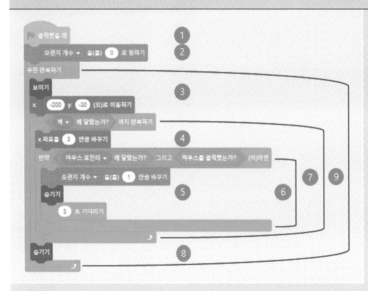

❶ ▶️ 클릭했을 때 블록을 가져와 시작한다.

❷ '오렌지 개수' 변수의 초기값을 '0'으로 설정한다.

❸ 오렌지를 보이도록 하고, 초기 위치를 x 좌표 −200, y 좌표 −30으로 지정한다.

❹ 오렌지를 오른쪽으로 3만큼씩 움직이도록 한다.

❺ 오렌지 개수 변수를 '1'만큼 바꾸고 오렌지를 보이지 않게 한 후 3초를 기다린다.

❻ ❺ 동작을 오렌지에 마우스가 닿고 마우스를 클릭했을 때 수행한다. 즉 오렌지 위에서 마우스를 클릭하기 위해서는 마우스가 오렌지에 닿았을 때 마우스를 클릭해야 한다.

❼ ❹에서 ❻까지 동작을 오렌지가 벽에 닿을 때까지 수행한다.

❽ 오렌지가 벽에 닿으면 보이지 않게 한다.

❾ ❸에서 ❽까지 동작을 무한 반복한다.

• 펭귄 스프라이트에서 작업한다.

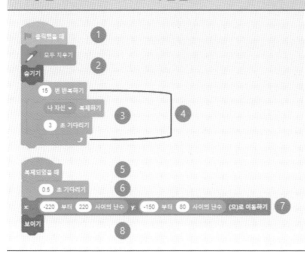

① 🏳 클릭했을 때 블록을 가져와 시작한다.

② 화면을 지우고 펭귄을 보이지 않게 한다.

③ 펭귄을 3초 간격으로 복제한다.

④ ③ 동작을 15번 반복한다.

⑤ 복제되었는지 확인한다.

⑥ 복제되었을 때 표시하기 전 0.5초를 기다린다.

⑦ 복제된 펭귄을 x 좌표 −200에서 200, y 좌표 −150에서 80 사이 임의의 위치에 표시한다.

⑧ 복제되어 표시된 펭귄을 보이게 한다.

• 유니콘 스프라이트에서 작업한다.

① 🏳 클릭했을 때 블록을 가져와 시작한다.

② 유니콘의 초기 위치를 x 좌표 '−170', y 좌표 '−130'으로 지정한다.

③ 화면 배경을 '별'로 변경한다.

④ 스페이스 키가 눌러졌는지 확인한다.

⑤ 유니콘의 모양을 0.1초 간격으로 다음 모양으로 계속 변경합한다.

⑥ 유니콘이 행성으로 이동하기 위해 x 좌표 '5', y 좌표 '5'만큼씩 변경한다.

⑦ ⑤에서 ⑥까지 동작을 유니콘이 행성에 닿을 때까지 반복한다.

⑧ 유니콘이 행성에 닿으면 배경을 '행성'으로 변경하고 모양 변경도 멈추고 "드디어 도착했다!"를 3초간 말한다.

● 행성 스프라이트에서 작업한다.

① 🏳 클릭했을 때 블록을 가져와 시작한다.

② 행성의 초기 위치를 x 좌표 '170', y 좌표 '123'으로 지정한다.

③ 행성을 보이도록 설정한다.

④ 행성의 색깔 효과를 70만큼 변경한다.

⑤ 배경이 '행성'으로 변경되었는지 확인한다.

⑥ 배경이 '행성'으로 변경되었으면 행성 스프라이트를 보이지 않게 한다.

---

07 문제 풀이

● 마법사 스프라이트를 선택하고 작업한다.

① 🏳 클릭했을 때 블록을 가져와 시작한다.

② 마법사의 모양을 '마법사_1'로 변경하고 "신나는 만들기 마술!"이라고 3초 동안 말한 후 다시 모양을 '마법사_2'로 변경한다.

③ 모양을 변경한 후 '첫 번째' 신호를 보내고 2초 기다리는 동안 선물이 만들어진다. 기다린 후 모양을 '마법사_1'로 변경한 후 2초를 기다렸다 '마법사_2'로 모양을 다시 변경한다.

④ 모양을 변경한 후 '두 번째' 신호를 보내고 2초 기다리는 동안 선물이 만들어진다. 기다린 후 모양을 '마법사_1'로 변경한 후 2초를 기다렸다 '마법사_2'로 모양을 다시 변경한다.

⑤ 모양을 변경한 후 '세 번째' 신호를 보내고 "짜~~~짠!"이라고 3초 동안 말한다.

● 선물 스프라이트를 선택하고 작업한다.

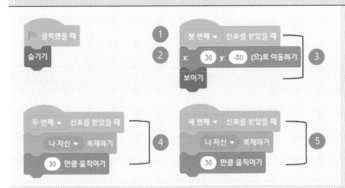

① 클릭했을 때 블록을 가져와 시작한다.

② 시작 초기에 화면에서 선물은 보이지 않 게 설정한다.

③ '첫 번째' 신호를 받으면 선물은 x 좌표 '30', y 좌표 '−80' 위치에 만들어지고 보이게 된다.

④ '두 번째' 신호를 받으면 선물은 복제하여 두 번째 선물을 만들고 x 좌표를 '30'만큼 이동하여 보이게 된다.

⑤ '세 번째' 신호를 받으면 선물은 복제하여 세 번째 선물을 만들고 x 좌표를 '30'만큼 이동하여 보이게 된다.

08 문제 풀이

● 분필 스프라이트를 선택하고 작업한다.

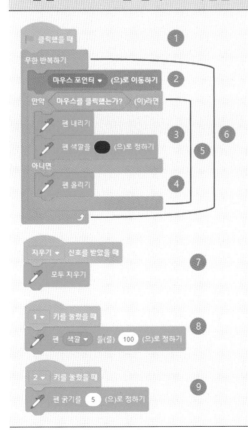

① 클릭했을 때 블록을 가져와 시작한다.

② 분필이 마우스 포인터가 이동하는 것에 따라 움직이도록 한다.

③ 칠판에 그림을 그리기 위해 펜을 내리고 펜의 색상을 빨강 으로 지정한다.

④ 칠판에 그리는 동작을 끝내기 위해 펜을 올린다.

⑤ 마우스를 클릭했으면 ③ 동작을 수행하고 아니면 ④ 동작 을 수행한다.

⑥ ②에서 ⑤까지를 무한 반복한다.

⑦ 지우개로부터 '지우기' 신호를 받으면 펜으로 그린 것을 모두 지운다.

⑧ 키보드의 숫자 '1' 키가 눌러지면 펜의 색상을 '100'만큼 변경 하여 지정한다.

⑨ 키보드의 숫자 '2' 키가 눌러지면 펜의 굵기를 '5'만큼 변경하 여 지정한다.

• 지우개 스프라이트를 선택하고 작업한다.

① 마우스로 지우개 스프라이트를 클릭했는지 확인한다.
② 마우스로 지우개 스프라이트를 클릭했으면 '지우기' 신호를 보낸다.

09 문제 풀이

정답	① 디지털 입력핀_5 ② 디지털 출력핀_9
해설	1층 정문 감지 센서는 디지털 입력핀_3에 연결되어 있고, 주차장 입구의 감지 센서는 디지털 입력핀_5에 연결되어 있다. 디지털 입력핀_3에 감지된 신호는 디지털 출력핀_7에 신호를 보내고, 디지털 입력핀_5에 감지된 신호는 디지털 출력핀_9에 신호를 보낸다. 따라서 주차장 입구로 무단 침입자가 들어오면 디지털 입력핀_5에 감지되고 디지털 출력핀_9로 감지 신호를 보내게 된다.

10 문제 풀이

정답	① 가. 거리 센서 ② b. 자동문
해설	〈보기〉는 전등과 사물 간의 거리를 측정하여 전등을 켜거나 끄는 동작을 보여 주고 있다. 따라서 ①은 '거리 센서'이다. 거리 센서를 이용할 수 있는 것은 자동문이다. 사람이 문 가까이 오면 열리고 멀어지면 닫히도록 하는 것이다. 따라서 ②는 '자동문'이다.

CHAPTER

05 최신 기출문제 유형 3회 풀이

01 문제 풀이

정답	① 10000001 ② 10000010
해설	〈보기〉에 주어진 아스키 코드표에 맞추어 문자에 할당된 이진수를 사용하면 된다. 따라서 'A'에 해당하는 이진수는 '10000001'이고 'B'에 해당하는 이진수는 '10000010'이다.

02 문제 풀이

정답	① 7 ② 4
해설	★은 나눗셈의 나머지를 구하는 연산이다. ①은 53 나누기 23의 나머지가 답이므로 7이다. ②는 81 나누기 7의 나머지가 답이므로 4이다.

정답	① a가 b보다 큰가? ② 최솟값은 b이다. ③ 최댓값은 b이다. ④ 나머지는 최댓값 나누기 최솟값이다. ⑤ 나머지는 0인가? ⑥ 최대공약수는 최솟값이다.
해설	최대공약수를 구해야 하므로 먼저 입력된 두 수를 비교해야 한다. 따라서 ①은 'a는 b보다 큰가?'이다. 비교 결과 참이면 b가 최솟값이므로 ②는 '최솟값은 b이다.'이다. 비교 결과가 거짓이면 b가 최댓값이므로 ③은 '최댓값은 b이다.'입니다. 최대공약수를 구하기 위해서는 최댓값 나누기 최솟값의 나머지를 알아야 하므로 ④는 '나머지는 최댓값 나누기 최솟값이다.'이다. 나머지가 '0'인지 확인해야 하므로 ⑤는 '나머지는 0인가?'이다. 조건이 참이면 최솟값이 최대공약수이므로 ⑥은 '최대공약수는 최솟값이다.'이다.

● 동그란 버튼 스프라이트를 선택하고 작업한.

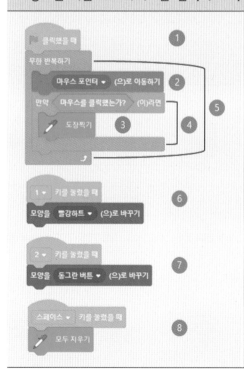

① 클릭했을 때 블록을 가져와 시작한다.

② 동그란 버튼이 마우스 포인터를 따라 움직이도록 설정한다.

③ 동그란 버튼으로 쿠폰에 도장을 찍는다.

④ 마우스가 클릭했는지 확인한 후 클릭되었으면 ③ 동작을 수행한다.

⑤ ②에서 ④까지 무한 반복한다.

⑥ 키보드의 숫자 '1' 키가 눌러졌는지 확인하고 눌러졌으면 동그란 버튼의 모양을 '빨강하트'로 변경한다.

⑦ 키보드의 숫자 '2' 키가 눌러졌는지 확인하고 눌러졌으면 빨강하트의 모양을 '동그란 버튼'으로 변경한다.

⑧ 키보드의 '스페이스' 키가 눌러졌는지 확인하고 눌러졌으면 쿠폰에 찍힌 도장을 모두 지운다.

● 급식 스프라이트를 선택하고 작업한다.

❶ [클릭했을 때] 블록을 가져와 시작한다.

❷ 프로젝트를 처음 실행할 때 '급식 신청자' 리스트의 항목을 모두 삭제한다.

❸ '급식 신청자' 리스트에 홍길동, 임보라, 김탁구, 박문수, 홍남희 순서로 입력한다.

❹ 급식 스프라이트가 클릭되었는지 확인한다.

❺ 급식 스프라이트가 클릭되었으면 "급식을 드시나요? 신청자 목록을 보고 몇 번인지 적으세요."라고 묻고 대답을 기다린다.

❻ 대답을 [대답] 블록에 입력하고 대답에 해당하는 순번을 리스트에서 삭제한다. 화면에 대답을 표시하고 싶으면 [감지] 카테고리의 [대답] 블록 앞에 있는 체크박스에 체크를 하면 된다.

❼ "현재 남은 급식은 〈급식 신청자 리스트의 남은 항목 수〉개 입니다."라고 말하기 위해 '현재 남은 급식은'과 '급식 신청자' 리스트의 길이를 결합한다. 이 결합 결과를 '개입니다'와 한 번 더 결합한다.

● 배 스프라이트를 선택하고 작업한다.

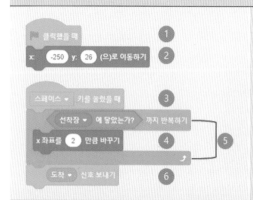

① ▶ 클릭했을 때 블록을 가져와 시작한다.

② 배의 시작 위치를 x 좌표 −250, y 좌표 26으로 지정한다.

③ 키보드의 '스페이스' 키가 눌러졌는지 확인한다.

④ 배의 x 좌표를 '2'만큼씩 변경하면서 오른쪽으로 이동한다.

⑤ ④ 동작을 배가 선착장에 닿을 때까지 반복한다.

⑥ 배가 선착장에 도착하면 '도착' 신호를 보낸다.

● 철수 스프라이트를 선택하고 작업합니다.

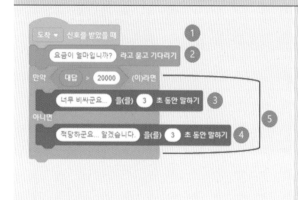

① '도착' 신호를 받았는지 확인한다.

② '도착' 신호를 받았으면 "요금이 얼마입니까?"라고 묻고 대답을 기다린다.

③ "너무 비싸군요..."라고 3초 동안 말한다.

④ "적당하군요... 알겠습니다."라고 3초 동안 말한다.

⑤ 대답을 대답 블록에 저장한 후 대답 블록의 값이 20,000보다 크면 ③ 동작을 실행하고, 아니면 ④ 동작을 실행한다.

● 토끼 스프라이트를 선택하고 작업한다.

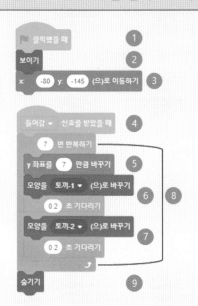

① 클릭했을 때 블록을 가져와 시작한다.

② 토끼를 화면에 보이게 한다.

③ 토끼의 시작 위치를 x 좌표 −80, y 좌표 −145로 지정한다.

④ '들어감' 신호를 받았는지 확인한다.

⑤ 토끼의 y 좌표를 7만큼씩 변경한다.

⑥ 토끼의 모양을 '토끼−1'로 변경하고 0.2초를 기다린다.

⑦ 토끼의 모양을 '토끼−2'로 변경하고 0.2초를 기다린다.

⑧ '들어감' 신호를 받았으면 ⑤에서 ⑦까지 동작을 7번 반복한다.

⑨ 토끼를 보이지 않게 설정한다.

● 문 스프라이트를 선택하고 작업한다.

① '열려라' 신호를 받았는지 확인한다.

② '열려라' 신호를 받았으면 문의 위치를 3초 동안 x 좌표 70, y 좌표 −15로 이동한다.

③ '들어감' 신호를 보낸다.

④ '닫혀라' 신호를 받았는지 확인한다.

⑤ '닫혀라' 신호를 받았으면 문의 위치를 x 좌표 −50, y 좌표 −15로 이동한다.

● 열림 스프라이트를 선택하고 작업한다.

① 열림 스프라이트를 클릭했는지 확인한다.

② 열림 스프라이트를 클릭했으면 '열려라' 신호를 보낸다.

● 닫힘 스프라이트를 선택하고 작업한다.

① 닫힘 스프라이트를 클릭했는지 확인한다.

② 닫힘 스프라이트를 클릭했으면 '닫혀라' 신호를 보낸다.

CHAPTER 06 최신 기출문제 유형 4회 풀이

01 문제 풀이

정답	① 5 ② 홍두, 연홍이, 사랑이, 영록이
해설	① 〈보기〉의 서술 내용을 보면 연홍이는 사랑이보다 키가 5cm 작으므로 사랑이 키를 구하려면 연홍이 키에 3을 더하면 된다. ② 〈보기〉의 서술 내용을 보면 반에서 홍두가 키가 제일 작고 145cm, 연홍이는 연두보다 4cm 크므로 149cm이다. 그리고 사랑이는 연홍이보다 5cm 크므로 154cm이며, 영록이는 사랑이보다 5cm 크므로 159cm이다.

02 문제 풀이

정답	① 1080 ② 마
해설	〈규칙 찾기〉에서 표의 첫 번째 행은 7의 배수이다. 그리고 두 번째 행의 두 번째 수는 첫 번째 수에 3을 곱한 것이고, 세 번째 수는 두 번째 수에 4를 곱한 것이고, 네 번째 수는 세 번째 수에 5를 곱한 것이다. 따라서 다섯 번째 수는 네 번째 수인 180에 6을 곱한 1,080이 된다. 세 번째 행은 팔각형부터 각이 1씩 감소하는 도형의 나열이다. 따라서 칠각형 다음 도형은 육각형이다.

03 문제 풀이

정답	① 마우스 위치로 스프라이트 이동 ② 마우스를 클릭했는가? ③ 펜 내리기 ④ 색상을 마우스로 클릭했는가? ⑤ 펜 색상 변경하지 않기
해설	조건을 비교하여 다음 수행을 정하는 알고리즘이다. 스프라이트가 마우스 위치로 이동을 해야 하므로 ①은 '마우스 위치로 스프라이트 이동'이다. 두 번째는 마우스를 클릭해야 그림을 그릴 수 있으므로 ②는 '마우스를 클릭했는가?'이다. 세 번째는 조건이 참이면 그림을 그려야 하므로 ③은 '펜 내리기'이다. 네 번째는 색상 변경은 바꾸고 싶은 색상을 마우스로 클릭해야 하므로 ④는 '색상을 마우스로 클릭했는가?'이다. 다섯 번째는 조건이 거짓이므로 ⑤는 '펜 색상 변경하지 않기'이다.

04 문제 풀이

• **무당벌레 스프라이트를 선택하고 작업한다.**

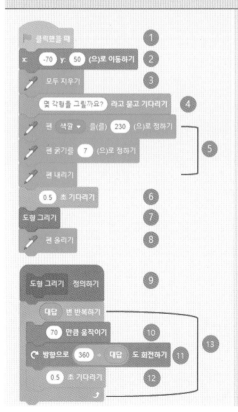

❶ `클릭했을 때` 블록을 가져와 시작한다.

❷ 무당벌레의 초기 위치를 x 좌표 −70, y 좌표 50으로 지정한다.

❸ 화면을 깨끗이 지운다.

❹ 무당벌레는 "몇 각형을 그릴까요?"라고 묻고 대답을 기다린다.

❺ 도형을 그리기 전에 펜의 색깔을 '230', 펜의 굵기를 '7'로 지정하고 그림을 그리기 위해 펜을 내린다.

❻ 펜으로 그림을 그리기 전 0.5초를 기다린다.

❼ 도형 그리는 과정을 정의한 '도형 그리기' 함수를 호출한다. 함수가 호출되면 함수에 정의된 대로 도형을 그리게 된다.

❽ 도형 그리는 것을 끝내기 위해 펜을 올린다.

❾ 도형 그리는 과정이 정의된 '도형 그리기' 함수이다. ❿에서 ⓭까지가 '도형 그리기' 함수의 동작이다.

❿ 도형의 한 변을 그리기 위해 무당벌레가 '70'만큼 움직인다.

⓫ 도형에 따른 회전 각을 구하는 것입니다. 회전 각은 '360/각의 수'로 구한다.

⑫ 0.5초 동안 기다렸다 회전한다.

⑬ ⑩에서 ⑫까지 동작을 입력받은 도형의 각의 수만큼 반복한다.

05 문제 풀이

• 오리 스프라이트를 선택하고 작업한다.

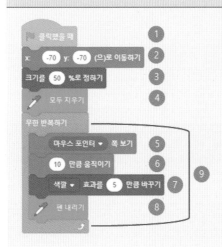

① 🏁 클릭했을 때 블록을 가져와 시작한다.

② 오리의 초기 위치를 x 좌표 −70, y 좌표 −70으로 지정한다.

③ 오리의 크기를 기본 크기의 50%로 지정한다.

④ 화면에 그려진 선을 깨끗이 지운다.

⑤ 오리가 마우스 포인터를 따라 움직이도록 마우스 포인터 쪽을 보게 한다.

⑥ 오리가 '10'만큼씩 움직이게 한다.

⑦ 오리의 색깔 효과를 '5'만큼씩 변경하게 한다.

⑧ 오리가 움직이는 경로를 따라 선을 그리기 위해 펜을 내린다.

⑨ ⑤에서 ⑧까지 동작을 무한 반복한다.

06 문제 풀이

• 상어 스프라이트를 선택하고 작업한다.

① 🏁 클릭했을 때 블록을 가져와 시작한다.

② 상어의 초기 위치를 x 좌표 −100, y 좌표 −70으로 지정한다.

③ 상어가 마우스 포인터를 따라 움직이기 위해 마우스 포인터 쪽을 보게 한다.

④ 상어가 '10'만큼씩 움직이게 한다.

⑤ 상어가 바위에 닿을 때까지 ③, ④ 동작을 반복한다.

● 물고기1 스프라이트를 선택하고 작업한다.

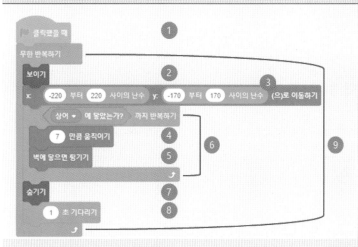

① 클릭했을 때 블록을 가져와 시작한다.

② 물고기1이 보이도록 한다.

③ 물고기1이 x 좌표 −220에서 220, y 좌표 −170에서 170 사이에서 무작위로 움직이도록 지정한다.

④ 물고기1이 7만큼씩 움직이게 한다.

⑤ 물고기1이 움직이다가 벽에 닿으면 팅겨 나온다.

⑥ 물고기1이 상어에 닿을 때까지 ④, ⑤ 동작을 반복한다.

⑦ 물고기1이 화면에 보이지 않도록 한다.

⑧ 물고기1이 다시 보일 때까지 1초를 기다린다.

⑨ ②에서 ⑧까지를 무한 반복한다.

● 물고기2 스프라이트를 선택하고 작업한다.

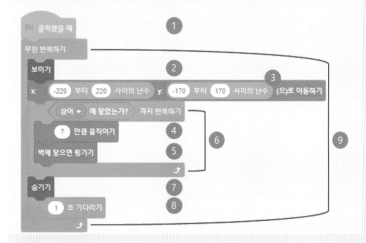

① 클릭했을 때 블록을 가져와 시작한다.

② 물고기1이 보이도록 한다.

③ 물고기1이 x 좌표 −220에서 220, y 좌표 −170에서 170 사이에서 무작위로 움직이도록 지정한다.

④ 물고기1이 7만큼씩 움직이게 한다.

⑤ 물고기1이 움직이다가 벽에 닿으면 팅겨나온다.

⑥ 물고기1이 상어에 닿을 때까지 ④, ⑤ 동작을 반복한다.

⑦ 물고기1이 화면에 보이지 않도록 한다.

⑧ 물고기1이 다시 보일 때까지 1초를 기다린다.

⑨ ②에서 ⑧까지를 무한 반복한다.

● 바위 스프라이트를 선택하고 작업한다.

① 클릭했을 때 블록을 가져와 시작한다.

② 바위의 초기 위치를 x 좌표 50, y 좌표 −20으로 지정한다.

● 영희 스프라이트를 선택하고 작업한다.

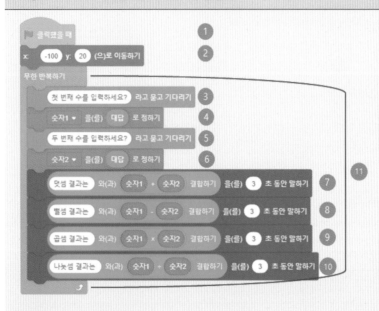

❶ <kbd>클릭했을 때</kbd> 블록을 가져와 시작한다.

❷ 영희의 초기 위치를 x 좌표 −100, y 좌표 20으로 지정한다.

❸ "첫 번째 수를 입력하세요?"라고 묻고 대답을 기다린다.

❹ 숫자를 입력하면 '숫자1' 변수에 저장하고 <kbd>대답</kbd>으로 지정한다.

❺ "두 번째 수를 입력하세요?"라고 묻고 대답을 기다린다.

❻ 숫자를 입력하면 '숫자2' 변수에 저장하고 <kbd>대답</kbd>으로 지정한다.

❼ '숫자1'과 '숫자2'를 더하고 '덧셈 결과는'과 연산한 결과를 연결하여 3초 동안 말한다.

❽ '숫자1'과 '숫자2'를 빼고 '뺄셈 결과는'과 연산한 결과를 연결하여 3초 동안 말한다.

❾ '숫자1'과 '숫자2'를 곱하고 '곱셈 결과는'과 연산한 결과를 연결하여 3초 동안 말한다.

❿ '숫자1'과 '숫자2'를 나누고 '나눗셈 결과는'과 연산한 결과를 연결하여 3초 동안 말한다.

⓫ ❸에서 ❿까지 동작을 무한 반복한다.

● 펭귄 스프라이트를 선택하고 작업한다.

❶ <kbd>클릭했을 때</kbd> 블록을 가져와 시작한다.

❷ 펭귄의 초기 위치를 x 좌표 0, y 좌표 0으로 지정하고 90도 방향을 보도록 한다.

❸ 키보드의 '위쪽 화살표' 키가 눌러졌는지 확인한다.

❹ '위쪽 화살표' 키가 눌러졌으면 펭귄의 y 좌표를 '10'만큼씩 변경한다.

⑤ 키보드의 '아래쪽 화살표' 키가 눌러졌는지 확인한다.

⑥ '아래쪽 화살표' 키가 눌러졌으면 펭귄의 y 좌표를 '-10'만큼씩 변경한다.

⑦ 키보드의 '오른쪽 화살표' 키가 눌러졌는지 확인한다.

⑧ '오른쪽 화살표' 키가 눌러졌으면 펭귄을 15도 오른쪽으로 회전하고 x좌표를 '20'만큼씩 변경한다.

⑨ 왼쪽 화살표 키가 눌러졌는지 확인한다.

⑩ '오른쪽 화살표' 키가 눌러졌으면 펭귄을 15도 왼쪽으로 회전하고 x좌표를 '20'만큼씩 변경한다.

09 문제 풀이

정답	① 나. 거리 센서 ② b. 서보 모터
해설	〈보기〉에서 차단기는 자동차가 1m 이내로 다가오면 위로 움직이고, 1m 이상 멀어지면 아래로 움직인다고 하였다. 따라서 거리를 측정해야 하므로 ①은 '거리 센서'이다. 자동차가 가까이 온 걸 확인한 후 차단기를 움직이기 위해서는 모터를 사용해야 한다. 따라서 ②는 '서보 모터'이다.

10 문제 풀이

정답	① 다(초음파 거리 센서) ② 마(빛 감지 센서)
해설	축구 로봇이 어떤 물체에 부딪치지 않고 앞으로 나아가기 위해서는 물체와의 거리를 측정할 수 있어야 한다. 따라서 ①은 '초음파 거리 센서'이다. 손을 축구 로봇의 머리로 가져갔을 때 밝기가 어두워지는 것을 측정하기 위해서는 빛을 감지할 수 있어야 한다. 따라서 ②는 '빛 감지 센서'이다.

최신 기출문제 유형 5회 풀이

01 문제 풀이

정답	① (다) ② 정보
해설	인공지능과 직업에 관한 프로그램이면서 스포츠 뉴스, 농구 중계와 시간이 겹치는 프로그램은 (나), (다), 그리고 (라)이다. 이 중 (나)와 (라)는 문제에서 밝혔으므로 ①은 '(다)'이다. 민서가 선택한 것은 인공지능과 직업에 관한 수많은 자료 가운데 선별한 것이고 이런 것을 정보라고 한다. 따라서 ②는 '정보'이다.

02 문제 풀이

정답	① 1 ② @
해설	① 공인인증서 암호의 마지막 자리는 〈메모〉의 서술 내용에 따라 전자우편 주소를 표기할 때 사용하는 특수문자이며 'at sign'이라 불리는 "@" 기호이다. ② 〈보기〉의 서술 내용을 보면 공인인증서 암호의 가운데 네 자리는 숫자이고 가족의 생일을 포함한다고 하였다. 가족의 생일 중 끝 두 자리가 '31'이고 '0'을 포함하고 있는 것은 강아지 생일뿐이므로 정답은 '1'이다.

03 문제 풀이

정답	① 케이크 가격이 20,000원 이상인가? ② 20,000원을 지급한다. ③ 케이크를 받는다. ④ 케이크가 20,000원인가? ⑤ 거스름돈을 받는다.
해설	조건을 비교하여 다음 수행을 정하는 알고리즘이다. 케이크 가격이 예산으로 살 수 있는지 확인해야 하므로 ①은 '케이크 가격이 20,000원 이상인가?'이다. 두 번째는 조건이 거짓이니 케이크를 살 수 있으므로 ②는 '20,000원을 지불한다.'이다. 세 번째는 돈을 지불했기 때문에 ③은 '케이크를 받는다.'이다. 네 번째는 케이크 가격이 정확히 20,000원 인지 알아야하므로 ④는 '케이크가 20,000원인가?'이다. 다섯 번째는 조건이 거짓이므로 20,000원보다 작기 때문에 ⑤는 '거스름돈을 받는다.'이다.

04 문제 풀이

● **침입자 스프라이트를 선택하고 작업한다.**

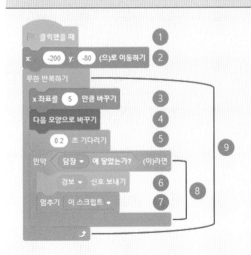

❶ `클릭했을 때` 블록을 가져와 시작한다.
❷ 침입자의 초기 위치를 x 좌표 −200, y 좌표 −80으로 지정한다.
❸ 침입자의 x 좌표를 '5'만큼씩 변경한다.
❹ 침입자의 모양을 다음 모양으로 변경한다.
❺ 0.2초 동안 기다린다.
❻ '경보' 신호를 보낸다.
❼ '경보' 신호를 보낸 후 현재 스크립트를 멈춘다.
❽ 침입자가 '담장'에 닿을 때까지 ❻, ❼ 동작을 수행한다.
❾ ❸에서 ❽까지 동작을 무한 반복한다.

• 거주자 스프라이트를 선택하고 작업한다.

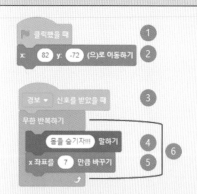

① ▢ 블록을 가져와 시작한다.

② 거주자의 초기 위치를 x 좌표 82, y 좌표 −72으로 지정한다.

③ '경보' 신호를 받았는지 확인한다.

④ '경보' 신호를 받았으면 거주자는 "몸을 숨기자!!!"라고 말한다.

⑤ 거주자의 x 좌표를 7만큼씩 변경한다.

⑥ ④, ⑤ 동작을 무한 반복한다.

• 경보 버튼 스프라이트를 선택하고 작업한다.

① '경보' 신호를 받았는지 확인한다.

② '경보' 신호를 받았으면 다음 모양으로 변경한다.

③ 0.3초 기다린다.

④ ③, ④ 동작을 무한 반복한다.

05 문제 풀이

• 연필 스프라이트를 선택하고 작업한다.

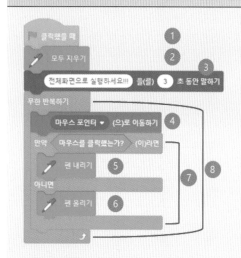

① ▢ 블록을 가져와 그림을 그리는 동작을 시작한다.

② 처음 시작할 때 화면을 깨끗하게 지운다.

③ 연필 스프라이트가 "전체화면에서 실행하세요!!!"라고 3초 동안 말한다.

④ 연필 스프라이트를 마우스로 이동할 수 있도록 한다.

⑤ 그림을 그리기 위해 펜을 내린다.

⑥ 그림 그리는 것을 끝내기 위해 펜을 올린다.

⑦ 마우스를 클릭했을 때 ⑤, ⑥ 동작을 수행한다.

⑧ ④에서 ⑦까지 동작을 무한 반복한다.

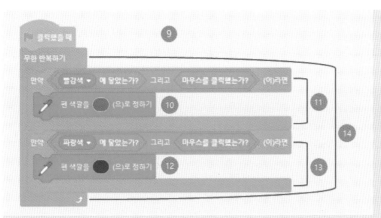

⑨ 블록을 가져와 펜의 색상을 변경하는 동작을 시작한다.

⑩ 펜 색상을 빨강으로 변경한다.

⑪ ⑩ 동작을 마우스가 빨강에 닿고 마우스를 클릭했을 때 실행한다.

⑫ 펜 색상을 파랑으로 변경한다.

⑬ ⑫ 동작을 마우스가 파랑에 닿고 마우스를 클릭했을 때 실행한다.

⑭ ⑩에서 ⑬까지 동작을 무한 반복한다.

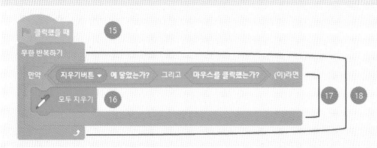

⑮ 블록을 가져와 그린 그림을 지우는 동작을 시작한다.

⑯ 그렸던 그림을 모두 지운다.

⑰ ⑯ 동작을 마우스가 지우기 버튼에 닿고 마우스를 클릭했을 때 실행한다.

⑱ ⑯, ⑰ 동작을 무한 반복한다.

• 빨강 스프라이트를 선택하고 실행한다.

❶ 블록을 가져와 시작한다.

❷ 빨강의 초기 위치를 x 좌표 −170, y 좌표 150으로 지정한다.

• 파랑 스프라이트를 선택하고 실행한다.

❶ 블록을 가져와 시작합니다.

❷ 파랑의 초기 위치를 x 좌표 −170, y 좌표 90으로 지정한다.

• 지우기 버튼 스프라이트를 선택하고 작업한다.

❶ 블록을 가져와 시작한다.

❷ 지우기 버튼의 초기 위치를 x 좌표 −170, y 좌표 −150으로 지정한다.

• 전체 화면에서 실행하는 이유

편집기에서 실행하는 경우 마우스를 드래그하는 동작이 스프라이트를 이동하는 것으로 인식되어 그림을 그리는 기능이 제대로 동작하지 않는다. 그래서 전체 화면에서 실행하도록 한다.

- 지구 스프라이트를 선택하고 작업한다.

① 🏳클릭했을 때 블록을 가져와 시작한다.

② 지구의 초기 위치를 x 좌표 0, y 좌표 75로 지정한다.

③ 지구가 90도 방향을 보도록 한다.

④ 화면에 이전 흔적을 깨끗이 지운다.

⑤ 지구가 공전하는 흔적을 그리기 위해 펜을 내린다.

⑥ 펜의 색을 자주로 지정한다.

⑦ 펜의 굵기를 '1'로 설정한다.

⑧ 공전하는 모습을 표현하기 위해 지구가 반시계방향으로 2.3도씩 회전한다.

⑨ 지구가 '3'만큼씩 움직인다.

⑩ ⑧, ⑨ 동작을 무한 반복한다.

- 태양 스프라이트를 선택하고 작업한다.

① 🏳클릭했을 때 블록을 가져와 시작한다.

② 태양의 초기 위치를 x 좌표 0, y 좌표 0으로 지정한다.

● 배 스프라이트를 선택하고 작업한다.

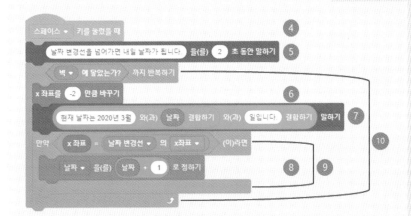

❶ ▶클릭했을때 블록을 가져와 시작한다.

❷ 배의 초기 위치를 x 좌표 200, y 좌표 −75로 지정한다.

❸ 날짜를 표시하기 위한 '날짜' 변수를 현재 날짜의 '일'로 설정한다.

❹ 키보드의 '위쪽 화살표' 키가 눌려졌는지 확인한다.

❺ "날짜 변경선을 넘어가면 내일 날짜가 됩니다."라고 2초 동안 말한다.

❻ 배의 x 좌표를 '−2'만큼씩 변경하면서 왼쪽으로 이동한다.

❼ '현재 날짜는 2020년 3월'과 날짜 변수에 저장된 값을 결합한 후 이 값과 '일입니다.'를 한 번 더 결합하여 말한다.

❽ 날짜 변수에 저장된 값에 1을 더한다.

❾ ❽ 동작은 배의 x 좌표가 날짜 변경선의 x 좌표와 값이 같은 경우에만 수행한다.

❿ ❻에서 ❾까지 동작은 배가 벽에 닿을 때까지 반복 수행한다.

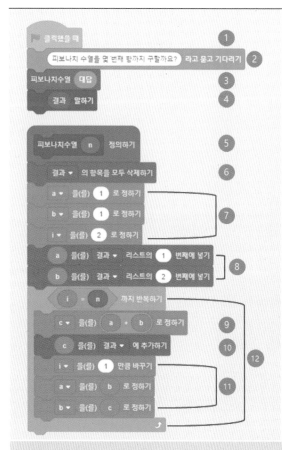

❶ 블록을 가져와 시작한다.

❷ 영희는 "피보나치수열을 몇 번째 항까지 구할까요?"라고 묻고 대답을 기다린다.

❸ 피보나치수열을 구할 함수 '피보나치 수열'을 생성하고 매개 변수 'n'을 지정한다. 그리고 매개 변수 n에 입력받은 항의 개수 대답 을 지정하고 피보나치수열을 구하기 위해 함수를 호출한다.

❹ '피보나치수열' 함수를 이용해 구한 결과를 말한다.

❺ 매개 변수 'n'을 가진 피보나치수열 함수를 정의한다. 즉 피보나치수열을 구하는 과정을 작성한다.

❻ '결과' 리스트의 항목을 모두 삭제한다.

❼ 피보나치수열을 구하기 위해 변수 a, b, c, i를 한다. a에 첫 번째 항 값 1을 할당한다. b에 두 번째 항 값 1을 할당한다. i는 구하는 항의 개수를 지정하기 위한 변수이므로 현재 두 번째 항까지 지정되었으므로 2를 할당한다.

❽ a 변수에 저장된 값을 리스트의 첫 번째 항목으로 넣는다. b 변수에 저장된 값을 리스트의 두 번째 항목으로 넣는다.

❾ 세 번째 항의 값은 '첫 번째 항 + 두 번째 항'으로 구하고, 구한 결과를 c 변수에 저장한다.

❿ c 변수의 값을 결과 리스트에 넣는다.

⓫ i 변수를 1 증가시키고, a 변수에 b 변수의 값을 저장하고, b 변수에 c 변수의 값을 저장한다.

⓬ ❾에서 ⓫까지의 동작을 i 변수에 저장된 값이 함수의 매개 변수인 n의 값과 같을 때까지 반복한다.

09 문제 풀이

정답	① 온도 ② 이상
해설	바이메탈을 가열하여 몇 도에서 휘어지기 시작하는지 알기 위해서는 가열할 때 바이메탈의 온도를 계속 확인하여야 한다. 물체 온도는 온도 센서를 통해서 확인할 수 있다. 따라서 ①은 '온도'이다. 실험을 통해 바이메탈이 휘어지기 시작하는 온도를 측정하면, 그 온도를 포함하여 특정 온도를 넘어서면 휘어진다. 따라서 ②는 '이상'이다.

10 문제 풀이

정답	① 빛 센서 ② 가
해설	비치는 빛의 세기를 확인한 후 빛의 세기가 지정한 이상일 때 불빛을 반짝이는 브로치이므로 빛 센서가 있어야 빛의 세기를 확인할 수 있다. 센서가 감지된 후 LED를 반짝이기 위해서는 디지털 신호를 사용하고, 센서에서 LED 방향으로 신호를 보내 주어야 하므로 출력 신호이다.

한권으로 끝내는
SW 코딩자격
스크래치 2급

| 2021년 | 9월 | 1일 | 1판 | 1쇄 | 인 쇄 |
| 2021년 | 9월 | 6일 | 1판 | 1쇄 | 발 행 |

지 은 이 : 박창수 · 박희숙 · 김세호 · 김석전

펴 낸 이 : 박   정   태

펴 낸 곳 : 광   문   각

10881
파주시 파주출판문화도시 광인사길 161
광문각 B/D 4층
등   록 : 1991. 5. 31 제12 - 484호
전 화(代) : 031-955-8787
팩   스 : 031-955-3730
E - mail : kwangmk7@hanmail.net
홈페이지 : www.kwangmoonkag.co.kr

ISBN : 978-89-7093-567-6   93000

값 : 17,000원

한국과학기술출판협회
Korean Science & Technology Publisher Association